2023—2024 年中国工业和信息化发展系列蓝皮书

2023—2024 年 中国中小企业发展蓝皮书

中国电子信息产业发展研究院　编　著

张小燕　主　编

龙　飞　副主编

电子工业出版社·

Publishing House of Electronics Industry

北京·BEIJING

内 容 简 介

本书分 6 篇（共 15 章），包括综述篇、专题篇、经验篇、政策篇、热点篇和展望篇。本书通过客观描述中小企业发展情况、相关政策法规及热点事件，深入分析中小企业发展环境，系统梳理中小企业面临的突出问题，科学展望中小企业发展前景，为读者提供 2023—2024 年中国中小企业发展的全景式描述，并通过对中小企业突出问题的专题分析，为读者提供中小企业发展相关重点领域的深度刻画。

本书有助于广大中小企业了解和掌握国家的相关政策，同时为新形势下社会各界开展中小企业相关研究提供参考。

图书在版编目（CIP）数据

2023—2024 年中国中小企业发展蓝皮书 / 中国电子
信息产业发展研究院编著；张小燕主编. -- 北京：电
子工业出版社，2025. 2. --（2023—2024 年中国工业和
信息化发展系列蓝皮书）. -- ISBN 978-7-121-49755-1

Ⅰ. F279.243

中国国家版本馆 CIP 数据核字第 2025F4N388 号

责任编辑：张佳虹　　　文字编辑：许　静
印　　刷：中煤（北京）印务有限公司
装　　订：中煤（北京）印务有限公司
出版发行：电子工业出版社
　　　　　北京市海淀区万寿路 173 信箱　　邮编：100036
开　　本：720×1 000　1/16　印张：15.5　字数：297.6 千字　彩插：1
版　　次：2025 年 2 月第 1 版
印　　次：2025 年 2 月第 1 次印刷
定　　价：218.00 元

前　言

　　中小企业量大面广，联系千家万户、支撑千行百业，是国民经济和社会发展的主力军，是推动创新、促进就业、改善民生的重要力量。习近平总书记高度重视中小企业发展，强调中小企业能办大事，要激发涌现更多"专精特新"中小企业。党的二十大报告明确提出，支持中小微企业发展。党的二十届三中全会通过的《中共中央关于进一步全面深化改革、推进中国式现代化的决定》提出，构建促进专精特新中小企业发展壮大机制。

　　2023 年，各地各部门对中小企业的支持力度不断加大，中小企业高质量发展取得积极成效。具体内容如下：

　　一是优质中小企业梯度培育力度不断加大。截至 2024 年 12 月，我国已累计培育"专精特新"中小企业 14 万家，其中专精特新"小巨人"企业 1.46万家。中小企业特色产业集群培育工作持续推进，截至目前已培育认定 300个国家级集群。

　　二是中小企业创新能力和专业化水平稳步提升。大中小企业融通创新水平不断提高，科技成果赋智中小企业专项行动和"创客中国"中小企业创新创业大赛不断激发中小企业的创新活力；中小企业数字化转型城市试点工作高效推进，已遴选出两批共 66 个试点城市。

三是中小企业公共服务体系进一步健全。2023 年 11 月，工业和信息化部印发《关于健全中小企业公共服务体系的指导意见》，从夯实基层基础、突出服务重点、创新服务方式等 7 个方面优化服务机制、完善服务体系；"一起益企"中小企业服务行动和全国中小企业服务月活动深入开展，各类服务机构和服务平台功能持续丰富。

四是中小企业融资渠道逐步拓宽。"一链一策一批"中小微企业融资促进行动扎实推进，融资服务覆盖面不断扩大。大力支持中小企业直接融资，全国已建成 26 个区域性股权市场"专精特新"专板，中小企业直接融资支持力度不断加大。

五是中小企业合法权益保护力度持续加大。防范和化解拖欠中小企业账款专项行动、中小企业知识产权维权服务深入开展。中小企业采购份额进一步扩大，超过 400 万元的工程采购项目中适宜由中小企业提供的，预留份额由 30%以上阶段性提高至 40%以上的政策将延续至 2026 年底，助企纾困力度持续加大。

六是支持中小企业国际化发展举措不断丰富。各地举办多场中小企业跨境撮合对接会、中小企业"走出去"等培训活动，支持中小企业参与"一带一路"建设专项行动，有力促进中小企业国际化发展。

2024 年是全面贯彻落实党的二十大精神的关键之年，是深入实施"十四五"规划的攻坚之年。党的二十届三中全会决定指出，促进各类先进生产要素向发展新质生产力集聚。当前，新一轮科技革命和产业变革突飞猛进，信息技术、制造技术、新材料技术、新能源技术等领域的颠覆性技术不断涌现，人工智能、互联网、大数据等新兴技术与传统技术相结合，催生一批具有重大影响力的新产业新业态。全球产业发展和分工格局深刻调整，产业链重组、供应链重构、价值链重塑不断深化。新时期，中小企业在推动创新、促进就业、改善民生、强链固链等方面的作用将进一步凸显。

中国电子信息产业发展研究院组织编写了《2023—2024 年中国中小企业发展蓝皮书》，对 2023 年中小企业发展情况和 2024 年中小企业发展态势进行了梳理和展望。相信本书有助于广大中小企业了解和掌握国家的相关政策，同时为新形势下社会各界研究中小企业相关问题提供参考。

中国电子信息产业发展研究院

目录

经 验 篇

政 策 篇

热 点 篇

展 望 篇

综述篇

第一章

2023 年中小企业发展背景

第一节　国际背景

一、全球经济增长疲软

2023 年，世界经济下行压力依旧较大，经济复苏步伐缓慢。根据国际货币基金组织（IMF）2024 年 7 月发布的《世界经济展望》报告，2023 年全球经济增速为 3.3%，较 2000—2019 年全球经济增速平均水平低 0.5 个百分点，并将在 2024 年小幅度下降至 3.2%。此外，受政策收紧影响，发达国家平均经济增速从 2022 年的 2.6%下降至 2023 年的 1.7%；新兴市场和发展中国家虽然得益于中国经济的提振，但是平均经济增速仅从 2022 年的 4.1%增长至 2023 年的 4.4%，经济回升速度缓慢。

不同经济体经济增长差异较大。发达国家中，美国经济增长较为显著。2023 年，美国国内生产总值（GDP）增速相较于 2022 年有所回升，为 2.5%。2014—2023 年美国 GDP 增速如图 1-1 所示。

日本 GDP 占世界比重下降。2023 年日本 GDP 增速为 1.9%，虽然高于 2022 年的 1.0%，但是名义 GDP 排名从世界第三位下降至第四位，为 591.5 万亿日元[①]。2014—2023 年日本 GDP 增速如图 1-2 所示。

---

① 汇率换算：1 日元≈0.0473 人民币；1 美元≈7.2784 人民币；1 欧元≈7.6537 人民币；1 韩元≈0.0051 人民币；1 新加坡元≈5.3975 人民币；1 英镑≈9.1968 人民币。

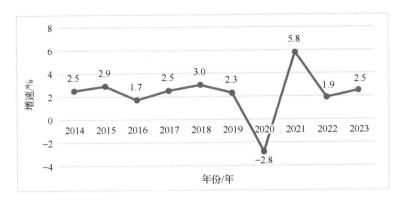

图 1-1　2014—2023 年美国 GDP 增速

（数据来源：Wind 数据库，赛迪智库中小企业研究所整理，2024 年 6 月）

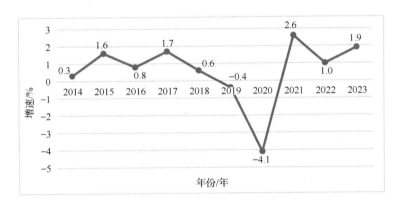

图 1-2　2014—2023 年日本 GDP 增速

（数据来源：Wind 数据库，赛迪智库中小企业研究所整理，2024 年 6 月）

欧盟经济前景低迷。欧盟统计局数据显示，2023 年欧盟 GDP 为 18.3 万亿美元，增速为 0.4%，与 2022 年的 3.4% 相比，降幅较大。2014—2023 年欧盟 GDP 增速如图 1-3 所示。

二、贸易保护主义抬头

2023 年，国际贸易保护主义主要表现为关税壁垒和非关税壁垒并存。据中国日报网相关数据，2023 年全球新增了 4440 项贸易政策干预措施，其中超过 3500 项是对贸易和投资产生负面影响的"抑制性措施"。根据联合国贸易和发展会议（UNCTAD）发布的《全球贸易更新》

报告，受相关因素影响，全球贸易额从 2022 年的 32 万亿美元下降到 2023 年的 30.7 万亿美元，同比下降 5%。2023 年，美国对中国的电动汽车、锂电池、光伏电池、关键矿产、半导体，以及钢铝、港口起重机、个人防护装备等产品维持甚至提高关税税率；加拿大宣布对来自中国的电池和电池部件、半导体等部分产品拟加征附加税的限制措施启动为期 30 天的公众咨询。

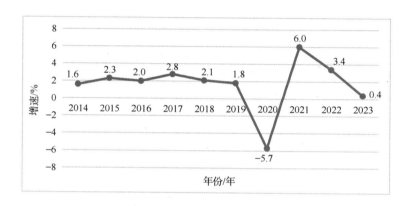

图 1-3 2014—2023 年欧盟 GDP 增速

（数据来源：Wind 数据库，赛迪智库中小企业研究所整理，2024 年 6 月）

三、产业布局深度调整

2023 年，局部冲突和动荡频发，全球产业链重组、供应链重塑、价值链重构不断深化，全球产业布局深度调整。一是国际贸易规则重构推动全球区域化布局。随着《区域全面经济伙伴关系协定》（RCEP）、《全面与进步跨太平洋伙伴关系协定》（CPTPP）等大型区域自贸协定的深化实施，不同区域内产业链供应链合作愈发紧密。根据商务部数据，2023 年 RCEP 区域内部贸易高达 5.6 万亿美元，且共吸引绿地投资 2341 亿美元，增长率为 29.8%，是 2021 年的 2.2 倍。二是产业链供应链呈现的本地化、区域化、多元化特征愈发明显。随着先进制造业领域国际竞争日趋激烈，发达国家纷纷推进"再工业化"，通过制定法律法规和提供经济补贴等手段，推动高端制造业回流，新兴经济体凭借成本优势积极承接国际产业转移。

四、科技创新深刻变革

一是人工智能引领前沿技术加速进步。新一代信息技术、新能源、新材料、生物医药、绿色低碳等以交叉融合为特征的新一轮科技革命和产业变革蓬勃发展，引领科技产业发展方向，开辟出新的巨大增长空间。互联网、大数据、区块链、人工智能等新一代信息技术加速突破，与制造业深度融合创新，推动制造业生产方式、发展模式和企业形态发生根本性变革。

二是科技变化带来新的战争形态。一方面，智能无人作战趋势加速发展。例如，俄罗斯对"马克"等无人战车进行算法升级，首次组建包含无人战车、无人机和自行火炮群的"机器人部队"。另一方面，低成本军事技术运用于实战，如乌克兰使用"科尔沃"纸板无人机发动袭击。

三是前沿科技部署持续被关注。各主要经济体将前沿技术发展视为国家实力的重要基石，进一步强化战略部署，加大资金投入，增设新机构，意图抢抓新一轮科技革命和产业变革机遇。例如，美国推出《量子互连路线图》《国家人工智能研究和发展战略计划：2023 更新版》《国家近地轨道研究与发展战略》《国家生物技术和制造计划》《国家创新路径报告》等。

第二节　国内背景

一、经济形势稳中向好

2023 年，我国虽然面临重重压力，但在爬坡过坎中坚持稳中求进工作总基调，完整、准确、全面贯彻新发展理念，加快构建新发展格局，着力推动经济高质量发展，经济总量稳步攀升，助力中小企业优化升级、稳健增长。2023 年，全国国内生产总值为 1260582 亿元，同比增长 5.2%，高于新冠疫情三年平均增速，实现预期目标，经济增速高于美国、日本等发达国家。从产业来看，2023 年我国第一、二、三产业增加值分别为 89755 亿元、482589 亿元、688238 亿元，增速分别为 4.1%、4.7%、5.8%，增加值占 GDP 比重分别为 7.1%、38.3%、54.6%。2014—2023 年中国 GDP 增速如图 1-4 所示。

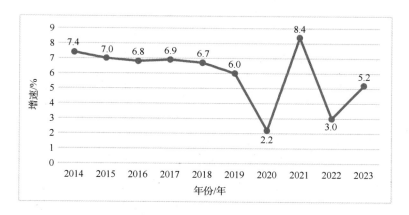

图 1-4 2014—2023 年中国 GDP 增速
（数据来源：国家统计局，赛迪智库中小企业研究所整理，2024 年 6 月）

二、发展环境持续优化

政策红利充分释放。2023 年，为进一步推动我国中小企业健康发展，各部门出台了一系列支持中小企业发展的政策措施，围绕中小企业在减税、创新、融资、数字化等领域的政策举措持续得到推进，尤其是减税降费的相关举措，显著增强了中小企业的政策获得感。2023 年，中小微企业新增减税降费及退税缓费的规模约 1.43 万亿元，占全国新增减税降费及退税缓费比重的 64%，中小企业政策享受效果较明显。

服务质效显著提高。截至目前，中国中小企业服务网已上线运行，覆盖 31 个省级平台和 169 个地（市）平台，完成对全国现有地（市）以上中小企业服务平台的全部联通，首次形成全国性中小企业服务平台网络，为中小企业提供"7×24"小时全天候、一站式智能服务。推动设立覆盖国家、省、市、县四级的中小企业公共服务机构（服务中心）1780 余家，形成线上线下中小企业多层次服务网络。在全国范围内开展"一起益企""中小企业服务月"等服务活动，2023 年累计举办各类服务活动 3000 余场，服务企业超 1300 万家。

创新驱动不断夯实。2023 年，随着优质企业梯度培育工作持续推进，全国各地积极支持中小企业"专精特新"发展。2023 年共举办"百场万企"大中小企业融通对接活动 1800 多场，参与企业 11 万家，达成合作意向 2 万多项，签订合作协议 1.2 万项，合同总金额达 5300 多亿元，有力推动大中小企业融通发展。截至目前，已通过开展中小企业数字化转型城市试点工作，遴选了 66 个城市作为中小企业数字化转型的试点城市，并成功推动了超 1 万家中小企业进行数字化转型，带动广大中小企业看样学样、加快数字化转型步伐。

融资可得性持续提升。国家金融监督管理总局数据显示，截至 2023 年底，全国普惠型小微企业贷款余额为 29.06 万亿元，同比增长 23.3%，高于各项贷款平均增速 13.1 个百分点；2023 年新发放普惠型小微企业贷款平均利率为 4.8%，同比下降 0.5 个百分点。国家中小企业发展基金引领带动作用持续发挥，截至 2023 年底，其子基金累计投资金额为 478 亿元，其中投资种子期、初创期的成长型中小企业金额占比达 70% 以上。各地高质量建设"专精特新"专板，支持"专精特新"中小企业上市。截至 2023 年底，累计有 1700 多家"专精特新"中小企业在 A 股上市，占 A 股上市企业数量的 30% 以上。

三、政策支持力度不断加大

2023 年，为进一步推动我国中小企业发展，各级政府出台了一系列支持中小企业发展的政策措施，为中小企业高质量发展保驾护航。

开展专项行动。2023 年 6 月，财政部、工业和信息化部出台《关于开展中小企业数字化转型城市试点工作的通知》（财建〔2023〕117 号），通过为中小企业数字化转型打造资源池、工具箱，汇聚数字化服务资源，为中小企业数字化转型提供标准化、便利化解决方案，满足行业共性需求和中小企业个性化需求。2023 年 5 月，工业和信息化部等十部门联合印发《科技成果赋智中小企业专项行动（2023—2025 年）》（工信部联科〔2023〕64 号），推动构建科技成果"常态化"汇聚、供需"精准化"对接、服务"体系化"布局的创新生态。同月，工业和信息化部等九部门发布《质量标准品牌赋值中小企业专项行动（2023—2025 年）》（工信部联科〔2023〕63 号），要求发挥质量标准品牌的牵引作用，引导中小企业完善管理，以卓越品质提高质量效益，以标准能力提升市场地位，以品牌信誉增强核心价值，加快向"专精特新"迈进。

提升融资服务效能。2023 年 7 月，工业和信息化部等五部门发布《关于开展"一链一策一批"中小微企业融资促进行动的通知》（工信部联企业函〔2023〕196 号），提出建立"政府—企业—金融机构"对接协作机制，鼓励金融机构结合产业链特点，立足业务特长，"一链一策"提供有针对性的多元化金融支持举措，优质高效服务一批链上中小微企业，持续提升中小微企业融资便利度和可得性，加大金融支持中小微企业"专精特新"发展力度。

强化机构服务意识。2023 年 9 月，工业和信息化部出台《关于做好 2023—2024 年度中小企业经营管理领军人才培训工作的通知》（工信厅企业函〔2023〕261 号），要求深入实施企业经营管理人才素质提升工程，提高中小企业经营管理水平，推动中小企业高质量发展。2023 年 11 月，工业和信息化部发布《关于健全中小企业公共服务体系的指导意见》（工信部企业〔2023〕213 号），从打造学习型组织、提升服务人员服务意识和水平、提高服务质量、创新服务人才培养模式等方面入手，推动中小企业公共服务机构提高服务人才能力，为中小企业发展提供优质的服务人员。

第二章

2023 年中小企业发展现状

第一节　中小企业发展质量不断提升

一、规模效益不断扩大

一是中小企业发展活力强劲迸发，成为促进经济发展的生力军。2023 年，全国企业数量为 5826.8 万家，同比增长 10.3%。其中，中小企业数量超过 5200 万家，规模以上工业（以下简称规上）中型企业数量为 4 万家左右，规上小型企业数量约为 44 万家。二是企业经营平稳发展。从营业收入看，2023 年，规上小型企业营业收入为 47.8 万亿元，同比增长 2.2%；规上中型企业营业收入为 29.1 万亿元，与 2022 年持平。从工业增加值看，2023 年，全国规上中小企业增加值同比增长 4.7%，比规上企业增加值增速高 0.1 个百分点。三是支撑经济增长作用突出。中小企业贡献了 50% 以上的税收、60% 以上的 GDP。2023 年，以中小企业为主的民营企业连续 5 年稳居我国第一大外贸经营主体，进出口总额为 22.36 万亿元，占我国外贸总值的 53.5%，拉动整体进出口增长 3.2 个百分点。四是企业发展势头强劲。根据中国中小企业协会发布数据，2023 年中国中小企业发展指数最高为 89.6，最低为 88.9，全年共上升 1.1 个点，到 2023 年 12 月，中小企业发展指数稳定在 89.0，呈现回升走势。

二、创新能力明显增强

中小企业加快"专精特新"发展，日益成为创新重要发源地。一是优质中小企业规模不断增加。工业和信息化部数据显示，截至 2023 年，我国已累计培育 10.3 万家"专精特新"中小企业，其中专精特新"小巨人"企业数量达到 1.2 万家。二是创新成果丰硕。根据《2023 年度中小企业发展环境评估报告》，2023 年度全国授权发明专利总数达到 92.1 万件，注册商标总数达到 438.3 万件。其中，参评城市 2023 年授权发明专利总数达到 63.7 万件，占全国总数的 69.2%；参评城市 2023 年注册商标总数达到 246.33 万件，占全国总数的 56.2%。

三、就业主渠道作用突出

随着中小企业的快速发展，在吸纳就业、改善民生等方面作用愈发突出，极大缓解了当前就业压力。吸纳就业能力保持稳定。根据人社部数据，2023 年全国城镇新增就业人数 1244 万人，12 月城镇调查失业率为 5.1%，其中高校毕业生等绝大多数都是就职于中小企业，就业保持总体稳定。在增加人民收入方面，中小企业发挥重要作用。根据近十年中小企业发展数据，一个区域（地级市）内中小企业数量每增长 1000 家，能有效带动 GDP 增长 1.43%，税收增加 0.17%，就业人员数量增加 0.68%，工资水平提高 0.78%。

四、大中小融通创新发展

当前，企业从单打独斗走向创新模式，也从单项技术突破转为跨领域跨学科融合攻坚，推动着各类企业打破壁垒、融通合作，通过大企业"发榜""发单""发包"、中小企业"揭榜""接单""接包"等多种方式，加强产品、服务和技术供需对接，增强产业链供应链上下游的利益黏结，培育大中小企业融通创新平台和研制基地，协同解决产业链供应链上下游配套难题，努力营造"大河有水小河满，小河有水大河满"的良好发展局面。截至 2023 年底，已初步形成 23 家国家自主创新示范区、29 家国家制造业创新中心、178 家国家高新技术开发区、200 个中小企业特色产业集群。根据统计数据，超过 90% 的专精特新"小巨人"企业为国内外知名大企业配套；超过 40% 的专精特新"小巨人"企业深耕在新材料、新一代信息技术、新能源等新兴产业。

第二节   中小企业发展面临的挑战

2023 年，中小企业经济运行整体态势良好，展现出较强的韧性和活力。但逆全球化思潮抬头，单边主义、保护主义上升等制约因素仍然存在，新的动荡变革期来临。我国发展进入战略机遇和风险挑战并存、不确定及难预料因素增多的时期，给处于价值链中低端的中小企业也带来更深层次的考验。

一、生产经营形势有待优化

2023 年，国内普遍预期偏弱，市场需求不足、企业现金流压力大、库存高企等问题突出，中小企业发展仍存困难。2023 年我国制造业采购经理指数（PMI）呈下降趋势，且除 1 月、2 月、3 月和 9 月以外，其余月份的制造业 PMI 均处于荣枯线以下，经济景气水平总体有所回落，制造业需求不足，企业生产和采购意愿受限。2022—2023 年我国制造业 PMI 如图 2-1 所示。

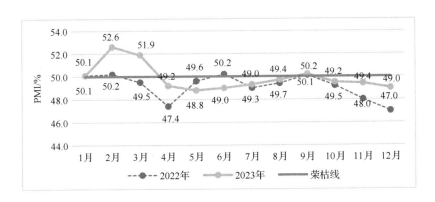

图 2-1   2022—2023 年我国制造业 PMI

（数据来源：国家统计局，赛迪智库中小企业研究所整理，2024 年 6 月）

对于中小型企业来说，制造业 PMI 只在 2023 年 2 月和 3 月均达到荣枯线以上。显然，与大型企业相比，中小型企业制造业生产经营形势不容乐观，亟须进一步加强关注。2022—2023 年我国大、中、小型企业制造业 PMI 如图 2-2 所示。

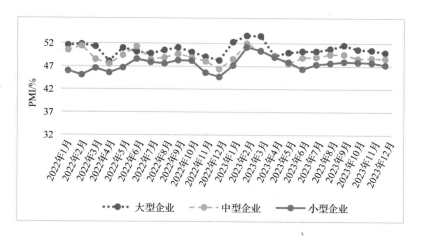

图 2-2　2022—2023 年我国大、中、小型企业制造业 PMI
（数据来源：国家统计局，赛迪智库中小企业研究所整理，2024 年 6 月）

二、市场活力有待激发

受多方因素影响，中小企业活力仍有待激发，市场需求须进一步释放。国家统计局数据显示，2023 年我国居民消费价格指数（CPI）同比上涨 0.2%，实现小幅度上涨，但月度 CPI 同比涨幅均低于年度预期目标的 3%左右；2023 年我国生产者物价指数（PPI）同比下降 3%，其中，受国际油价继续下行、部分工业品需求不足等因素影响，2023 年 12 月，PPI 同比下降 2.7%。从国内消费来看，2023 年社会消费品零售总额呈下降趋势，增速从 3 月的 10.6%下降到 12 月的 7.4%，市场消费需求潜力有待进一步激发。2022—2023 年国内社会消费品零售总额增速如图 2-3 所示。

此外，中国人民银行 2023 年每季度的银行家问卷调查报告显示，无论是大型企业，还是中小微企业，2023 年企业贷款需求指数都呈下降趋势。其中，小微企业的贷款需求指数从 2023 年第一季度的 76.5%下降到第四季度的 64.2%，中型企业的贷款需求指数从 2023 年第一季度的 68.2%下降到第四季度的 57.0%。这表明中小微企业贷款需求较弱，扩张信心有待加强，市场活力需要激发。2022—2023 年我国大、中、小微企业贷款需求指数如图 2-4 所示。

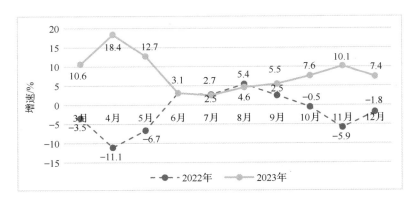

图 2-3 2022—2023 年国内社会消费品零售总额增速

（数据来源：国家统计局，赛迪智库中小企业研究所整理，2024 年 6 月）

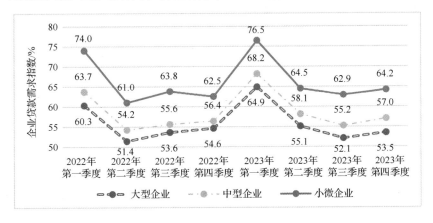

图 2-4 2022—2023 年我国大、中、小微企业贷款需求指数

（数据来源：中国人民银行，赛迪智库中小企业研究所整理，2024 年 6 月）

三、数字化转型任重道远

当前，我国中小企业数字化转型步伐持续加快，涌现出一批典型案例、产品和解决方案，转型服务供给能力持续提升，有力推动了中小企业"专精特新"发展。然而数字化转型是系统性工程，点多、线长、面广，具有很强的综合性、交叉性和复杂度①，难以一蹴而就，其发展仍

---

① 田川：《持续推进数字化转型 促进中小企业高质量发展》，2024 年 7 月 3 日。

面临一些挑战。一是受思想制约，存在"不想转"，即部分中小企业对数字化转型的认识不够。二是受技术制约，存在"不会转"，即中小企业数字化转型基础较弱，难以通过现有生产能力实现数字化全覆盖。三是受资金制约，存在"不敢转"，即本就面临较大经营压力的中小企业，面对较大资金投入大且回报不确定性高的转型，望而却步。

四、海外市场开拓较难

根据中国人民银行发布的 2023 年第四季度企业家问卷调查报告，2023 年第四季度企业出口订单指数为 45.4%，比上季度下降了 0.1 个百分点。其中，仅 18.4%的企业家认为 2023 年第四季度与第三季度相比，出口订单有所增加。此外，2023 年企业出口订单指数全年都在临界值以下。可见企业普遍认为 2023 年出口订单并未增加，尤其是海外市场开拓难度大，中小企业发展国际市场业务受限。2022—2023 年企业出口订单指数如图 2-5 所示。

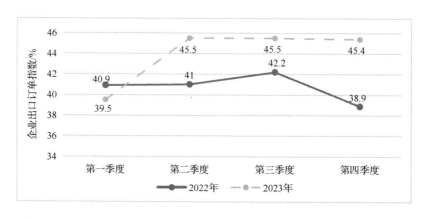

图 2-5 2022—2023 年企业出口订单指数
（数据来源：中国人民银行，赛迪智库中小企业研究所整理，2024 年 6 月）

专题篇

第三章

中小企业数字化转型研究

随着数字技术的加速发展，全球经济与社会发展正经历深刻变革。数字技术的开放性、普惠性等特点能够提升中小企业的竞争力，是当前中小企业乘势突破的重要手段，中小企业数字化转型已不是选择题，而是必修课。在这一背景下，中小企业迎来了前所未有的机遇，但也面临着转型升级的重重挑战。本章首先针对中小企业数字化转型存在的主要需求，以及普遍存在的认识误区展开调研与分析。在此基础上，进一步归纳总结政府和数字化服务提供商在推动中小企业数字化转型方面的典型策略和有效实践，并据此提出促进中小企业数字化转型的相关建议。

第一节 中小企业数字化转型的认知误区及需求分析

一、中小企业数字化转型需求分析

2024 年 3—4 月，赛迪智库中小企业研究所对 1400 余家制造业中小企业进行问卷调研。调研结果显示，超六成的企业对生产过程数字化转型需求最为迫切，近四成的企业存在产业链供应链数字化转型需求（见图 3-1）。

（一）生产过程数字化转型需求最为迫切

近八成的中小企业在生产作业上有数字化改造需求，改造内容包括部署智能制造装备、辅助数据采集分析、过程优化等。超六成的中小企业寻求质量管理数字化，改造内容包括对生产过程质量检测与预警、全流程追溯。约半数中小企业在设备管理、计划调度方面存在转型需求，以辅助完成设备诊断与维护、提升设备综合效率水平等（见图3-2）。

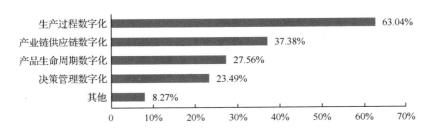

图 3-1 中小企业数字化转型需求

（数据来源：赛迪智库中小企业研究所整理，2024 年 6 月）

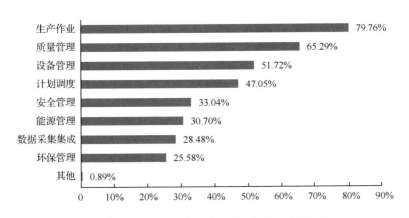

图 3-2 中小企业生产过程数字化具体需求

（数据来源：赛迪智库中小企业研究所整理，2024 年 6 月）

（二）产业链供应链的数字化转型需求集中于采购与仓储智能化

近八成的中小企业对供应链管理数字化需求迫切，改造内容包括应用信息技术对供应商管理、采购计划等全过程管理，以提高供应链的透明度和协同效率。超七成的中小企业需要进行仓储管理转型，改造内容包括通过信息化管理提高库存精度和效率等（见图3-3）。

（三）产品全生命周期的数字化转型需求集中于前端研发

超七成的中小企业表示在产品研发数字化方面需求迫切，希望利用设计软件工具、仿真分析等数字化技术提高研发效率。超六成的中小企业表示在工艺设计数字化方面需求较大，改造内容包括辅助工艺设计、模拟仿真和迭代优化等（见图 3-4）。

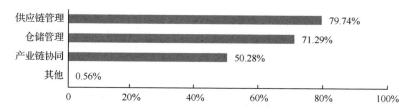

图 3-3　中小企业产业链供应链数字化具体需求
（数据来源：赛迪智库中小企业研究所整理，2024 年 6 月）

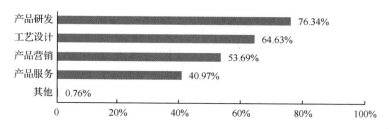

图 3-4　中小企业产品全生命周期数字化具体需求
（数据来源：赛迪智库中小企业研究所整理，2024 年 6 月）

（四）决策管理的数字化转型需求集中于经营管理环节

超八成的中小企业表示在经营管理数字化方面需求迫切，具体包括：财务管理智能化，即利用数据系统优化资产配置；人力资源管理智能化，即利用数据分析工具，改善绩效管理与人才培养；协同办公智能化，即利用数据平台提升跨部门协作效率；决策支持智能化，即利用数据平台分析预测，提升决策准确性（见图 3-5）。

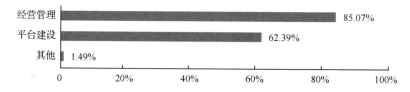

图 3-5　中小企业决策管理数字化具体需求
（数据来源：赛迪智库中小企业研究所整理，2024 年 6 月）

二、中小企业数字化转型常见误区

（一）中小企业数字化转型可以"毕其功于一役"

由于企业数字化发展水平不一、行业差异大，很多中小企业信息技术基础薄弱，既要补课，又要赶超，不可能"毕其功于一役"。中小企业要结合自身人员结构、技术水平、资金实力循序渐进，小步快跑、敏捷迭代，逐步完成转型。理想状态是数字化服务商和企业"伴随式成长"。转型过程中，服务商交付解决方案，和企业管理团队一起成长，持续解决企业出现的问题。服务商和企业交互完成转型过程，并培养企业数字化人才。

（二）中小企业"数字化转型"等同于"信息化升级"

数字化转型与信息化在内涵、影响、资源需求方面有显著差异。信息化主要侧重于企业流程再造并留存数据，而中小企业数字化转型，不仅是技术转型，更是认知、思维方式与经营模式的深层转型。数字化转型的本质在于"转型"，目的是提升中小企业自身"内力"，更注重解决业务痛点，厘清业务之间的边界，以实现中小企业持续健康发展。

（三）中小企业数字化转型仅是企业 IT 部门的事

让 IT 部门主导数字化转型是调研中小企业的常见做法。需要注意的是，数字化转型是一个复杂的系统工程，不仅涉及软硬件的选型选购，还涉及企业战略、组织、运营、人才等的体系化变革与全方位创新，需要各个部门的协同配合，从企业层面连接和激活各种资源和技术。传统IT 部门在企业整体层面没有太大的话语权。因此，数字化转型不能让IT 部门单打独斗，需要企业在组织层面统筹规划。数字化转型既是"一把手"工程，也是全员工程，既需要领导人立足行业发展大势，以数字化转型带动整体战略升级，也需要全体员工对数字化转型的心理认同与行动支持。

（四）数字化转型靠中小企业自己就能够实现

调研发现，中小企业数字化转型普遍面临多重挑战，且不同行业中小企业数字化转型需求多样化，企业即使有数字化转型的决心和目标，也往往难以承担定制化的转型成本。数字化转型是场景驱动的，需要深入各个应用场景，多方合作伙伴共同参与，从而覆盖顶层规划、蓝图设计、架构搭建、软件开发、系统实施及数据分析等多种环节，仅仅依靠中小企业自身势必无法覆盖各个专业领域。因此，需要进一步健全生态体系，联合各种类型、各个行业的生态圈伙伴，各施所长，实现政府、企业、第三方机构协同发力。

（五）效益好的中小企业数字化转型可以"再等等看"

调研发现，不少中小企业对数字化转型持观望态度，认为企业规模小、盈利正常、业务单一、无须马上进行数字化转型。殊不知，数字化转型是一个周期较长的技术变革潮流和新趋势，转型不主动的企业将在激烈的市场竞争中处于劣势。企业应当认识到，进行数字化转型，不仅可以调整运营思路，优化渠道和企业管理，还可以使组织架构更具创新性；通过数字化转型，企业能够及时把握商机，利用好"船小好调头"的优势，快速调整市场方向，比大企业反应更快、更早一步抢占市场有利位置。

（六）数字化转型成效"立竿见影"且带来颠覆性改变

调研发现，部分中小企业认为只要开始数字化转型了，就能立马见效；还有部分企业认为数字化转型会在业务、管理等方面带来颠覆性改变。但实际上，数字化转型是一个企业重塑的过程，效果很难立竿见影，中小企业较难通过短时间内的一次转型就实现颠覆性改变。对于大多数中小企业来说，数字化转型的目的并不是成为行业颠覆者，而是利用数字技术改善业务，提升核心竞争力。如果企业因为没有看到短期成效就战略摇摆不定，甚至放弃，必然会导致转型失败。

第二节　政府推动中小企业数字化转型的政策举措

一、中央政府高度重视中小企业数字化转型

（一）加强中小企业数字化转型政策引导

2019 年至今，历年中国政府工作报告都对数字化转型做出部署，对中小企业数字化转型的政策支持力度持续加大。2020 年，工业和信息化部印发《中小企业数字化赋能专项行动方案》，以数字化网络化智能化赋能中小企业，助力中小企业提升智能制造水平和可持续发展。2021 年，工业和信息化部、国家发展改革委等十九部门印发《"十四五"促进中小企业发展规划》，提出中小企业数字化促进工程等任务。2022 年，国务院出台《"十四五"数字经济发展规划》，提出"由点及面"的整体工作思路及具体转型场景应用。同年，工业和信息化部印发《中小企业数字化水平评测指标（2022 年版）》，为中小企业评估数字化转型基础、制定数字化转型路径、评测数字化转型成效提供依据，并出台《中小企业数字化转型指南》，提出"评估、规划、实施、优化"的闭环路径，引导中小企业、数字化转型服务商和各级主管部门凝聚合力、协同推进。

（二）注重"链式"转型模式推广

2022 年，工业和信息化部、国家发展改革委等十一部门联合开展"携手行动"促进大中小企业融通创新，鼓励大企业打造符合中小企业特点的数字化服务平台、发挥引领示范作用，鼓励中小企业融入"链主"企业生态圈，以打通大中小企业数据链，加强网络化配套协作，带动产业链供应链上下游中小企业实现"链式"转型。围绕中小企业"链式"数字化转型征集典型案例，梳理推广中小企业"链式"转型模式。

（三）加大资金支持打造示范标杆

2023 年，财政部、工业和信息化部联合启动中小企业数字化转型城市试点工作，支持地方政府综合施策，探索形成中小企业数字化转型

的方法路径、市场机制和典型模式。2024 年 3 月，工业和信息化部联合财政部出台《中小企业数字化转型城市试点实施指南》，为实施中小企业数字化转型城市试点工作提供指导。目前，已遴选并确定 66 个试点城市，各试点城市已确定近万家试点企业，遴选出 1000 余家不同类型数字化服务商及 1500 余项"小快轻准"数字化产品和解决方案。

二、地方政府推动中小企业数字化转型的实践探索

（一）构建协同推进工作机制

地方政府积极落实中小企业数字化转型政策，通过政策协同与主体协同双轮驱动数字化转型加速推进。一是政策与资金协同发力，开展数字赋能应用引领、产业链群能级提升等行动，制定平台赋能企业实施方案，成立数字化转型发展基金，设置数字化改造专项资金，用于"奖"典型、"补"企业、"助"赋能、"贷"资金和"购"服务等，典型地区有河南省鹤壁市等。二是汇聚研产学用金多方主体，依托数字化转型公共服务平台，围绕中小企业数字化转型需求，提供政策宣贯、转型咨询、产品方案、科技成果转化、人才培育、产融合作等服务，典型地区有江苏省苏州市等。

（二）分类分业实现批量赋能

地方政府遵循中小企业数字化转型的共性规律，发展面向垂直行业的专业型平台，打造细分领域数字化标杆，提升企业数字化转型整体水平。一是支持细分行业数字化平台建设，探索设立数字化中央板房和"共享车间"，通过"中心工厂+卫星工厂"模式打造智能化、可视化"互联工厂"，推动产业链、供应链、创新链协同发展，典型地区有广东省揭阳市等。二是利用"N+X"样本化合同模式，以"一行业一平台"为目标，在细分领域打造转型标杆和典型场景，引导中小企业"看样学样"，推动中小企业对号入座进行数字化改造，典型地区有浙江省宁波市。

（三）持续加强数据安全保障

各地通过强化数据安全检测能力、完善数据安全预警机制、遴选数

据安全模范企业，为中小企业数字化转型保驾护航。一是实施中小企业"安全上云"工程，推动建设工业互联网安全综合服务平台，提升园区数字化安全监测预警、研判分析、信息通报、应急处置、威胁共享、协同指挥和态势感知能力，典型地区有江西省。二是开展信息安全检查，建立企业信息安全风险监测、态势研判、预警通报、应急管理、安全检查等工作体系，典型地区有重庆市。三是树立标杆企业，遴选评定一批数据安全标杆企业和数据安全优秀服务商并给予资金奖励，典型地区有福建省。

（四）培育建设数字人才队伍

各地正在构建全方位、多层次数字化人才培养体系，深度整合本地产学研资源助力中小企业打造数字化人才库，为数字化转型提供智力支撑。一是采取分层级定制化培训模式，依据不同类型人员的特点和需求提供个性化培训，帮助中小企业提高数字化人才储备，典型地区有山东省济南市。二是采取跨领域专家协同指导模式，统筹利用高校、研究机构、行业企业的专家资源，开展多元化培训内容和形式，培养兼备理论知识和问题解决能力的复合型数字化转型人才，典型地区有河北省石家庄市和江苏省苏州市。

第三节 服务商服务中小企业数字化转型的典型做法

一、国际知名服务商服务中小企业数字化转型的典型做法

（一）产品迭代升级：定义并实施最小可行产品，迭代式解决中小企业转型痛点

数字化服务商针对中小企业痛点和业务需求，定义中小企业转型的最小化可行性产品（Minimal Viable Product，MVP），从最有价值的地方着手，通过迭代实现持续创新转型，以最小成本实现从场景化的试点创新，到规模化的部署和改造，实现"开着汽车换轮胎"的效果。产品迭代升级可以帮助中小企业快速验证市场和用户需求，降低创新的风

险。通过与客户紧密合作，服务商可以更好地了解用户需求，优化产品功能和商业模式。此外，还可以提高中小企业的灵活性，使企业能够迅速应对市场的变化。

典型案例：IBM Garage 车库创新方法论

    IBM 车库创新将人员、场地和方法论规范地融入创造性的环境中，依托 IBM 前沿技术与方法论，帮助中小企业在最短的时间内交付产品方案。为实现这一目标，在确定商机或定位问题之后，通过定义和实施 MVP 来快速验证商机或痛点，与客户合作完成商机分析、开发构建、部署管理，加速创新和转型。这种方法使中小企业能迅速展示价值，控制风险，并将成功经验快速推广到其他团队或行业，起到"以点带面"的作用。

（二）最佳实践推广：提炼行业最佳业务实践，提升中小企业经营管理能力

    数字化服务商通过总结多个细分领域的最佳业务实践，为中小企业数字技术的使用提供突破口，助力中小企业实现高效运营并加速转型进程。最佳业务实践推广能够满足各种创新需求，优化公司间交易，提升不同行业中小企业经营水平，从成本控制、能源控制、资源控制、安全环保控制入手，促进企业降本、节能、降耗、减排，基于行业痛点提炼转型重点，帮助企业简化信息处理，助力不同行业中小企业在各业务线及商务运作中快速实现更高价值。

典型案例：思爱普（SAP）全生命周期行业解决方案

    SAP 提供全生命周期的数字化转型解决方案，服务于 26 个大类行业。以企业资源计划（ERP）云解决方案为核心，形成从研发、营销到运维的全流程数字化。推出 GROW with SAP 和 RISE with SAP 数字化转型加速包和行业云（Industry Cloud）等，赋能企业数字化。该方案采纳了 50 多年的 ERP 和行业经验，内置即装即用，能够帮助中小企业快速采用 ERP 云，简化日常运营流程，促进业务增长。覆盖 190 个国家，支持 45 种语言，拥有 45 万名客户和 2.3 万个合作伙伴，覆盖 87% 的全球贸易。

（三）全流程软硬件改造：提供全流程数字化转型服务产品，提高中小企业生产效率

数字化服务商针对中小企业生产制造环节存在的生产成本高、人员流动快、设备可靠性低，以及节能减碳需求高等痛点，运用操作优化、报警优化、能源优化、消耗优化、维护优化、工艺优化等数字化手段，从生产流程设计、运营、后续优化和维护等方面为企业提供数字化转型服务。这种改造集成度高、见效快、成本低、灵活性高，帮助企业更轻松、更快速实现数字化，助力用户优化决策、改善运营、降低成本、提高生产率和安全性、减少能耗和环境污染，快速响应和适应市场变化。

典型案例：艾默生三阶段数字化转型服务

在生产工厂设计阶段，艾默生动态模型和大数据技术为企业提供数字化构架咨询、数字化基础设施建设等服务；在生产工厂运营阶段，企业利用数字技术挖掘数据潜能，实现降本增效、节能减排；在生产工厂维护阶段，企业通过预测性维护、数字化大修及标准化扩建等赋能传统维护方式转型升级。艾默生拥有 80 多名解决方案架构师和分析集成工程师，以及 8400 多名项目和服务工程人员，已与客户合作部署 37000 多个无线网络和超过 175 个一体化可靠性平台和应用程序等。

（四）电商平台赋能：打造跨境电商平台，助力中小企业贸易出海

数字化服务商通过打造跨境电商平台，赋予中小企业轻量化出海机会，助力中小企业全球扩张和品牌建设，实现全球市场覆盖。平台提供一站式线上采购，拓宽企业和机构的选择范围，降低采购成本，缩短采购周期，加速商采数字化。电商平台凭借低成本、高效率和广覆盖的优势，帮助企业和机构买家实现降本增效，优化采购体验，减少信息不对称，扩大选择范围，节省时间和成本。

典型案例：亚马逊跨境电商平台

亚马逊通过建立"全球开店跨境电商园"，并与政府合作，挖掘地方产业优势，助力中小企业转型，优化服务商网络，提供海外税务、物流等服务支持。亚马逊还开发了"资格认证和证书展示"功能，帮助卖家获得买家信任，推动企业和机构买家优化商采流程，降低采购成本。同时，亚马逊不断优化"服务商网络"，在海外税收服务、海外仓、自配送物流服务、品牌打造、产品合规和认证等多个服务领域为卖家提供帮助。卖家可以通过亚马逊实现全球开店，接触超过 3 亿亚马逊活跃用户，包括 2 亿 Prime 会员，并通过 Amazon Business 接触全球 500 万家企业及机构买家。

（五）供应链分级改造：打造主动型供应链，提升其敏捷性和韧性

数字化服务商基于供应链成熟度分级，设定供应链数字化转型方向，推进以敏捷性和韧性为核心的供应链能力优化，完善供应链管理体系。供应链分级改造具有精益、韧性、绿色和数字化的特征。其中，"精益"是供应链高效运营的基础，"韧性"是供应链稳定运行的保障，"绿色"是供应链可持续发展的要求，"数字化"则是贯穿供应链精益、韧性建设，以及绿色转型的有力工具，这种方式能帮助企业降本增效、提升供应链协作性和优化决策。

典型案例：施耐德电气

施耐德电气致力于为客户提供从集团管控到生产现场体系化、全方位、"端到端"的绿色智能制造咨询及解决方案，利用技术赋能，打通战略、运营、技术三层架构，实现四维融合。将供应链管理按成熟度分为五级，即基础型供应链、协同型供应链、主动型供应链等，根据供应链成熟度设定转型方向和转型能力。施耐德电气在中国的 30 家工厂和物流中心中，已有 19 家"零碳工厂"，其中 15 家被工业和信息化部认定为"绿色工厂"，14 家为第三方认证的"碳中和"工厂。

（六）仿真云平台赋能：搭建数字仿真平台，提高生产制造环节效率和精度

数字化服务商基于 3D 仿真平台，依托实物构建数字孪生，为企业制定全面数字化解决方案，提供多层次的计划和优化能力，实现协同效率提升，研发制造全流程追溯，产品功能、客户经营和商业模式创新。通过融合多种算法，能在给定条件下自动生成设计模型，提高生产制造流程效率，云端多重安全措施能有效防止黑客入侵，具有效率高、安全

性高、智能化等特点。

典型案例：达索系统 3DEXPERIENCE 平台

达索系统为中小企业提供与 3DEXPERIENCE 平台相连的解决方案，融合 SOLIDWORKS 的易用性和 3DEXPERIENCE 平台的强大功能，以提升中小企业产品研发效率和产品质量，优化生产流程。该平台服务全球超过 27 万客户，覆盖 12 个行业。数据显示，2022 年中小企业软件产品收入增长 7%，达 12.7 亿欧元，占总收入的 25%。

二、中国数字化服务商服务中小企业数字化转型的典型做法

（一）"数据+智能"数字服务驱动

数字化服务商发挥"数据+智能"创新驱动作用，围绕重点行业、特定领域中小企业共性技术需求开展研发创新，降低数字化转型技术门槛。数字化服务商以共性技术平台+行业大模型，形成全栈数据服务能力，为中小企业更精准地提供各类数字化服务产品，解决中小企业不敢转、不会转问题，赋能企业降本增效、决策优化、业务创新，降低中小企业技术研发时间成本和资金投入，以及新技术应用门槛，驱动中小企业加快数字化转型步伐。

典型案例：浪潮云洲"知业大模型"数字化诊断服务

浪潮云洲融合知业大模型、知识图谱和智能体能力，为企业智能化场景提供基于工业大模型一站式应用服务。其核心功能包括模型自调优、多知识源协同、可视化智能体编排、安全监管。浪潮云洲将大模型与企业知识深度融合，搭建数字化诊断服务平台，赋能企业生产管理。该平台已经为 1.1 万家中小企业提供数字化转型诊断，为 2000 余家中小企业开展了规模化技改服务。

（二）工业互联网平台赋能

数字化服务商通过建设跨行业、跨领域的综合型、特色型、专业型工业互联网平台，整合产品设计、生产工艺、设备运行、运营管理等数

据资源，构建数据采集、汇聚、分析等服务平台，沉淀行业知识经验，发挥平台在支撑工业资源泛在连接、弹性供给和高效配置方面的作用；引导企业上平台、用平台，促进产品优化和使用效益，实现以数据驱动为核心的网络化、扁平化、平台化管理，实现提质降本增效，提高资源协同效率，降低企业成本。

典型案例：树根互联根云工业互联网操作系统

树根互联开发端到端一站式通用型工业互联网平台——根云（ROOTCLOUD）平台，包含工业互联网操作系统、工业边缘服务和工业 App 三部分，核心为根云工业互联网操作系统。根云平台具有广连接、高性能、懂工业、易应用四大优势。通过产能与订单信息可视化，设备作业率整体提高约 20%，综合人效提高约 25%，耗能成本下降约 10%。

（三）供应链"链式"转型驱动

数字化服务商通过建设上下游协同的数字化供应链体系，以产业纽带、上下游配套、开放应用场景、技术扩散、订单共享等方式赋能产业链供应链上下游和产业集群内的中小企业转型，推动"链上"大中小企业在研发设计、生产制造、物流仓储等环节实现数字化协同。通过链式转型，提高产业链协作效率和供应链一体化协同水平，强化中小企业生态链，达到固链强链补链的效果。

典型案例：阿里云产业链协同平台

阿里云建设小家电产业链协同平台，将核心供应商接入产业链协同平台，带动供应链中小企业数字化转型。通过订单协同，将上下游订单统一平台操作，即对订单排产、生产、售后等进行集中处理；通过生产协同，将排产情况、生产进度实时在线化；基于平台将所有单据进行线上存储、分析和处理，助力中小企业实现业务数据数字化。

（四）绿色制造赋能

数字化服务商通过数字技术赋能工艺设计、生产制造、回收利用等环节，构建智能制造系统，实现能源消耗和碳排放数据的实时监测、管理与核算，提高能源利用效率和绿色制造水平。同时，打通产业链上下游数据资源，通过感知控制、数字模拟、决策优化等方式，优化资源利用与分配，推动产业链供应链中小企业绿色化和数字化协同发展，促进工业绿色低碳转型和产业结构升级。

典型案例：徐工汉云新能源物流运输管理平台

徐工汉云基于自身的制造及数字化经验，针对新能源物流车制造及应用，设计基于分布式的高性能、高可用、易扩展、易开发、易管理的新能源物流运输管理平台，将人、车、路、货、桩、电及各业务模块整合在一起，实现对新能源车辆实时状态监控、运单管理、调度管理、异常预警、业务管理、规划决策等功能的综合应用，助力绿色交通、绿色物流发展。此外，面向医药、化工、工程机械等不同行业产业园区，徐工汉云利用物联网、云计算、大数据等数字技术，整合园区内外部资源和服务，提升整体信息基础设施水平，赋能园区集约化、创新化、智能化、绿色化发展。

（五）细分行业"N+X"场景赋能

数字化服务商围绕"N+X"场景提供"菜单式"服务，建立细分行业的标准化服务模式，提高数字转型效率。数字化转型总包服务商联合设备企业、软件企业等专业领域服务商，梳理形成细分行业数字化转型共性需求场景和企业个性需求场景（"N+X"场景）清单，基于清单制定标准化服务合同，引导同行业中小企业数字化转型"看样学样"。将共性需求与个性服务相结合，打造"可看可懂可学可复制"的样本，通过企业试点和标杆示范，加快细分行业复制和改造。

典型案例：蓝卓工业操作系统（supOS）

蓝卓以 supOS 为底座，围绕通用设备行业，探索"1+N+X"数字化改造新模式。梳理总结了订单管理、质量追溯等 9 类基础共性应用场景，以及外协管理、模具管理等 9 类个性化自选场景，将共性问题与个性问题分别处理。通过机制、技术、行业工业互联网平台、轻量化 App 应用、政策等多层保障，实现轻量化、标准化、菜单式选择，形成"可看可懂可学可复制"的中小企业数字化转型样本，激发更多企业做样学样。

（六）"小快轻准"产品牵引

数字化服务商开发适配中小企业特征的"小型化""快速化""轻量化""精准化"的数字化产品和解决方案，解决资金、人才、技术短缺问题。这些方案聚焦研发设计、生产制造、仓储物流、运营管理、营销服务等环节的共性需求，具有更小的功能颗粒度和更高的部署灵活性，应用简单快速、成效立竿见影，能够精准化、针对性解决中小企业转型痛点。相比于建机房、建团队等"重资产"模式，轻量化应用云化软件和订阅式服务成本更低，更适合中小企业的碎片化需求。

典型案例：钉钉"创业版钉钉+专业版钉钉+低代码"

钉钉作为企业级智能办公和应用开发平台，推出了数字化会议、办公、差旅、合同、审批等服务，以及系统集成、项目管理、AI 助理、定制 App、安全服务等一系列数智化解决方案，覆盖了 20 多个重点行业。针对中小微企业，钉钉推出"创业版钉钉+专业版钉钉+低代码"，提供协同办公、人事管理等高频应用。低代码上手快、覆盖广、成本低，可覆盖 95% 的应用场景，将开发成本从几十万元降至万元级，大幅降低中小企业数字化门槛。

第四节　启示与建议

一、加强试点示范，激发数字化转型内生动力

一是打造中小企业数字化转型标杆示范企业。分行业培育一批示范标杆企业，加大"专精特新"中小企业、专精特新"小巨人"企业培育力度，鼓励企业在研发设计、生产制造、经营管理、销售服务等全生命周期中推进数字化应用。充分发挥优秀企业在数字化转型中的"排头兵"作用，带动其他行业推广应用数字化新技术、新模式。二是打造一批智能工厂、数字化车间、"灯塔工厂"等示范性强的数字化转型项目，评选一批数字化应用场景最佳实践，向中小企业推广知名数字化服务提供

商服务数字化转型的典型经验。三是深入开展中小企业数字化转型城市试点工作，优化支持方式、突出支持重点、加大支持力度。支持试点城市总结集成通用性强、效果好的数字化解决方案，通过示范带动、看样学样、复制推广，引导和推动广大中小企业加快数字化转型。

二、强化服务供给，提升数字化转型服务水平

一是重点培育细分行业数字化转型服务商队伍。培育一批智能化改造和数字化转型服务商，编制中小企业数字化转型服务商目录，为中小企业择优提供参考。鼓励和促进不同行业、专业领域的服务商，通过联合或合作等方式，形成综合服务能力，设计垂直领域集成改造模式，支持其将各种制造经验数字化、模块化、通用化，赋能更多传统制造企业转型。二是鼓励服务商开发"小块轻准"服务产品。通过政策导向激励数字化服务商丰富数字化转型服务产品，引导大型数字化转型服务商为中小企业提供更具垂直场景适配性的线上办公、财务管理、远程协作、协同开发等普惠小程序和工具包，构建数字化转型开源生态，推动基础软件、通用软件、算法等开源，形成"工具+服务"数字化转型一体化解决方案。三是探索建设全国性中小企业数字化转型公共服务平台。打造满足行业共性需求和中小企业个性需求的数字化转型资源池、工具箱，提供标准化、便利化解决方案，汇聚数字化服务资源。

三、构建人才体系，夯实数字化转型人才基础

一是构建多层次数字化人才教育体系。引导高等院校、职业技术学校创新学科建设，建设一批数字化转型相关专业。鼓励企业根据实际需求在学校设立联合培训中心，开展数字化转型实训平台建设，实施订单式人才培养模式，为企业数字化转型提供定制型科班人才。二是加大员工职业技能培训支持力度。面向中小企业提供一批数字化转型基础技能培训服务，鼓励政府对综合性培训、创业培训、新产业新职业新技能培训和技能含量高、实训耗材量大的培训提高补贴标准，提高员工参加培训的积极性。三是努力打造数字化转型人才共享资源池和数据库，形成智力服务交易流转体系，综合运用企业内训支持、专家顾问服务、联合

培养认证等方式，实现高端人力资源的跨界流转与开放共享。

四、保障信息安全，提高数据安全风险防范能力

一是指导数字化服务商、工业互联网平台等建设服务主体，从云、网、端、数据等维度加强安全保障体系设计，明确安全责任边界，强化数据全生命周期安全管理。二是完善工业设备的互联互通标准，推动工业设备接口互认，协议兼容，提升行业设备的联动能力。研究制定统一的工业大数据管理制度和标准规范。提升工业数据治理能力，促进数据合理流动、确权、安全交易、共享和使用。三是健全数据安全监管体系，稳步实施网络数据资源"清单式"管理，提高监管能力和技术水平。加强企业数字资源开发管理，创新探索数据资产确权交易模式。四是提升数字化转型服务商安全服务能力。建立数字化转型服务商"白名单"服务机制，对中小企业"上云用云"服务的设备安全、控制安全、网络安全、平台安全、数据安全等开展评估和抽查，着力提升数字化转型服务商在隐患排查、攻击发现、应急处置、攻击溯源等方面的数字信任安全服务能力。

五、强化要素供给，完善数字化转型生态体系

一是加大数字化转型金融支持。鼓励银行对中小企业数字化转型给予信贷倾斜，推动各银行机构设立数字化转型专项贷款，并有针对性地创新数字化转型金融产品。支持金融机构为中小企业数字化转型提供数字化融资等服务。二是加大共性技术研发支持。针对数字化转型共性技术难题，支持各类创新主体强化协同合作，攻关重点难点。三是推动中小企业数字化"链式"转型。形成大中小企业融通发展的产业生态，促进产业链的延伸和价值链的提升。四是加强行业交流研讨。举办全国中小企业数字化转型大会，充分发挥大企业引领作用，完善中小企业云服务生态，引导中小企业上云、用云，形成利益共生、价值共创、数据共享的商业生态圈。

第四章

中小企业绿色供应链建设路径研究

在复杂的国际经济环境影响和国内要素资源约束趋紧作用下，中小企业绿色发展的任务紧迫艰巨，亟须尽快构建中小企业绿色制造体系以应对绿色转型升级要求。绿色供应链建设是构建绿色制造体系的关键环节，也是中小企业绿色转型升级的必由之路。建设绿色供应链，就是要发挥供应链上核心企业的引领带动作用，带动供应链上下游中小企业走资源能源节约、环境友好的可持续发展道路，实现绿色发展，共同提高中小企业绿色增长质量。本章着重分析我国中小企业绿色供应链建设的四方面特征，分析当前中小企业绿色转型升级面临的短期投资回报不匹配抑制绿色供应链建设的主动性等五方面问题，并针对具体问题，从加大环保资金投入，促进绿色核心技术改造升级等四方面，提出加快促进中小企业绿色供应链建设的政策建议。

第一节 中小企业绿色供应链的缘起与定义

绿色供应链的概念源于绿色采购的概念，由美国制造研究协会（MRC）基于绿色制造理论首次提出，绿色供应链是指将环境因素整合到供应链中的产品设计、采购、制造、组装、包装、物流和分配等环节中。我国绿色供应链建设路径就是在可持续发展的背景下，秉持绿色发展理念，以政策法规和国家标准为引领，由核心企业带动并协调优化上下游供应关系，最终形成供应链绿色化管理体系。

中小企业绿色供应链是指将绿色低碳发展理念贯穿于中小企业的产品设计、原材料采购、生产、运输、储存、销售、使用和报废处理等全过程，实现供应链全链条绿色化水平协同提升，带动供应链上下游工厂实施绿色制造，强调全过程的绿色化，是涵盖产品全生命周期的闭合循环链。

中小企业是我国实现碳达峰、碳中和目标的重要参与主体，中小企业量大面广，具备巨大的节能潜力，整体绿色减排规模可观，在绿色低碳发展过程中扮演着重要角色。此外，中小企业多为大型企业的上下游合作伙伴，中小企业的绿色低碳转型也是产业绿色转型升级的"必答题"。

第二节　我国中小企业绿色供应链建设呈现四方面特征

"绿色"是五大新发展理念之一，绿色发展是保护生态环境、实现经济高质量发展的内在要求。中小企业作为国民经济的重要组成部分，对绿色转型升级起着举足轻重的作用。当前，我国中小企业绿色供应链建设呈现四方面特征。

一是国内中小企业绿色供应链建设提升空间较大。不少跨国公司在华机构及中外合资企业已经开展了多年相关实践，规章制度相对完善、运作机制较为成熟，其主要原因是跨国公司企业总部对此提出了要求，也有部分企业自发开展了绿色供应链建设工作。但大多数国内中小企业供应链建设仍处于起步阶段。

二是中小企业绿色供应链融资渠道不断拓展。各地绿色供应链金融的快速发展，有效地缓解了中小企业绿色发展的融资压力。绿色供应链金融通过金融机构或者核心企业带动供应链的上下游中小企业开展绿色金融服务，进一步拓宽了中小企业的融资渠道。金融机构开展绿色金融服务的情况如表 4-1 所示。

表 4-1　金融机构开展绿色金融服务的情况

金 融 机 构	产品或服务	投 放 情 况
天津滨海农商银行	面向绿色领域提供信贷支持	完成首笔绿色供应链融资交易。绿色贷款余额达到 14.31 亿元，同比增长 124.65%

续表

金融机构	产品或服务	投放情况
青岛银行	推出首个山东省内绿色供应链金融产品	推出绿色供应链金融产品"碳E贷"。绿色金融信贷余额达到10.11亿元，较年初增加1.81亿元
星展银行	面向租赁公司提供供应链金融服务	向华能天成融资租赁有限公司提供供应链融资5亿元，支持国家清洁能源行业发展
网商银行	"绿色采购贷"产品和信贷资产流转服务	发行国内第一单支持小微绿色发展的信贷资产流转计划，发行规模达到20亿元

数据来源：赛迪智库中小企业研究所整理，2024年6月。

三是品牌企业对供应商绿色发展的影响力开始强化。一方面，品牌企业正在努力获取整个供应链上的供应商名单，包括原材料供应商等，来扩大对细分供应链的控制力和影响力。另一方面，不少品牌企业力求建立绿色发展行业秩序，如华为采用蔚蓝地图数据库对供应商进行检索，发现有环境违规记录的供应商，会要求其进行整改并向公众公开整改结果。此外，品牌企业将供应商绿色发展能力和采购份额挂钩，环境表现优秀、节能减排成效显著的供应商会被给予更为优惠的采购政策，以激励供应商提高绿色发展能力。

四是绿色采购在推动绿色供应链建设方面潜力较大。绿色采购政策对激励中小企业建设绿色供应链具有积极促进作用。一方面，绿色采购可以直接激励中小企业进行绿色生产和选购绿色物料；另一方面，中小企业会强化和供应商的绿色合作，进而推动一级、二级等多级供应商进行绿色制造，提高供应链的绿色水平。政府采购是采购活动中的重要主体，当前由于政府绿色采购法规机制不健全、规模小、信息透明度不高等因素影响，政府采购没有充分发挥对绿色供应链的推动作用，仍有较大的提升空间。

第三节　中小企业绿色供应链建设的四大路径创新

在路径探索方面，天津、上海、深圳和东莞等市开展了绿色供应链的有益探索，实施了一些具有创新性和引领性的政策举措，积极引导中小企业参与和开展绿色供应链建设。

一、中小企业绿色供应链政府主导发展路径

在中小企业绿色供应链建设过程中，天津市政府发挥了积极的主导和推动作用。

一是制定印发《天津市绿色供应链管理试点实施方案》，明确了开展绿色供应链管理试点基础条件、总体要求和工作目标、主要任务、试点工作安排和保障措施等内容。主要任务包括推行绿色产品政府采购，健全配套审批监督机制；促进钢铁行业绿色供应链管理，改善钢铁企业生态足迹状况；加强与国际组织合作，制定绿色标准和建立市场服务体系等。

二是开展绿色供应链管理试点示范项目。天津市率先在钢铁、建筑等基础较好的领域开展绿色供应链管理试点，确定绿色产品政府采购、发展绿色建筑建材、绿色钢铁和于家堡绿色商品服务示范区为试点示范项目，选取了政府采购中心、住宅集团、渤海钢铁集团和新金融公司为项目承接单位。

三是成立天津市绿色供应链协会。天津市组建了绿色供应链协会，选定 30 个会员单位。在此基础上，协会履行服务行业和引导企业自律等职能，组织开展绿色供应链的实证研究，开展中小企业绿色供应链建设行动计划。

四是推进绿色供应链标准化工作。天津市组织编制《天津市绿色供应链标准目录》，编制创立标准目录、改进标准目录、限制标准目录和废止标准目录，推进绿色供应链标准化服务体系建设。此外，天津市还印发了《天津市绿色建材和设备评价标识管理办法》《天津市绿色建筑材料评价标准》等文件，加快推进绿色供应链标准化。

二、中小企业绿色供应链试点企业带动发展路径

上海市在中国环境与发展国际合作委员会的支持下开展"上海绿色供应链管理示范项目"。该项目主要在百联集团有限公司、上海通用汽车有限公司、上海宜家家居有限公司 3 家企业开展绿色供应链管理试点，通过试点提升企业绿色供应链管理的能力和水平，探索细分行业绿色供应链管理创新模式。

参与试点的 3 家企业各有特色。百联集团有限公司围绕"绿色消费、绿色市场、绿色渠道",开展了联华超市绿色环保门店改造和供应商环保管理评估。上海通用汽车有限公司在汽车行业内率先建立了绿色供应链管理制度,鼓励和动员供应商自愿参加绿色改进和持续改进计划,开展"绿色供应商"和"优秀绿色供应商"的评选,聘请第三方机构为供应商提供技术支持,鼓励供应商在能效提升、改善管理、改进工艺、更新设备、循环使用材料等方面持续改进。上海宜家家居有限公司在供应商管理制度中建立了《宜家家居用品采购方式》(IWAY 体系),把环保合规和绩效提升要求纳入采购准则和供应商行为规范,成立专门团队对供应商进行审核,帮助供应商提升环境绩效。

以上 3 家企业在试点过程中,形成了多项绿色供应链规范性文件,为中小企业绿色供应链建设提供了标准指引和先进经验参考。

三、中小企业绿色供应链政企协同合作发展路径

深圳市开展政府引导、企业自愿参与的环保专项行动——"鹏城减废行动",鼓励企业开展绿色制造,提升内部环境管理水平,提高资源产出效率,减少生产过程废弃物的排放。深圳市将单个企业的减废行动扩大到供应链上大多数企业,变成供应链上企业的群体行为,减废行动从生产端向上延伸到采购端,通过绿色采购推动上游供应商提升资源能源利用效率。

深圳市环保局与华为技术有限公司等 15 家企业共同签署了《企业绿色采购合作协议》,其中一项重要内容就是深圳市环保局会根据企业的环保表现,给予绿、黄、红牌不同等级评定,在深圳市环保局网站定期发布环境表现不良的企业名单,并通过邮件等形式及时通告参与绿色采购协议的企业,为企业绿色采购提供信息依据。

深圳市选取华为技术有限公司作为试点企业,开展了"深圳绿色供应链"试点项目,探索建立"政府指导、大企业采购牵引、中小企业改善环境"的政企合作新模式,为中小企业供应链建设提供了创新路径。此外,华为终端(东莞)有限公司还获评了国家绿色供应链管理示范企业。

四、中小企业绿色供应链特色评价标准发展路径

东莞市研究并创立了绿色供应链管理评价指标体系——"东莞指数"。东莞市借助"东莞指数",开展企业评价,有效识别在中小企业供应链建设过程中企业在环保、节能,以及低碳三方面的状态与存在问题,为相关政策制定提供重要依据。

此外,东莞市印发了《东莞市绿色供应链环境管理试点工作方案》,提出东莞市绿色供应链建设工作在"4+1"个行业开展试点,即在家具、制鞋、电子和机械四大制造行业,以及零售服务业开展试点工作。试点示范期间,东莞市财政每年拨付 50 万元财政资金作为推广绿色供应链管理工作的专项补助经费。试点先行的四个制造行业,围绕着力控制家具和制鞋行业的挥发性有机物污染,提升电子、机械制造行业废水处理能力与水平等展开工作。对零售服务业,鼓励企业采购绿色供应链产品,建设绿色门店,推广普及绿色物流。其中,每个试点行业选取 5 家推行绿色供应链的企业作为奖励或补贴对象。

第四节　我国中小企业绿色供应链建设面临的突出问题

一、短期投资回报不匹配抑制绿色供应链建设的主动性

中小企业实施绿色供应链建设的高端人才、研发资金等要素资源投入较大,存在短期难以获得经济效益、实施效果显现滞后等问题,导致短期投入产出不匹配,影响中小企业开展绿色供应链建设的积极性。绿色供应链管理需要产业链整体协同,企业普遍认为绿色供应链建设难度大,不仅要对企业自身的采购、生产流程进行绿色低碳改造,还要引导上下游企业采取相同的策略,这仅仅依靠企业自身难以完成。《绿色供应链 CITI 指数》报告显示,绿色供应链环境管理表现良好的企业以大型企业为主,中小企业数量少、占比低,如汽车、纸业、制药、化工、日化、食品、皮革等行业,中小企业绿色供应链建设仍严重滞后。

二、绿色环保技术创新不足导致绿色供应链建设滞缓

我国中小企业在污染处理和废物回收再利用方面能力和水平还有待提高，且缺乏比较先进的绿色环保技术工具；对绿色环保技术工具的研发投入不足。国家节能中心数据显示，目前我国节能环保企业中仅11%左右有研发活动，企业研发资金占销售收入比重不到 4%，远低于欧美占比 15%～20%的水平。中小企业在绿色供应链建设过程中，要完成从绿色研发设计到绿色回收的闭环治理过程，各个环节不仅需要一系列先进环保技术的改良改进、监管测试与售后支撑，也需要大量先进环保设备的投入，而中小企业多数资金匮乏，建设绿色供应链付出的成本比大型企业更高、负担更重。

三、绿色金融服务支持绿色供应链建设的覆盖面较窄

目前，面向中小企业绿色供应链建设的金融服务主要来源于地方金融机构的扶持，但地方金融机构因中小企业信用水平低下、缺乏一定的优质资产做抵押担保、信息不对称等原因，难以与参与绿色供应链建设的中小企业维持长期的互动借贷关系，对中小企业绿色供应链建设支持力度较小，难以满足中小企业开展绿色供应链建设所需的各项投入，且绿色金融服务中小企业绿色供应链融资覆盖面仍然较窄。

四、供应链企业信息披露不规范，绿色低碳意识薄弱

我国开展中小企业绿色供应链建设工作时间较晚，企业 ESG（环境、社会、治理）信息披露方面工作不够规范。一是 ESG 信息披露没有统一的国家标准。二是以自愿披露为主，目前被要求的主要是央企上市公司，中小企业信息披露工作仍处于起步阶段。《2023 年上市公司 ESG 信息披露进展报告》数据显示，2021—2023 年，我国 A 股上市公司中发布独立 ESG 报告或企业社会责任报告的中小企业数量占比从 24.64%上升至 33.93%。此外，中小企业自主设定绿色低碳发展目标的意识薄弱，大多数企业缺乏绿色低碳方面的量化目标、年度改进计划及措施。

五、绿色供应链建设模式和路径探索仍需进一步深入

工业和信息化部数据显示，截至 2023 年底，全国共有 605 家中小企业成为国家级绿色供应链管理企业，占我国中小企业总体数量较少。一方面，参与申报的企业数量少；另一方面，主要是绿色供应链涉及多主体、多环节，对企业的管理能力和协同能力要求高，多数中小企业反映绿色供应链建设难度大，即使已经成为示范的企业也有类似观点。未来，突破绿色供应链的管理瓶颈，寻找适合各行业特点的绿色供应链建设模式和建设路径，仍须进一步加强实践。

第五节　从四方面发力，加快促进中小企业绿色供应链建设

一、加大环保资金投入，促进绿色核心技术改造升级

一是做强做大现有绿色产业发展基金，鼓励国家集成电路产业投资基金、国家制造业转型升级基金、国家中小企业发展基金等国家级基金加大对工业绿色发展重点领域的投资力度。引导天使投资、创业投资、私募股权投资基金投向绿色关键核心技术攻关等领域。二是支持中小企业产品绿色回收、物料再利用等技术攻关，搭建回收再利用的物流渠道、绿色再生产平台。摒弃落后的产品工艺和技术创新能力，增加对一些绿化核心技术的研发投入或直接引进先进技术进行改造升级，建立消费末端产品环保回收再利用制度，提高中小企业在成本竞争中的优势。

二、创新绿色金融服务，扩大绿色供应链金融覆盖面

一是金融机构须拓宽绿色金融的实施主体和业务部门，同时完善绿色信贷市场、证券市场、债券市场、保险市场的绿色金融功能，新建绿色项目市场、绿色权益市场，如碳汇市场等，使绿色金融服务的辐射范围更广泛。二是将银行绿色金融关键绩效指标（KPI）纳入政府部门考评框架，对绿色信贷实行差异化监管；通过财政奖励、建立绿色基金、

开展政府和社会资本合作（PPP）等途径，推动金融改革创新试验区和产融合作试点城市探索绿色金融发展创新路径，开展碳核算和绿色金融标准先行先试工作，将工业绿色发展较好地区优先打造成绿色金融示范区。

三、增强绿色激励力度，构建绿色供应链综合服务平台

一是将国家产融合作平台作为金融支持工业绿色发展的重要载体，增设"工业绿色发展"专区。推动建立跨部门、多维度、高价值绿色数据对接机制，整合企业排放信息等"非财务"数据，对接动产融资统一登记公示系统，保障融资交易安全。探索构建系统直连、算法自建、模型优选、智能对接、资金直达的平台生态，推动金融资源精准对接企业融资需求，提高平台服务质效。二是积极建设绿色供应链建设综合服务平台，如建设中小企业逆向物流中的产品回收平台，设立回收再利用研究中心，构建绿色供应链资源数据库和互联互通的绿色供应链信息共享平台等。

四、适时引入调查机制，规范绿色供应链信息披露标准

一是在供应链上适时引入尽职调查机制。借鉴欧洲模式适时制定我国供应链法或管理办法等法规，引入尽职调查机制提高供应商的绿色准入门槛，在现有的绿色采购市场化基础上辅以行政手段，提升供应链绿色化水平。二是规范绿色供应链信息披露要求。立足实际情况，同时考虑外向型企业满足监管国要求及我国对第三国企业的监管需要，按照分步原则建立统一的延伸至供应链的 ESG 信息披露标准，最后上升为强制性国家标准，逐步引导企业尽早建立并完善关于自身及供应链 ESG 管理体系和披露机制。

第五章

多层次资本市场赋能"专精特新"中小企业发展的作用分析

近年来,我国已全面推行股票发行注册制改革,科学地确定了多层次资本市场的定位,并完善了差异化的制度安排。通过畅通转板机制,构建了错位发展、功能互补、有机联系的多层次资本市场体系,有效支持了"专精特新"中小企业的高质量发展。本章对沪深主板市场(以下简称沪深主板)、创业板市场(以下简称创业板)、科创板市场(以下简称科创板)、北京证券交易所(以下简称北交所)、区域性股权市场在支持"专精特新"中小企业发展方面的作用进行了深入研究,剖析各层次资本市场在支持"专精特新"中小企业发展过程中的现状及取得的积极成果,详细分析了多层次资本市场对上市专精特新"小巨人"企业发展的促进作用。

第一节 沪深主板支持"专精特新"中小企业发展的作用分析

一、沪深主板战略定位及上市条件

沪深主板的主要职能是"要突出大盘蓝筹特色,重点支持业务模式成熟、经营业绩稳定、规模较大、具有行业代表性的优质企业"。1990年上海、深圳证券交易所(以下简称沪深交易所)相继成立,成为我国资本市场发展的历史性开端。在成立初期,沪深交易所仅设立主板市场。

上海证券交易所（以下简称上交所）最初上市交易 8 只股票，深圳证券交易所（以下简称深交所）则有 5 只股票上市交易。1992 年 4 月，国务院决定仅在上海、深圳两地设立股票交易所，不再新增交易所，允许其他地区符合条件的股份制企业在沪深交易所异地交易。此后，沪深交易所逐步发展成为全国性的市场。

随着 20 世纪 90 年代中后期国有企业改制上市步伐的加快，沪深交易所市场迅速发展壮大。2004 年，国务院发布《关于推进资本市场改革开放和稳定发展的若干意见》，提出九个方面的纲领性意见（以下简称国九条），股权分置改革、证券公司综合治理、提升上市公司质量等一系列重大改革措施得以快速推进。2006—2007 年，众多涉及金融、能源、有色金属、钢铁等关键行业的大型企业相继在沪深交易所上市，市场规模显著扩大，上市公司结构明显改善，股票市场对国民经济的表征作用显著增强。此后，资本市场基础性制度改革不断深化，沪深交易所市场从以主板为主体，逐步构建成为包含多个板块层次的股权市场。

沪深主板的上市标准较高，成功上市的企业均处于行业领导地位，主板市场中的股票多属于成熟行业，包括但不限于房地产、钢铁、煤炭、有色金属、建筑工程等。从行业生命周期来看，这些企业大多已度过快速成长期，进入增长缓慢的成熟期或负增长的衰退期。

专栏 5-1：沪深主板上市条件

企业在沪深主板上市的，需满足《首次公开发行股票并上市管理办法（2020 年修正）》《深圳证券交易所股票上市规则（2024 年修订）》《上海证券交易所股票上市规则（2024 年 4 月修订）》等规则中的基本条件，具体包括：

一、境内企业申请首次公开发行股票并在沪深交易所上市条件

1. 符合中华人民共和国证券法（以下简称证券法）、中国证券监督管理委员会（以下简称中国证监会）规定的发行条件。

2. 发行后股本总额不低于 5000 万元。

3. 公开发行的股份达到公司股份总数的 25% 以上；公司股本总额超过 4 亿元的，公开发行股份的比例为 10% 以上。

4. 市值及财务指标符合交易所《上市规则》规定的标准。

5. 交易所要求的其他条件。

二、红筹企业申请首次公开发行股票或者存托凭证并上市条件

1. 符合证券法、中国证监会规定的发行条件。

2. 发行股票的，发行后的股份总数不低于 5000 万股；发行存托凭证的，发行后的存托凭证总份数不低于 5000 万份。

3. 发行股票的，公开发行（含已公开发行）的股份达到公司股份总数的 25%以上；公司股份总数超过 4 亿股的，公开发行（含已公开发行）股份的比例达到 10%以上；发行存托凭证的，公开发行（含已公开发行）的存托凭证对应基础股份达到公司股份总数的 25%以上；发行后的存托凭证总份数超过 4 亿份的，公开发行（含已公开发行）的存托凭证对应基础股份达到公司股份总数的 10%以上。

4. 市值及财务指标符合交易所《上市规则》规定的标准。

5. 交易所要求的其他条件。

三、境内发行人申请在沪深主板上市的市值及财务指标门槛

境内发行人申请在沪深主板上市，其市值及财务指标应当至少符合下列标准中的一项：

1. 最近三年净利润均为正，且最近三年净利润累计不低于 1.5 亿元，最近一年净利润不低于 6000 万元，最近三年经营活动产生的现金流量净额累计不低于 1 亿元或营业收入累计不低于 10 亿元。

2. 预计市值不低于 50 亿元，且最近一年净利润为正，最近一年营业收入不低于 6 亿元，最近三年经营活动产生的现金流量净额累计不低于 1.5 亿元。

3. 预计市值不低于 80 亿元，且最近一年净利润为正，最近一年营业收入不低于 8 亿元。

二、沪深主板促进中小企业发展重点政策分析

（一）近年来沪深主板支持中小企业发展的重点政策

2017 年，中国证监会发布《上市公司股东、董监高减持股份的若干规定》。2023 年 8 月 27 日，中国证监会宣布进一步修订该规定，以提升其效力层级。沪深交易所为落实中国证监会的监管要求，于 2023

年 9 月 26 日发布了相关通知，对关键主体减持行为的规范要求进行了细化和明确。同日，北交所对《北京证券交易所上市公司持续监管指引第 8 号——股份减持和持股管理》进行了时隔一年的修订。监管部门对减持行为持续实施从严要求，旨在进一步提振市场信心，活跃资本市场，为中小企业营造更为良性的股市生态环境。

（二）重点支持政策对中小企业发展的促进作用

2023 年 2 月，中国证监会正式发布《首次公开发行股票注册管理办法》。2023 年 4 月 10 日，全面注册制交易规则正式实施。在全面注册制改革过程中，沪深交易所参考了科创板、创业板的经验，以市场化、便利化为导向，旨在保持资金合理流动性、提高定价效率、增强市场内在稳定性。此次改革将科创板、创业板的部分交易制度推广至沪深主板，并对沪深主板的交易制度进行了优化完善。全面注册制的实施，促进了我国资本市场体系架构的完善，助力实体经济高质量发展。沪深主板活力显著增强，众多优质上市公司崭露头角，推动产业资源整合速度加快，主要表现如下。

一是在首次公开募股（IPO）方面，沪深主板为各类企业提供了全方位的融资服务，提升了资本市场服务实体经济的能力。截至 2023 年第三季度末，沪市和深市主板分别新增上市公司 15 家和 10 家，募集资金总额分别超过 238 亿元和 150 亿元，资金主要投向高端制造领域。

二是交易灵活性、流程简化，以及监管精准度的提高，进一步激发了并购重组市场的活力和动能。2023 年前三季度，沪市主板有 21 家公司公布了并购方案，交易金额达到 298 亿元；深市主板则有 29 家公司披露了重大资产重组，交易金额总计 223.95 亿元。

三是沪市主板上市公司质量稳步提升，对稳定宏观经济大盘发挥了关键作用。2023 年前三季度，沪市主板实现营业收入 38.44 万亿元，同比增长 1.6%；与 2019 年同期相比，营业收入、净利润和扣非后净利润的年均复合增长率分别为 8%、6% 和 7%。实体类公司前三季度呈现边际改善的良好趋势，实现营业收入 31.79 万亿元，同比增长 1.9%，净利润和扣非后净利润分别为 1.69 万亿元和 1.55 万亿元。

四是深市主板上市公司经营业绩稳中有进。2023 年前三季度，深市主板合计实现营业收入 12.25 万亿元，平均营业收入 81.68 亿元，同比增长 3.18%。76.6% 的公司实现盈利，51.8% 的公司净利润实现同比增长，同比增长率提升了 5.87 个百分点。市值排名前 100 的公司前三季度平均营业收入为 518.45 亿元，同比增长 6.56%；平均净利润为 44.23 亿元，其中近三成的公司的平均净利润同比增长超过 30%。

五是资本市场的乱象得到有效整治，市场进出机制改革同步推进，加速了市场竞争优胜劣汰的过程。全面注册制与退市制度共同构成了资本市场健康运行的双重保障，确保了市场的有序进出，形成了高效的筛选机制。市场监管的关注点转向了信息的真实、准确和完整披露，投资决策更加注重公司的基本面价值，从而加快了资金向高质量企业流动。

六是资本市场中的无序扩张和违法违规"造富"活动得到了有效遏制。沪深两市密切关注"三高类"和"忽悠式"并购重组，合理运用信息披露监管手段，阻止不正当行为。全面注册制实施以来，沪深交易所对 75 家沪深主板上市公司、395 名相关责任人作出了纪律处分决定。

七是资金占用、违规担保等违法违规行为受到了严厉打击。全面注册制实施以来，监管部门督促沪深主板上市公司解决违规占用担保问题，相关违规公司数量减少了 20 家，成功解决了总计 180 亿元的违规占用担保事项。

八是市场风险持续化解，股票质押等风险得到有效控制。截至 2023 年第三季度末，沪市控股股东及其一致行动人质押比例超过 80%（即高比例质押公司）的公司数量较高峰期下降超过八成，待偿还金额明显减少；深市控股股东质押比例超过 80% 的公司数量较高峰期下降超过六成，场内质押规模和平仓状态市值持续下降。

全面注册制的实施，为资本市场带来了多方面的积极影响。上市公司须合规经营，强化核心竞争力，提升资本运作效率。在全面注册制下，企业可以积极探索并购、重组等资本运作方式，整合产业链资源，拓展新业务领域，推动经营多元化，降低运营成本，提高整体运营效率。

三、沪深主板促进"专精特新"中小企业发展的成效分析

（一）沪深主板对"专精特新"中小企业营业收入具有一定程度的促进作用

2018—2021 年，在沪深主板上市的"专精特新"中小企业在上市前后营业收入增长方面存在差异。具体而言，2018 年、2020 年及 2021 年"专精特新"中小企业上市后的营业收入增长率均显著提高。以 2020 年为例，在沪深主板上市的"专精特新"中小企业营业收入增长率由上市前的 18.06% 上升至上市后的 34.21%，提高 16.15 个百分点。2018 年上市的"专精特新"中小企业，其上市后营业收入增长率较上市前提高了 1.97 个百分点；而 2021 年上市的企业，上市后营业收入增长率较上市前提高了 4.73 个百分点[①]（见图 5-1）。

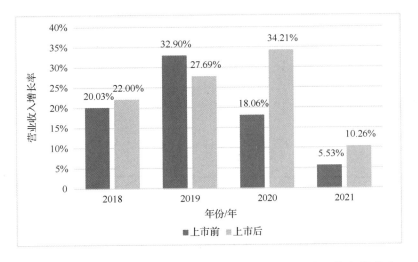

图 5-1 沪深主板上市前后"专精特新"中小企业营业收入增长率
（数据来源：Wind 数据库，赛迪智库中小企业研究所整理，2024 年 6 月）

---

① 多层次资本市场促进"专精特新"中小企业发展的统计数据暂时仅梳理到 2021 年，相关数据仍据此展示。

与此同时，与同年度上市的非"专精特新"中小企业相比，"专精特新"中小企业上市后的营业收入表现更为优异。2018—2021 年，在沪深主板上市的非"专精特新"中小企业在上市后，其营业收入增长率普遍出现下降，其中 2018 年和 2021 年的营业收入增长率下降最为显著，分别降低了 11.51 个百分点和 12.99 个百分点。而同期在沪深主板上市的"专精特新"中小企业，其上市后的营业收入增长率均为正值，表明沪深主板上市对"专精特新"中小企业营业收入的增长具有明显的促进作用。

（二）沪深主板上市对不同上市时间的"专精特新"中小企业净利润具有不同程度影响

　　不同年份在沪深主板上市的"专精特新"中小企业在上市前后净利润增长方面存在差异。2018—2020 年，在沪深主板上市的"专精特新"中小企业在上市后，净利润增长率显著提高，如 2020 年"专精特新"中小企业净利润增长率由上市前的 24.36% 提升至上市后的 37.96%，提高 13.60 个百分点；2018 年"专精特新"中小企业净利润增长率同样在企业上市后有所提升，从上市前的 23.74% 增至上市后的 30.56%（见图 5-2）。

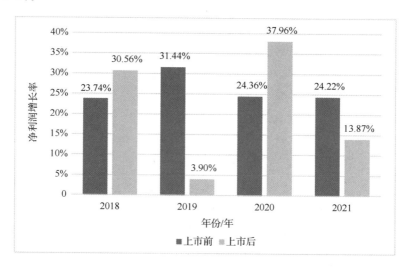

图 5-2　沪深主板上市前后"专精特新"中小企业净利润增长率

（数据来源：Wind 数据库，赛迪智库中小企业研究所整理，2024 年 6 月）

与非"专精特新"中小企业相比，部分年份上市的"专精特新"中小企业在上市后净利润的表现更为优异。总体来看，"专精特新"中小企业在沪深主板上市后，其净利润增长率平均下降 4.37 个百分点，而非"专精特新"中小企业的净利润增长率平均下降幅度更大，为 7.68 个百分点。具体来看，2020 年，在沪深主板上市的"专精特新"中小企业净利润增长率达到 37.96%，较上市前提高了 13.60 个百分点，而同期上市的非"专精特新"企业净利润增长率则下降了 24.76 个百分点。

第二节　创业板支持"专精特新"中小企业发展的作用分析

一、创业板战略定位及上市条件

创业板，也称为二板市场，是指第二股票交易市场。其主要定位为服务成长型创新创业企业，支持传统产业与新技术、新产业、新业态、新模式的高度融合。该市场专为暂时无法在沪深主板上市的创业型企业提供融资途径及成长空间。

发展创业板的目的在于为中小企业提供便捷的融资渠道，并为风险资本构建合理的退出机制。此举也是我国调整产业结构、推动经济改革的重要策略。尽管创业板存在行业负面清单，但是其对行业的包容性相比科创板更为广泛。创业板具有低门槛、高风险、严格监管的特点，是培育创业型及中小型企业的重要平台。

2020 年 4 月 27 日，中央全面深化改革委员会第十三次会议审议通过了《创业板改革并试点注册制总体实施方案》。会议明确指出，推进创业板改革并试点注册制，是深化资本市场改革、完善资本市场基础制度、提升资本市场功能的关键措施。2020 年 8 月 24 日，创业板注册制首批企业成功挂牌上市。同日起，该板块的存量股票及相关基金实施20%的涨跌幅限制，标志着资本市场正式步入全面改革的深水区，创业板 2.0 正式启航。

相较于沪深主板，创业板的上市要求通常更为宽松，主要表现在成立时间、资本规模、中长期业绩等方面的要求上。低门槛的进入与严格的运作要求，有助于有潜力的中小企业获得更多的融资机会。在创业板上市的公司通常成立时间较短、规模较小，业绩可能不突出，却具备较大的成长空间。

专栏 5-2：创业板上市条件

企业在创业板上市的，需满足《创业板首次公开发行股票注册管理办法（试行）》《深圳证券交易所创业板股票上市规则（2024 年修订）》《深圳证券交易所创业板企业发行上市申报及推荐暂行规定》等规则中的基本条件，具体包括：

一、境内企业申请在深交所创业板上市条件

1. 符合中国证监会规定的创业板发行条件。

2. 发行后股本总额不低于 3000 万元。

3. 公开发行的股份达到公司股份总数的 25%以上；公司股本总额超过 4 亿元的，公开发行股份的比例为 10%以上。

4. 市值及财务指标符合交易所规定的标准。

5. 交易所要求的其他上市条件。

二、红筹企业申请在深交所创业板上市条件

红筹企业发行股票的，前款第二项调整为发行后的股份总数不低于 3000 万股，前款第三项调整为公开发行的股份达到公司股份总数的 25%以上；公司股份总数超过 4 亿股的，公开发行股份的比例为 10%以上。红筹企业发行存托凭证的，前款第二项调整为发行后的存托凭证总份数不低于 3000 万份，前款第三项调整为公开发行的存托凭证对应基础股份达到公司股份总数的 25%以上；发行后的存托凭证总份数超过 4 亿份的，公开发行存托凭证对应基础股份达到公司股份总数的 10%以上。交易所可以根据市场情况，经中国证监会批准，对上市条件和具体标准进行调整。

三、境内发行人申请在创业板上市的市值及财务指标门槛

发行人为境内企业且不存在表决权差异安排的，其市值及财务指标应当至少符合下列标准中的一项：

1. 最近两年净利润均为正，且累计净利润不低于 5000 万元。

---

2. 预计市值不低于 10 亿元，最近一年净利润为正且营业收入不低于 1 亿元。

3. 预计市值不低于 50 亿元，且最近一年营业收入不低于 3 亿元。

四、红筹企业申请在创业板上市的指标门槛

符合《国务院办公厅转发证监会关于开展创新企业境内发行股票或存托凭证试点若干意见的通知》（国办发〔2018〕21 号）等相关规定的红筹企业，可以申请其股票或存托凭证在创业板上市。

营业收入快速增长，拥有自主研发、国际领先技术，同行业竞争中处于相对优势地位的尚未在境外上市的红筹企业，申请在创业板上市的，其市值及财务指标应当至少符合下列标准中的一项：

1. 预计市值不低于 100 亿元。

2. 预计市值不低于 50 亿元，且最近一年营业收入不低于 5 亿元。

其中营业收入快速增长，指符合下列标准之一：

1. 最近一年营业收入不低于 5 亿元的，最近三年营业收入复合增长率 10%以上。

2. 最近一年营业收入低于 5 亿元的，最近三年营业收入复合增长率 20%以上。

3. 受行业周期性波动等因素影响，行业整体处于下行周期的，发行人最近三年营业收入复合增长率高于同行业可比公司同期平均增长水平。

处于研发阶段的红筹企业和对国家创新驱动发展战略有重要意义的红筹企业，不适用"营业收入快速增长"的规定。

五、发行人具有表决权差异安排的企业市值及财务指标门槛

发行人具有表决权差异安排的，其市值及财务指标应当至少符合下列标准中的一项：

1. 预计市值不低于 100 亿元。

2. 预计市值不低于 50 亿元，且最近一年营业收入不低于 5 亿元。

发行人特别表决权股份的持有人资格、公司章程关于表决权差异安排的具体要求，应当符合《创业板股票上市规则》第四章第四节的规定。

二、创业板促进中小企业发展重点政策分析

（一）近年来创业板支持中小企业发展的重点政策

2021 年 7 月，深圳证券交易所发布了《深圳证券交易所创业板发行上市审核业务指引第 3 号——全国中小企业股份转让系统挂牌公司向创业板转板上市报告书内容与格式》，旨在规范全国中小企业股份转让系统挂牌公司向创业板转板上市的信息披露行为，促进中小企业有序转板，提高中小企业融资效率。

2022 年 3 月，深圳证券交易所又印发了《深圳证券交易所关于北京证券交易所上市公司向创业板转板办法（试行）》。此次修订在拓宽挂牌公司上市路径，畅通中小企业成长上升通道，促进多层次资本市场互联互通、优势互补、错位发展等方面发挥了积极作用。

（二）重点支持政策对中小企业发展的促进作用

2022 年 12 月，深圳证券交易所发布《深圳证券交易所创业板企业发行上市申报及推荐暂行规定（2022 年修订）》（以下简称《暂行规定》）。《暂行规定》主要从以下两个方面进行了补充和完善，旨在明确创业板定位的具体标准，以提高审核工作的透明度。

一是进一步贯彻国家产业政策的相关要求。规定明确禁止产能过剩行业、《产业结构调整指导目录》中的淘汰类行业，以及从事学前教育、学科类培训、类金融业务的企业在创业板发行上市。

二是明确了创业板定位的具体标准。围绕企业的创新性和成长性，从研发投入复合增长率、研发投入金额、营业收入复合增长率等方面，设定了具体的衡量指标。例如，鼓励最近三年研发投入复合增长率不低于 15%，最近一年研发投入金额不低于 1000 万元，且最近三年营业收入复合增长率不低于 20% 的成长型创新创业企业在创业板发行上市。同时，对符合条件的企业，豁免适用营业收入复合增长率等部分指标，以满足不同类型企业的实际需求。

在此次改革中，创业板参考了科创板的科创属性评价指标，并结合自身"三创四新"的板块定位，进一步补充了"负面清单"。除借鉴科创

属性的量化指标外，创业板还参考了科创板的发行人自我评估和保荐机构的尽职调查要求，规定申报创业板的企业须提交关于符合创业板定位要求的专项说明，进行自我综合评估，并在招股说明书中充分披露相关信息。

从 2023 年 217 家 IPO 终止企业拟上市板块的分布情况来看，创业板终止企业为 79 家，占比 36.41%，是 IPO 终止企业数量最多的板块。这一现象与创业板明确的"三创四新"定位，以及新增的明确研发指标有关。根据 Wind 数据库，在 217 家 IPO 终止企业中，因撤回申请而终止的企业数量达到 191 家，占比超过 88%，其余企业中，9 家为审核不通过，10 家为终止审查，7 家为终止注册。

三、创业板促进"专精特新"中小企业发展的成效分析

（一）创业板上市对"专精特新"中小企业营业收入具有正向作用

在创业板上市的"专精特新"中小企业，在上市前后营业收入发生变化。具体而言，2020 年，在创业板上市的"专精特新"中小企业营业收入增长率有所提升，由上市前的 26.52%提升至上市后的 28.85%（见图 5-3）。

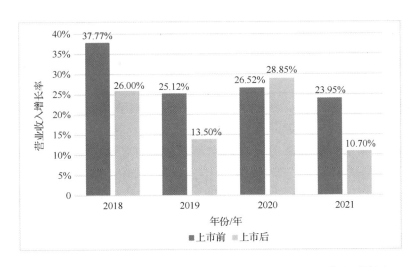

图 5-3　创业板上市前后"专精特新"中小企业营业收入增长率
（数据来源：Wind 数据库，赛迪智库中小企业研究所整理，2024 年 6 月）

相较于非"专精特新"中小企业,"专精特新"中小企业营业收入增长表现更为优异。2018—2021 年,在创业板上市的"专精特新"中小企业上市前营业收入增长率分别为 37.77%、25.12%、26.52%、23.95%,平均值为 28.34%。而同期非"专精特新"中小企业上市前营业收入增长率平均值仅为 19.59%。

(二)创业板上市对"专精特新"中小企业净利润增长具有促进作用

在创业板上市的"专精特新"中小企业,在上市前后净利润发生变化,结果表明创业板上市对"专精特新"中小企业净利润增长具有促进作用。

2020 年"专精特新"中小企业在创业板上市后净利润增长率提升至 10%左右;而同期上市的非"专精特新"中小企业,在创业板上市后净利润增长率则下降至-10.08%。

(三)不同年份创业板上市对"专精特新"中小企业发明专利申请量具有不同的作用

在创业板上市的"专精特新"中小企业在上市前后发明专利申请量的增长幅度存在差异。具体而言,2018—2019 年,在创业板上市的"专精特新"中小企业,在上市后发明专利申请量的增长率显著提高,增长率均超过 10%,其中 2019 年发明专利申请量的增长率达到 18.23%。

2018—2019 年,在创业板上市的"专精特新"中小企业发明专利申请量维持增长态势,而同期创业板上市的非"专精特新"中小企业的发明专利申请量在上市后均呈现下降趋势。2020—2021 年,在创业板上市的非"专精特新"中小企业在上市后发明专利申请量的年均增长率与同期在创业板上市的"专精特新"中小企业相比则更高。

第三节　科创板支持"专精特新"中小企业发展的作用分析

一、科创板战略定位及上市条件

2018 年 11 月 5 日，习近平总书记在首届中国国际进口博览会开幕式上发表了主旨演讲。习近平总书记宣布在上海证券交易所设立科创板，并试点注册制，此举标志着我国证券市场注册制改革正式拉开序幕。

设立科创板并试点注册制，是为了进一步贯彻落实创新驱动发展战略，提升资本市场服务我国关键核心技术创新的能力，促进高新技术产业与战略性新兴产业的健康发展。此举旨在支持上海市建设成国际金融中心和科技创新中心，完善资本市场基础制度，推动我国经济高质量发展。科创板改革成为我国股票发行制度改革的里程碑。

科创板市场主要服务于符合国家战略、掌握关键核心技术、市场认可度高的科技创新企业。上市企业应具备面向世界科技前沿、面向国家经济主战场、面向国家重大需求的特点。此外，科创板市场重点支持新一代信息技术、高端装备、新材料、新能源、节能环保，以及生物医药等高新技术产业和战略性新兴产业，旨在推动互联网、大数据、云计算、人工智能与制造业的深度融合，引领中高端消费，促进质量变革、效率变革和动力变革。

> **专栏 5-3：科创板上市条件**
>
> 企业在科创板上市，需满足《科创板首次公开发行股票注册管理办法（试行）》《上海证券交易所科创板股票上市规则》《上海证券交易所科创板企业发行上市申报及推荐暂行规定》等规则中的基本条件，具体包括：
>
> 一、行业限制
>
> 1. 六大领域
>
> （1）新一代信息技术：半导体和集成电路、电子信息、下一代信

息网络、人工智能、大数据、云计算、软件、互联网、物联网和智能硬件等。

（2）高端装备：智能制造、航空航天、先进轨道交通、海洋工程装备及相关服务等。

（3）新材料：先进钢铁材料、先进有色金属材料、先进石化化工新材料、先进无机非金属材料、高性能复合材料、前沿新材料及相关服务等。

（4）新能源：先进核电、大型风电、高效光电光热、高效储能及相关服务等。

（5）节能环保：高效节能产品及设备、先进环保技术装备、先进环保产品、资源循环利用、新能源汽车整车、新能源汽车关键零部件、动力电池及相关服务等。

（6）生物医药：生物制品、高端化学药品、高端医疗设备与器械及相关服务等。

2．负面清单

（1）限制类：金融科技、模式创新企业。

（2）禁止类：房地产、金融、投资类企业。

二、科创属性（二选一）

1．标准一（同时符合下列指标）

（1）研发投入（二选一）。

A．最近三年累计研发投入占营业收入 5%以上（软件行业 10%以上）。

B．最近三年累计研发投入 6000 万元以上。

（2）研发人员：占员工总数 10%以上。

（3）发明专利：应用于公司主营业务的发明专利 5 项以上（软件行业豁免）。

（4）营业收入（二选一）（第五套上市标准企业、已境外上市红筹企业豁免）。

A．最近三年营业收入复合增长率达到 20%。

B．最近一年营业收入达到 3 亿元。

2．标准二（满足其一）

（1）核心技术：拥有的核心技术经国家主管部门认定具有国际领先、引领作用或者对于国家战略具有重大意义。

（2）重大奖项：作为主要参与单位或者核心技术人员，获得国家自然科学奖、国家科技进步奖、国家技术发明奖，并将相关技术运用于主营业务。

（3）重大项目：独立或者牵头承担与主营业务和核心技术相关的国家重大科技专项项目。

（4）产品优势：依靠核心技术形成的主要产品（服务），属于国家鼓励、支持和推动的关键设备、关键产品、关键零部件、关键材料等，并实现了国产替代。

（5）发明专利：形成与核心技术和主营业务的发明专利（含国防专利）合计 50 项以上。

三、发行条件

1．主体类型：依法设立并存续的股份有限公司。

2．经营年限：持续经营三年以上。

3．主营业务：最近两年无重大变化。

4．董事、高级管理人：最近两年无重大变化。

5．实际控制人：最近两年无变更。

6．内控审计：无保留意见的审计报告、内控鉴证报告。

7．合法合规：最近三年公司、大股东、实控人、董监高无重大违法违规行为。

8．股本总额：发行后股本总额达 3000 万元以上。

9．公众持股：公开发行股份数量占比 25%以上，股本总额超过 4 亿元的，占比 10%以上。

四、市值及财务指标

1．一般企业（五选一）

（1）市值 10 亿元（二选一）。

A．最近两年净利润均为正，且累计净利润达 5000 万元以上；

B．最近一年净利润为正，且营业收入达 1 亿元以上。

（2）市值 15 亿元（同时满足）。

A．最近一年营业收入达 2 亿元以上。

B．最近三年累计研发投入占营业收入的 15%以上。

（3）市值 20 亿元（同时满足）。

A．最近一年营业收入达 3 亿元以上。

B．最近三年经营活动现金流量净额累计达 1 亿元以上。

（4）市值 30 亿元：最近一年营业收入达 3 亿元以上。

（5）市值 40 亿元：主要业务或产品市场空间大，取得阶段性成果；医药企业有一项核心产品获准开展二期临床试验；其他企业具备明显技术优势。

2．红筹企业

（1）市值及财务指标（二选一）。

A．市值 100 亿元。

B．市值 50 亿元，且最近一年营业收入达 5 亿元以上。

（2）上市状态：尚未在境外上市。

（3）营业收入"快速增长"（三选一）。

A．最近一年营业收入不低于 5 亿元的，最近 3 年营业收入复合增长率达 10%以上。

B．最近一年营业收入低于 5 亿元的，最近 3 年营业收入复合增长率达 20%以上。

C．行业周期波动整体下行的，最近 3 年营业收入复合增长率高于同行业平均水平。

3．特殊股权结构企业

市值及财务指标（二选一）。

A．市值 100 亿元。

B．市值 50 亿元，且最近一年营业收入达 5 亿元以上。

二、科创板促进中小企业发展重点政策分析

（一）近年来科创板支持中小企业发展的重点政策

近年来，我国各级政府部门围绕科创板及注册制改革，陆续发布了一系列政策规范文件，旨在积极推动和引导科创板成为"硬科技"企业

的成长平台。

2019 年 1 月，中国证监会发布《关于在上海证券交易所设立科创板并试点注册制的实施意见》，明确提出从设立上交所科创板着手，稳步推进注册制试点，全面改革发行、上市、信息披露、交易、退市等基础制度，以发挥资本市场在提升中小企业科技创新能力和实体经济竞争力方面的支持作用，服务实体经济高质量发展。

2019 年 2 月，中共中央办公厅、国务院办公厅联合印发《关于加强金融服务民营企业的若干意见》，强调加大直接融资支持力度，积极支持符合条件的民营企业扩大直接融资，并加快在上海证券交易所设立科创板并试点注册制。

《中华人民共和国国民经济和社会发展第十四个五年规划和 2035 年远景目标纲要》在第五章"提升企业技术创新能力"中提出，完善企业创新服务体系，畅通科技型企业国内上市融资渠道，强化科创板"硬科技"特色。

为规范科创板上市及持续监管事宜，支持科技创新企业健康发展，2023 年 8 月，上海证券交易所对《上海证券交易所科创板股票上市规则》进行了第三次修订，并于 2023 年 9 月 4 日起实施。

2023 年 11 月，中国人民银行等八部门联合印发《关于强化金融支持举措　助力民营经济发展壮大的通知》，强调支持民营企业上市融资和并购重组，推动注册制改革深入实施，大力支持民营企业发行上市和再融资。

总体而言，科创板上市规则旨在为具有创新能力和发展潜力的科技型企业提供快速、市场化的融资渠道。通过全面实施注册制改革，简化发行条件，设立多套上市标准，允许尚未盈利的企业上市，创新审核方式和交易规则，科创板为"专精特新"中小企业的成长提供了更加便捷和高效的环境。

（二）重点支持政策对中小企业发展的促进作用

2022 年 12 月 30 日，经中国证监会批准，上海证券交易所对《上海证券交易所科创板企业发行上市申报及推荐暂行规定》进行了修订并予以发布。本次修订主要涉及以下三个方面。

一是对已在境外上市的红筹企业，在符合条件的情况下，豁免其适用科创属性关于营业收入指标的规定。2022年12月30日，中国证监会发布《关于修改<科创属性评价指引（试行）>的决定》，明确根据《关于开展创新企业境内发行股票或存托凭证试点的若干意见》等相关规则，已在境外上市的红筹企业申报科创板时，可参照第五套上市标准，免于适用营业收入相关指标。

二是对科创属性发明专利指标及其情形的表述进行了修订。具体而言，将"形成主营业务收入的发明专利5项以上"修改为"应用于公司主营业务的发明专利5项以上"，以及将"形成核心技术和主营业务收入相关的发明专利（含国防专利）合计50项以上"修改为"形成核心技术和应用于主营业务的发明专利（含国防专利）合计50项以上"，以更精确地适用于无营业收入的企业。

三是对附件中发行人专项说明及保荐机构专项意见的具体要求进行了细化完善。结合科创属性审核实践经验，按照"实质重于形式"的原则，从符合科创板支持方向、科技创新行业领域要求、科创属性相关指标或情形等维度，对发行人是否符合科创板定位的自我评估和保荐机构的专项核查意见提出了具体要求。

此次修订旨在进一步明确科创板定位，把握标准，支持和鼓励"硬科技"企业在科创板发行上市。科创板自设立以来，坚守"硬科技"定位，积极打造服务科技创新的市场生态，战略性新兴产业集聚效应显著，科创企业持续加大研发投入，推动关键核心技术攻关，展现出强劲的创新动力。截至2023年6月12日，科创板共有上市公司534家，IPO融资总额达8365.17亿元，总市值为6.65万亿元，累计成交金额达37.88万亿元。这534家上市公司合计拥有专利66938个，平均每家公司拥有约125项专利①。

此外，科创板企业成长投资价值日益凸显。在坚持"硬科技"定位的同时，加快产业集聚和品牌效应的形成，进一步引导资金流向关键领

---

① 数据来源：《上海证券交易所科创板企业发行上市申报及推荐暂行规定》。

域和节点企业，构建起全覆盖、可持续的资本支持体系。2022 年，科创板公司实现营业收入 1.28 万亿元，同比增长 30.65%；实现归属于母公司所有者的净利润为 1183.38 亿元，同比增长 8.70%。其中，有 24 家公司的营业收入增幅超过 100%，最高增幅达到 56 倍。

三、科创板促进"专精特新"中小企业发展的成效分析

（一）在科创板上市的"专精特新"中小企业营业收入显著增加

在科创板上市的"专精特新"中小企业营业收入增长率普遍高于上市前，且相较于非"专精特新"中小企业，营业收入增长率显著提升。

具体而言，2019 年，在科创板上市的 31 家"专精特新"中小企业营业收入增长率为 44.84%，明显高于其上市前增长率 33.92%；2020 年，在科创板上市的 83 家"专精特新"中小企业营业收入增长率为 30.79%，高于其上市前增长率 29.55%；2021 年，在科创板上市的 87 家"专精特新"中小企业营业收入增长率达到 40.16%，是上市前营业收入增长率的四倍（见图 5-4）。

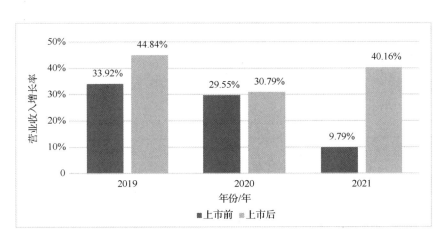

图 5-4 科创板上市前后"专精特新"中小企业营业收入增长率
（数据来源：Wind 数据库，赛迪智库中小企业研究所整理，2024 年 6 月）

同时，与非"专精特新"中小企业相比，"专精特新"中小企业的营业收入增长表现更为突出。2019—2021 年，"专精特新"中小企业在

上市前的营业收入增长率分别为 33.92%、29.55%、9.79%，而同期上市前的非"专精特新"中小企业，营业收入增长率仅为 27%、7.41%、6.95%。2019—2021 年，在科创板上市的"专精特新"中小企业营业收入增长率分别达到 44.84%、30.79%、40.16%，而同期在科创板上市的非"专精特新"中小企业营业收入增长率为 17.77%、40.41%、20.69%，二者相比，前者存在显著优势。

（二）在科创板上市的"专精特新"中小企业净利润和专利申请数量稳步增长

在净利润方面，2019 年在科创板上市的企业中，"专精特新"中小企业净利润增长率为 28.88%，相较于非"专精特新"中小企业净利润增长率高出 15.92 个百分点。2020 年和 2021 年在科创板上市的企业中，"专精特新"中小企业净利润增长率分别为 11.95%、27.33%。

在专利申请数量方面，2019 年在科创板上市的"专精特新"中小企业专利申请数量增长率为 12.90%，而同期在科创板上市的非"专精特新"中小企业专利申请数量增长率则呈现负增长，增长率为-3.31%。2020 年在科创板上市的非"专精特新"中小企业专利申请数量增长率进一步降低至-25.45%。

第四节 北交所支持"专精特新"中小企业发展的作用分析

一、北交所战略定位及上市条件

2021 年 9 月 2 日，习近平总书记在 2021 年中国国际服务贸易交易会全球服务贸易峰会上发表致辞，宣布将持续支持中小企业创新发展，深化新三板改革，并设立北交所，旨在构建服务创新型中小企业的主阵地。同年 11 月 15 日，北交所正式成立，其建设与发展遵循"一个定位、两个关系、三个目标"的原则。

北交所坚守服务创新型中小企业的市场定位，尊重创新型中小企业的发展规律和成长阶段，提高制度的包容性与精准性。同时，处理好两个关系：一是与沪深交易所、区域性股权市场实现错位发展与互联互通，发挥好转板上市功能；二是与新三板现有创新层、基础层保持统筹协调与制度联动，维护市场结构平衡。

为实现上述定位，北交所旨在达成以下三个目标：一是构建一套符合创新型中小企业特点的基础制度安排，包括发行上市、交易、退市、持续监管、投资者适当性管理等，以补足多层次资本市场在普惠金融领域的短板；二是畅通创新型中小企业在多层次资本市场之间的纽带作用，形成相互补充、相互促进的中小企业直接融资成长路径；三是培育一批"专精特新"中小企业，营造良性市场生态，激发大众创新创业热情，吸引合格投资者参与，确保中介机构尽责。①

北交所旨在打造服务创新型中小企业的资本市场专业化发展平台，重点支持先进制造业和现代服务业等领域的中小企业，与"专精特新"中小企业紧密相连。深化新三板改革，设立北交所，是实施国家创新驱动发展战略、培育发展新动能的重要措施，也是深化金融供给侧结构性改革、完善多层次资本市场体系的关键内容。此举对发挥资本市场功能、促进科技与资本融合、支持中小企业创新发展具有重大意义。北交所与沪深交易所、区域性股权市场形成错位发展与互联互通的格局，发挥好转板上市功能，与新三板现有创新层、基础层保持统筹协调与制度联动，有助于完善资本市场服务中小企业创新发展的全链条制度体系，推动传统产业转型升级。

专栏 5-4：北交所上市条件

企业在北交所上市，需满足《北京证券交易所向不特定合格投资者公开发行股票注册管理办法》《北京证券交易所股票上市规则（试行）》《北京证券交易所向不特定合格投资者公开发行股票并上市业务规则适用指引第 1 号》等规则中的基本条件，具体包括：

一、行业限制

（1）产能过剩行业。

---

① 中国证券监督管理委员会：《坚持错位发展、突出特色建设北京证券交易所 更好服务创新型中小企业高质量发展》，2021 年 9 月 2 日。

（2）《产业结构调整指导目录》中规定的淘汰类行业。

（3）金融业、房地产业、学前教育、学科类培训企业。

二、发行条件

（1）主体类型：连续挂牌满 12 个月的创新层公司。

（2）净资产：最近一年期末净资产达 5000 万元以上。

（3）发行对象：公开发行的股份不少于 100 万股，发行对象不少于 100 人。

（4）股本总额：发行后股本总额达 3000 万元以上。

（5）公众持股：发行后股东人数达 200 人以上，公众股东持股比例占股本总额的 25%以上；股本总额超过 4 亿元的，占比 10%以上。

三、市值及财务指标（满足其一）

（1）市值 2 亿元（二选一）。

A. 最近两年净利润均达 1500 万元以上，且净资产收益率平均不低于 8%。

B. 最近一年净利润达 2500 万元以上，且净资产收益率达 8%以上。

（2）市值 4 亿元（同时满足）。

A. 最近两年营业收入平均不低于 1 亿元。

B. 最近一年营业收入增长率达 30%以上。

C. 最近一年经营活动现金流量净额为正。

（3）市值 8 亿元（同时满足）。

A. 最近一年营业收入达 2 亿元以上。

B. 最近两年累计研发投入占营业收入的 8%以上。

（4）市值 15 亿元：最近两年累计研发投入 5000 万元以上。

二、北交所促进中小企业发展重点政策分析

（一）近年来北交所支持中小企业发展的重点政策

自北交所设立以来，其高质量发展及对创新型中小企业的服务能力得到了持续的政策强化。2021 年 10 月 30 日，北交所正式公布《北京证券交易所股票上市规则（试行）》等基本业务规则及配套细则，并于 2021 年 11 月 15 日起实施，从而构建了完整的规则体系，为中小企业

在北交所上市提供了重要指导。

2021年11月，国务院促进中小企业发展工作领导小组办公室发布《提升中小企业竞争力若干措施》，明确提出加强直接融资支持，深化新三板改革，发挥北交所服务中小企业的功能，打造服务创新型中小企业的主阵地。

2023年1月，国务院促进中小企业发展工作领导小组办公室发布《助力中小微企业稳增长调结构强能力若干措施》，强调加大对优质中小企业直接融资的支持力度，支持"专精特新"中小企业上市融资，北交所实施"专人对接、即报即审"机制，以加快"专精特新"中小企业上市进程。

2023年9月1日，在北交所成立两周年之际，中国证监会发布《关于高质量建设北京证券交易所的意见》（以下简称《意见》），共包含19条措施（以下简称深改19条），旨在持续构建符合中小企业特点的基础制度体系，探索形成资本市场服务中小企业的中国特色模式。同时，支持北交所发挥新设市场优势，结合公司制交易所的特点，提升治理能力现代化水平，并大力完善数字化基础设施。

（二）重点支持政策对中小企业发展的促进作用

《意见》旨在进一步推动北交所的稳定发展及改革创新，为"专精特新"中小企业的成长提供明确的发展方向。《意见》提出，北交所经过3～5年的努力，其市场规模、效率、活跃度及稳定性应显著提升，市场活力和韧性增强，须形成鲜明的品牌特色和优势。未来，北交所对新三板的影响将日益显现，其在服务创新型中小企业方面的"主阵地"作用将更加突出。此外，《意见》设定了5～10年的长期目标，即打造一个成熟、高效、具有品牌吸引力和市场影响力的交易所。《意见》主要包括以下三个方面。

一是《意见》对"挂牌满12个月"的起算节点进行了优化，调整了战略配售安排，放宽了战略投资比例限制。在上市发行方面，《意见》对上市挂牌的时间安排进行了适度放宽，并允许摘牌满12个月的公司二次挂牌后申报北交所上市。此举将加大对优质企业的支持力度，降低上市时间成本预期。同时，《意见》还改进了发行底价的确定方式,提高新股发行定价的市场化水平,促进一二级市场的平衡发展。在改革发行底价制度的同时,提出了优化新股发行战略配售安排,放宽战投家数和持股比例限制。这些政策将吸引更多优质企业选择北交所进行融资。

二是《意见》对两融制度进行了优化,畅通了转板机制,并扩大了做市商队伍。在交易制度方面,北交所融资融券标的的范围将进一步扩大。已发布的《转板指引》将在征求意见后完善,以进一步顺畅转板机制。此外,《意见》还允许符合条件的新三板做市商参与北交所做市业务,预计新三板做市商数量将从现有的十余家扩充至四十家左右。这些措施将为投资者提供更多的交易选择和风险对冲渠道,促进市场交投平衡,发挥市场价值发现功能,进一步提升北交所的交投活跃度。

三是《意见》引导公募和私募基金加大投资力度,提升个人投资者的参与数量。通过完善基金管理人分类监管评价体系,引导公募和私募基金加大北交所上市公司的投资力度,支持北交所主题公募基金产品的注册和创新。同时,《意见》打破了私募基金"能卖不能买"的现状,允许私募股权基金通过二级市场增持其持股公司的股票。这些引导机构长期投资和扩大投资者队伍的改革措施,将为北交所的长期稳定发展提供动力,促进市场持续向好。

三、北交所促进"专精特新"中小企业发展的成效分析

数据显示,在北交所上市的"专精特新"中小企业,营业收入呈现出显著增长趋势;"专精特新"中小企业在北交所上市后的营业收入增长率普遍超过非"专精特新"中小企业。2021 年,在北交所上市的"专精特新"中小企业营业收入增长率为 27.69%,较上市前的营业收入增长率 11.05%,高出 16.64 个百分点。同期,在北交所上市的非"专精特新"中小企业营业收入增长率为 22.62%,较上市前的营业收入增长率 14.57%,高出 8.05 个百分点。与后者相比,"专精特新"中小企业的营业收入增长表现更为突出(见图 5-5)。

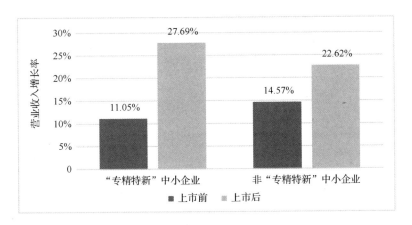

图 5-5 2021 年北交所上市前后中小企业营业收入增长率

（数据来源：Wind 数据库，赛迪智库中小企业研究所整理，2024 年 6 月）

第五节 区域性股权市场支持"专精特新"中小企业发展的作用分析

一、区域性股权市场是多层次资本市场的基石

区域性股权市场，作为特定区域内企业进行股权、债券转让及融资服务的私募市场，是地方政府实施扶持性政策措施的重要平台。2013年 8 月，国务院办公厅发布《关于金融支持小微企业发展的实施意见》，明确提出"将区域性股权市场纳入多层次资本市场体系，以促进小微企业改制、挂牌、定向转让股份及融资"。2017 年 1 月，国务院办公厅《关于规范发展区域性股权市场的通知》进一步明确"将区域性股权市场视为资本市场的重要组成部分"。2017 年 5 月，中国证监会颁布《区域性股权市场监督管理试行办法》，进一步阐释了"区域性股权市场作为地方人民政府支持中小微企业政策的综合运用平台"的重要性。

经过十余年的发展，区域性股权市场的定位逐渐明确，在我国多层次资本市场中承担着基础性功能。随着多项政策的实施，该市场在服务企业成长及支持创新发展方面的功能不断完善，吸引了众多区域内战略性新兴产业、高新技术产业、优势产业等领域的中小微企业。近年来，区域性股权市场在制度和业务创新试点、股权投资和创业投资份额转让、区块链建设、认股权综合服务、非上市公司财务顾问等方面开展了单项试点任务，进一步明确了其服务、培育及规范中小微企业的功能。

目前，区域性股权市场已构建起基于区块链技术的场外市场架构，适应中小微企业的需求与特点，并逐步与其他层次资本市场建立有机联系；与新三板的制度型合作对接安排已落地，对企业规范培育的"苗圃"作用不断增强。该市场能够为"专精特新"中小企业提供包括登记托管、股权转让、认股权、股权激励和员工持股计划等权益管理服务，股权融资、可转债发行、股权质押融资、信贷对接等融资服务，规范运作、辅导培训、并购重组等上市前的培育服务。区域性股权市场已成为推动中小微企业规范化治理、向更高层次资本市场输送优质企业的后备库，是促进资本市场高质量发展的重要力量。

二、区域性股权市场促进中小企业发展重点政策分析

（一）近年来区域性股权市场支持中小企业发展的重点政策

2020 年 10 月，《关于进一步提高上市公司质量的意见》要求"发挥区域性股权市场在培育企业上市中的积极作用"。2021 年 11 月，《关于为"专精特新"中小企业办实事清单的通知》要求在区域性股权市场推广设立"专精特新"专板。2021 年 12 月，《"十四五"促进中小企业发展规划》提出稳步开展区域性股权市场制度和业务创新试点，组织开展优质中小企业上市培育，鼓励地方加大对"小升规、规改股、股上市"企业的支持，推动符合条件的企业对接资本市场。

2022 年 11 月，为提升区域性股权市场"专精特新"专板建设质量，更好地服务中小企业，中国证监会办公厅、工业和信息化部办公厅联合印发《关于高质量建设区域性股权市场"专精特新"专板的指导意见》（以下简称《指导意见》），正式启动"专精特新"专板建设，推动地方加大组织协调数据共享、政策资源整合和支持力度，建立完善适合"专精特新"中小企业特点和需求的服务产品体系。

（二）重点支持政策对中小企业发展的促进作用

《指导意见》颁布以来，各地区域性股权市场纷纷加速推进"专精

特新"专板的建设工作。

《指导意见》共计二十三条，主要涵盖了推进高标准建设、促进高质量运行、提供高水平服务、强化市场有机联系、优化市场生态环境、加强组织保障等方面内容。旨在明确专板服务对象并实施分层管理，降低企业进入成本并提升服务水平，推动数字化转型以完善企业画像，建立联合培育机制以强化场内对接。按照既定计划，优先引导经省级以上工业和信息化主管部门评估或认定的创新型中小企业、"专精特新"中小企业及专精特新"小巨人"企业，以及政府投资基金投资和私募股权与创业投资基金投资的中小企业，进入专板进行孵化、规范及培育。

在创新驱动发展战略指导下，高质量构建"专精特新"专板不仅是地方政府培育和促进"专精特新"中小企业发展的重要手段，也是资本市场支持科技创新的关键支撑，更是连接四板市场与全国性证券市场板块的核心环节。《指导意见》提出在区域性股权市场设立"专精特新"专板，体现了监管机构对"专精特新"中小企业发展及其投融资环境改善的关注，旨在推动相关企业实现规模扩张、质量提升及优势巩固，同时促进区域性股权市场在多层次资本市场体系中发挥更大的作用。

长期以来，各地区域市场一直着重培育潜在的上市企业。"专精特新"专板的推出，有助于从这些后备企业中筛选出更为优秀的实体。通过在区域性股权市场挂牌，进而转向新三板、北交所等全国性资本市场，形成分阶段的培育体系。借助在区域性股权市场的"预科班"挂牌，"专精特新"中小企业能够补齐短板、强化弱项、发挥优势，实现逐级晋升。

设立"专精特新"专板，意味着区域内"专精特新"中小企业进入了通往上市的"预科班"。该专板将进一步发挥多层次资本市场在资源配置、价值发现及培育孵化方面的功能，为"专精特新"中小企业提供专属的股权融资、行业路演、上市辅导、财务顾问等全方位金融服务，助力企业对接沪、深、北三大交易所，畅通企业上市的最后一环。

三、区域性股权市场促进"专精特新"中小企业发展的成效分析

（一）区域性股权市场有力支持中小企业挂牌上市融资

近年来，区域性股权市场在促进"专精特新"中小企业融资方面发挥了显著作用。该市场通过灵活多样的服务方式，持续拓展中小企业的融资渠道。根据中国证监会数据，截至 2023 年 9 月底，全国 35 家区域性股权市场共服务了 17.7 万家中小微企业，培育出专精特新"小巨人"企业 1200 家，以及"专精特新"中小企业 7900 余家。这些企业累计实现各类融资 2.33 万亿元。在区域性股权市场服务的企业中，有 125 家成功转至沪、深、北交易所上市，901 家转至新三板挂牌，另有 53 家被上市公司及新三板挂牌公司收购。近三年，全国区域性股权市场成功培育出 61 家上市公司和 146 家新三板挂牌企业。

2023 年，全国区域性股权市场新增企业 7617 家，实现融资 1558 亿元。其中，有 13 家企业转至沪、深、北交易所上市，55 家企业转至新三板挂牌，2 家企业被上市公司及新三板挂牌公司收购。从图 5-6 可见，目前在多层次资本市场上市的"专精特新"中小企业及专精特新"小巨人"企业，绝大多数由区域性股权交易市场（简称四板市场）培育而出。

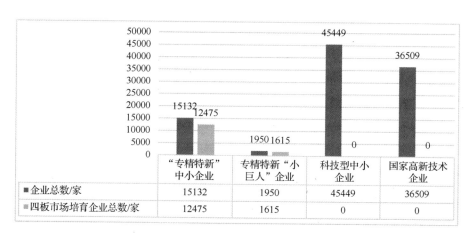

	"专精特新"中小企业	专精特新"小巨人"企业	科技型中小企业	国家高新技术企业
■ 企业总数/家	15132	1950	45449	36509
■ 四板市场培育企业总数/家	12475	1615	0	0

图 5-6　多层次资本市场优质中小企业培育情况

（数据来源：Wind 数据库，赛迪智库中小企业研究所整理，2024 年 6 月）

（二）区域性股权市场培育上市的企业信息披露质量更优

对沪、深两市 4099 家上市公司 2021—2022 年度信息披露工作的评价结果显示，考核结果达到合格及以上标准的企业共有 3934 家，占总体的 95.97%；而不合格的企业共计 165 家，占比 4.03%。经区域性股权市场规范培育的上市企业共有 96 家，其评价结果均达到合格及以上水平。整体来看，区域性股权市场培育的上市企业评级结果优于直接上市企业，这表明经过该市场规范化培育的企业在信息披露质量上更为优越，选择性披露或滞后披露信息的情况相对较少。

（三）"专精特新"专板上市"蓄水池"作用持续发挥

2023 年 6 月，中国证监会公示了首批 9 家"专精特新"专板建设方案备案名单。此后，广东股权交易中心、蓝海股权交易中心、武汉股权托管交易中心、北京股权交易中心等专板陆续开板。针对"专精特新"中小企业面临的长期资金供给不足、融资发展存在障碍、挂牌上市流程烦琐等问题，各专板构建了具有针对性、高度适配的服务体系，以发挥其在企业上市前的"蓄水池"功能，推动区域"专精特新"中小企业的高质量发展。

以广东省"专精特新"专板为例，截至 2023 年 10 月底，广东股权交易中心"专精特新"专板入板企业共计 103 家。从行业分布来看，入板企业主要集中在新一代信息技术、智能制造、节能环保等行业。从企业资质来看，入板企业中包含国家级专精特新"小巨人"企业 4 家、省级"专精特新"中小企业 78 家。从企业规模来看，2022 年，入板企业的平均营业收入为 6633 万元，平均净利润为 244 万元，平均研发费用投入为 424 万元；营业收入中位数为 3723 万元，净利润中位数为 145 万元，研发费用中位数为 320 万元。自开板以来，已成功对接股权融资、银行专属融资产品的专板企业超过 100 家，其中 38 家企业于 2024 年实现融资总额 2.48 亿元，融资覆盖率接近 50%。此外，共有 56 家企业通过广东区域性股权市场，以股票发行、可转债发行、增资扩股等方式实现融资超过 8 亿元。

第六节 多层次资本市场对上市专精特新"小巨人"企业发展的作用分析

一、基本情况

2019—2023 年，累计有 767 家[①]专精特新"小巨人"企业在 A 股上市，占全部 A 股上市企业数量的 14.39%。专精特新"小巨人"企业数量在新上市企业数量中的比重从 29.47%显著提升至 47.6%。"专精特新"中小企业已成为上市主力军，展现出"高成长、高盈利、重研发、重创新"的特征。

（一）上市情况：上市数量迅速增长，融资表现亮眼，以科创板和创业板上市为主

科创板和创业板成为上市专精特新"小巨人"企业的主要聚集地，占比超过七成。在科创板和创业板上市的专精特新"小巨人"企业数量分别累计达到 325 家（占比 42.4%）和 213 家（占比 27.8%），二者合计占比 70.1%；在北交所上市的为 123 家（占比 16.0%），在上交所主板上市的为 65 家（占比 8.5%），在深交所主板上市的为 41 家（占比 5.3%）。上市占比反映了企业较好的创新属性和硬科技实力（见图 5-7）。此外，专精特新"小巨人"企业是新上市企业的主力军，2023 年，科创板、创业板、北交所新上市企业中，专精特新"小巨人"企业数量占比分别为 61.2%（41 家）、43.6%（48 家）、55.8%（43 家）（见图 5-8）。

上市专精特新"小巨人"企业融资能力不断增强，年均首发融资规模总体呈上升趋势（见图 5-9）。整体来看，2023 年，上市专精特新"小巨人"企业平均首发融资规模为 8.53 亿元，较 2019 年的 7.69 亿元提升了 10.92%。分板块来看，2023 年在上交所主板、深交所主板、科创板、创

---

① 数据来源：根据 Wind 数据库中全部 A 股上市公司中"是否为专精特新企业"的选项进行统计，样本企业包含自身为专精特新"小巨人"企业、母公司的参股子公司为专精特新"小巨人"企业且营收占母公司的比例超过 30%的企业（企业名称是母公司）。

业板、北交所上市的专精特新"小巨人"企业平均首发融资规模分别达到 11.67 亿元、9.13 亿元、12.71 亿元、9.94 亿元、2.03 亿元（见图 5-10）。

上交所主板　深交所主板　科创板　创业板　北交所

图 5-7　2019—2023 年上市专精特新"小巨人"企业数量占比分布
（数据来源：Wind 数据库，赛迪智库中小企业研究所整理，2024 年 6 月）

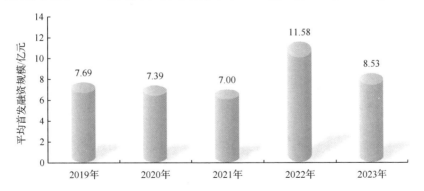

	北交所	创业板	科创板	上交所主板	深交所主板
2019年	0	25.5%	44.3%	19.6%	13.0%
2020年	39.5%	33.6%	58.0%	21.1%	22.2%
2021年	41.5%	27.6%	53.7%	20.5%	23.5%
2022年	57.8%	40.7%	66.9%	22.6%	32.5%
2023年	55.8%	43.6%	61.2%	33.3%	21.7%

图 5-8　新上市专精特新"小巨人"企业数量占 A 股新上市企业数量比重
（数据来源：Wind 数据库，赛迪智库中小企业研究所整理，2024 年 6 月）

图 5-9　2019—2023 年上市专精特新"小巨人"企业平均首发融资规模
（数据来源：Wind 数据库，赛迪智库中小企业研究所整理，2024 年 6 月）

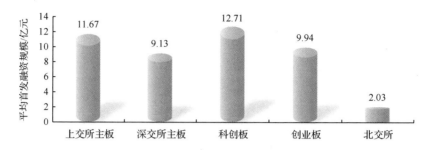

图 5-10　2023 年各板块上市专精特新"小巨人"企业平均首发融资规模
（数据来源：Wind 数据库，赛迪智库中小企业研究所整理，2024 年 6 月）

上市专精特新"小巨人"企业市值主要集中在 10 亿～150 亿元①，体现了"中小"属性。截至 2023 年底，上市专精特新"小巨人"企业平均市值为 61.27 亿元，最高市值达 844 亿元。其中，市值为 30 亿～60 亿元的专精特新"小巨人"企业最多，占比 34.46%；其次为市值为 10 亿～30 亿元的专精特新"小巨人"企业，占比 24.59%（见图 5-11）。

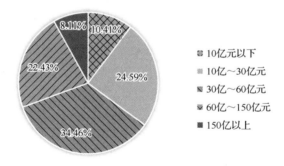

图 5-11　上市专精特新"小巨人"企业市值分布
（数据来源：Wind 数据库，赛迪智库中小企业研究所整理，2024 年 6 月）

（二）企业特征：东部地区企业居多，聚焦于制造业，专注主营业务，经营态势良好

上市专精特新"小巨人"企业数量排名前十的地区依次为江苏省、广东省、浙江省、上海市、北京市、安徽省、山东省、湖北省、四川省、

---

① 27 家企业第三季度市值未披露，相关数据做剔除处理。

湖南省，合计占比达到 84.88%。其中，江苏、广东、浙江三省的上市专精特新"小巨人"企业数量均超过 100 家（见图 5-12），占比分别为 18.64%、15.12%、14.21%，合计占比 47.97%。

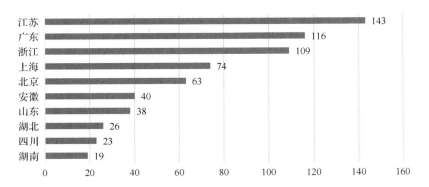

图 5-12　上市专精特新"小巨人"企业按地区分布（前十）

（数据来源：Wind 数据库，赛迪智库中小企业研究所整理，2024 年 6 月）

上市专精特新"小巨人"企业中近九成属于制造业和战略性新兴产业。上市专精特新"小巨人"企业数量排名前十的行业中，有 9 个属于制造业，企业数量共计 675 家，占上市专精特新"小巨人"企业总量的 88.01%，占全部 A 股上市制造业企业的总量 47.64%。此外，684 家上市专精特新"小巨人"企业属于战略性新兴产业，占上市专精特新"小巨人"企业总量的 89.18%，其中新一代信息技术、高端装备制造、新材料三大产业上市专精特新"小巨人"企业数量位列前三，分别为 214 家、162 家、132 家，占比分别达到 27.90%、21.12%、17.21%。

上市专精特新"小巨人"企业长期专注主营业务。上市专精特新"小巨人"企业平均主营业务收入占营业收入的比重为 99.61%[1]，其中，比重在 95% 以上的企业最多（见图 5-13），占比超九成（91.40%）。上市专精特新"小巨人"企业从事特定细分市场的平均年限为 16 年[2]，超八

---

① 由于上市企业 2023 年年报数据未披露，此处数据报告期为 2022 年度。
② 计算方式为企业上市年份减企业成立年份，即截至上市时企业的成立年限。

2023—2024 年中国中小企业发展蓝皮书

成在 10 年以上（84.23%），超两成在 20 年以上（22.82%）。此外，上市专精特新"小巨人"企业的成立年限主要集中在 11～20 年，占比达到 61.41%（见图 5-14）。

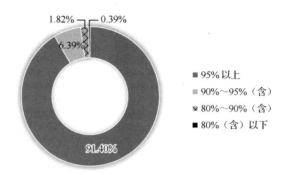

图 5-13 上市专精特新"小巨人"企业主营业务收入占营业收入比重
（数据来源：Wind 数据库，赛迪智库中小企业研究所整理，2024 年 6 月）

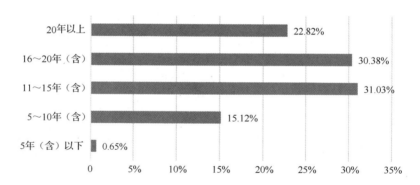

图 5-14 上市专精特新"小巨人"企业从事特定细分市场年限分布
（数据来源：Wind 数据库，赛迪智库中小企业研究所整理，2024 年 6 月）

上市专精特新"小巨人"企业经营态势良好。分析发现，营业收入5 亿元以上企业占比超六成。2023 年前三季度，上市专精特新"小巨人"企业营收总额超 8802.79 亿元，户均营收超 11 亿元。2023 年，上市专精特新"小巨人"企业营收总额超 1.05 万亿元，户均营收超 17 亿元，营业收入 5 亿元以上企业占比为 63.43%。2023 年前三季度，上市专精特新"小巨人"企业利润总额超 623.05 亿元，户均利润超 8155 万元。2023 年，上市专精特新"小巨人"企业利润总额超 966.71 亿元，户均利润超 1.56 亿元，净利润 5000 万元以上企业占比达到 71.04%。

二、上市专精特新"小巨人"企业发展态势分析

（一）上市专精特新"小巨人"企业成长性和盈利性超过上市公司平均水平

上市专精特新"小巨人"企业盈利能力突出，成长性更好，优于所在板块企均水平。营业收入增速方面，2020—2022 年，在上交所主板、深交所主板、创业板、北交所上市的专精特新"小巨人"企业平均营业收入 3 年复合增长率分别为 21.63%、20.38%、19.95%、20.89%，均优于所在板块的非专精特新"小巨人"企业（见图 5-15）。净利润增速方面，2020—2022 年，在上交所主板、深交所主板、科创板、创业板、北交所上市的专精特新"小巨人"企业平均净利润 3 年复合增长率相较于所在板块的非专精特新"小巨人"企业，分别高出近 24、9、27、16、32 个百分点（见图 5-16）。净资产收益率方面，上市专精特新"小巨人"企业整体表现更优。2023 年前三季度，在上交所主板、深交所主板、科创板、创业板和北交所上市的专精特新"小巨人"企业平均净资产收益率分别为 7.49%、6.11%、3.27%、5.34%、7.66%，除深交所主板外，其各板块收益率均高于所在板块非专精特新"小巨人"企业（见图 5-17）。因为深交所主板和上交所主板中包含很多净资产收益率高的大型国有企业，大幅拉高了平均水平，所以导致上市专精特新"小巨人"企业净资产收益率表现与所在板块非专精特新"小巨人"企业持平。

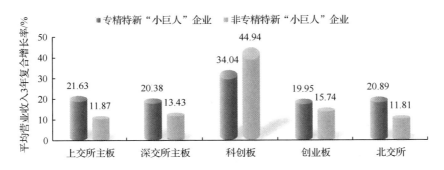

图 5-15 2020—2022 年上市企业平均营业收入 3 年复合增长率
（数据来源：Wind 数据库，赛迪智库中小企业研究所整理，2024 年 6 月）

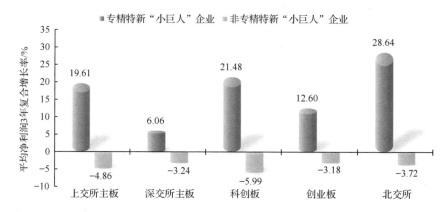

图 5-16 2020—2022 年上市企业平均净利润 3 年复合增长率
（数据来源：Wind 数据库，赛迪智库中小企业研究所整理，2024 年 6 月）

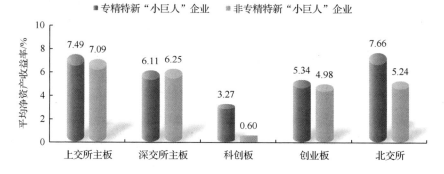

图 5-17 2023 年前三季度上市企业平均净资产收益率
（数据来源：Wind 数据库，赛迪智库中小企业研究所整理，2024 年 6 月）

（二）上市专精特新"小巨人"企业市值波动更为明显

2021 年上市专精特新"小巨人"企业平均市值增速高于上市非专精特新"小巨人"企业，但 2022—2023 年其平均市值走势较弱①。总的来看，2021 年全部上市专精特新"小巨人"企业平均市值增速高于上市非专精特新"小巨人"企业 24.30 个百分点，2022 年低 10.05 个百分点，2023 年低 6.15 个百分点。分板块看，除深交所主板外，与所在板

---

① 因北京证券交易所于 2021 年 9 月 3 日成立，2019—2020 年北交所上市专精特新"小巨人"企业市值缺失，故此部分数据报告期为 2021—2023 年。

块上市非专精特新"小巨人"企业相比，2021 年上市专精特新"小巨人"企业平均市值增速表现较强，2022—2023 年较弱（见表 5-1）。

表 5-1 2021—2023 年上市专精特新"小巨人"企业、上市非专精特新"小巨人"企业平均市值增速比较

所属板块	企业类型	2021 年	2022 年	2023 年
A 股	上市专精特新"小巨人"企业	31.40%	-26.11%	-10.22%
	上市非专精特新"小巨人"企业	7.10%	-16.06%	-4.07%
上交所主板	上市专精特新"小巨人"企业	40.65%	-26.43%	-17.28%
	上市非专精特新"小巨人"企业	4.41%	-11.87%	-2.39%
深交所主板	上市专精特新"小巨人"企业	-12.83%	-19.68%	21.82%
	上市非专精特新"小巨人"企业	9.47%	-18.46%	-7.47%
北交所主板	上市专精特新"小巨人"企业	192.98%	-52.68%	11.80%
	上市非专精特新"小巨人"企业	57.42%	-43.66%	21.46%
科创板	上市专精特新"小巨人"企业	27.46%	-27.56%	-8.12%
	上市非专精特新"小巨人"企业	-0.67%	-26.09%	0.71%
创业板	上市专精特新"小巨人"企业	26.26%	-16.26%	-15.03%
	上市非专精特新"小巨人"企业	15.14%	-25.34%	-5.17%

数据来源：Wind 数据库，赛迪智库中小企业研究所整理，2024 年 6 月。

上市专精特新"小巨人"企业市值波动更加剧烈是由市场投资行为导致的，并非企业自身经营不善。一是上市专精特新"小巨人"企业基本面向好。近年来，上市专精特新"小巨人"企业成长性和盈利能力都超过上市公司平均水平，企业自身生产经营呈良好发展态势。二是上市专精特新"小巨人"企业近九成属于战略性新兴产业，对经济形势更为敏感。受 2021 年新能源、生物医药等行业扶持政策的影响，投资者"羊群效应"突显，纷纷采用高溢价投资，拉高了专精特新"小巨人"企业市值。三是 2022—2023 年市场面临信心不足的挑战，投资者抛售处于高位的上市专精特新"小巨人"企业股票，导致市值大幅下降。

（三）上市专精特新"小巨人"企业创新活力较强但成果产出仍待提升

上市专精特新"小巨人"企业持续保持高强度的研发投入，拥有稳定的高水平科研队伍，创新活力较强，已成为国产替代的关键主体和稳

链强链的重要力量。

从研发投入强度来看，上市专精特新"小巨人"企业研发投入强度更大。2023 年前三季度，上市专精特新"小巨人"企业的平均研发投入强度达到 6.05%，上交所主板、深交所主板、科创板、创业板和北交所的上市专精特新"小巨人"企业平均研发投入强度分别为 2.26%、5.22%、10.94%、5.47%、4.47%，均高于所在板块的非专精特新"小巨人"企业（见图 5-18）。

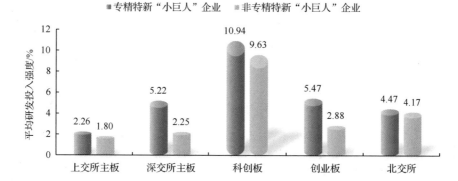

图 5-18　2023 年前三季度上市企业平均研发投入强度
（数据来源：Wind 数据库，赛迪智库中小企业研究所整理，2024 年 6 月）

分行业看，多个行业的上市专精特新"小巨人"企业平均研发投入强度高于上市非专精特新"小巨人"企业，尤其在计算机、通信、电力设备、环保、汽车等关键领域更为突出（见图 5-19）。

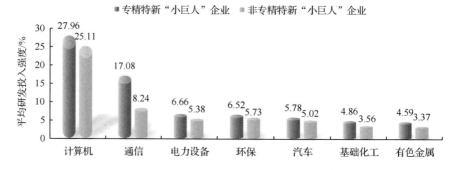

图 5-19　2023 年前三季度不同行业上市企业平均研发投入强度
（数据来源：Wind 数据库，赛迪智库中小企业研究所整理，2024 年 6 月）

从研发人员数量占比来看，上市专精特新"小巨人"企业研发人员数量占比更高。2022 年，上交所主板、深交所主板、创业板和北交所的上市专精特新"小巨人"企业平均研发人员数量占比分别达到16.13%、19.07%、18.70%、18.06%，均高于所在板块的非专精特新"小巨人"企业（见图 5-20）。

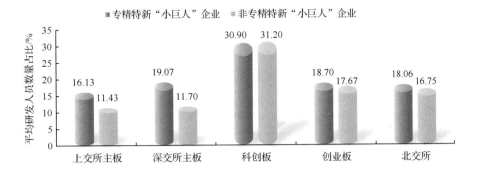

图 5-20　2022 年上市企业平均研发人员数量占比
（数据来源：Wind 数据库，赛迪智库中小企业研究所整理，2024 年 6 月）

从发明专利拥有量来看，上市专精特新"小巨人"企业创新成果产出仍待提升。2022 年，除北交所外，上交所主板、深交所主板、科创板、创业板的上市专精特新"小巨人"企业的平均发明专利拥有量均低于所在板块非专精特新"小巨人"企业（见图 5-21）。原因在于专精特新"小巨人"企业上市时间普遍较短且规模相对较小，而上市非专精特新"小巨人"企业规模可能更大、成立年限更长。虽然专精特新"小巨人"企业研发投入强度大，但是研发资源和经费投入有限，专利申请和积累仍须加强。

三、小结

总体来看，专精特新"小巨人"企业在资本市场上市后，展现出强劲的发展势头和优异的发展质量，但仍存在区域分布不均衡、企业专利储备不足、上市融资规模不高等问题。未来，要打造更加优质、高效、便捷的融资环境，加强政策跟踪，健全上市对接机制，优化上市服务，引导和鼓励更多优质专精特新"小巨人"企业走向资本市场。

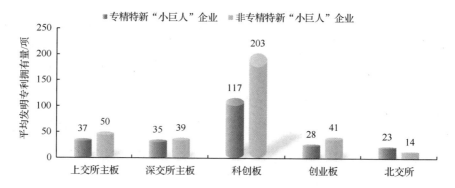

图 5-21　2022 年上市企业平均发明专利拥有量
（数据来源：CSMAR 数据库，赛迪智库中小企业研究所整理，2024 年 6 月）

一是加强对上市公司的政策跟踪。及时了解优质中小企业上市融资的需求变化，借鉴美、欧、日等发达国家和地区关于促进优质中小企业上市的经验做法，强化部门间协同联动机制，引导和支持各类机构开展优质中小企业上市培育相关政策研究与咨询，做好政策储备。

二是健全专精特新"小巨人"企业上市对接机制。推动建立"政府—企业—金融机构"常态化对接协作机制，推动地方建立专精特新"小巨人"上市企业后备库，联合证券交易所、全国股转公司等专业机构，对入库企业进行批量"诊断"，研判专精特新"小巨人"企业上市、挂牌成熟度，协助企业找准板块定位，实施"靶向"改进，助力企业更好对接多层次资本市场。

三是优化专精特新"小巨人"企业上市服务。加强投融资服务，发挥区域股权市场"专精特新"专板融资服务功能，积极组织开展投融资路演对接活动。联合证券交易所、会计师事务所、律师事务所，以及优质中介服务机构，持续为专精特新"小巨人"企业提供规范运作、上市（挂牌）辅导、并购重组等方面的培训、咨询和服务，协助解决专精特新"小巨人"企业上市过程中遇到的难题。

第六章

我国中小企业私募融资研究

　　私募融资①在激发经济活力、促进创新创业、助力中小企业上市等方面发挥了积极作用，对有效服务实体经济和国家战略，促进高新技术领域创新发展，提高资本市场直接融资比重，满足社会财富管理需求等方面具有重要意义。近年来，我国私募政策体系不断完善，通过加强监管防范风险，引导投资机构投早、投小、投硬科技，进一步促进我国私募行业有序健康发展。本章在梳理分析 2023 年以来我国私募政策基础上，结合 2019—2023 年 A 股上市中小企业私募融资数据②，分析我国中小企业私募融资总体情况，以及分行业、区域、方式、轮次的具体融资情况。针对我国中小企业私募融资在行业、区域、方式、轮次上存在的差异性，分析其背后原因。进一步从强化私募融资对接机制建设、鼓励私募机构优化对企融资服务、引导私募融资机构积极完善领域布局、积极培育私募融资机构成为耐心资本等方面提出政策建议。

第一节　我国当前私募政策重点

　　2023 年以来，为进一步规范私募基金业务活动，保护投资者合法

---

　　① 本文私募融资范围为：私募股权机构融资（PE）、创业投资机构融资（VC）、基金管理机构融资（FoFs）、早期投资机构融资、战略投资者融资这五类。

　　② 数据来源："清科私募通"、Wind 数据库、CSMAR 数据库相关数据。

权益，促进我国私募行业健康发展，我国发布了《私募投资基金监督管理条例》《私募投资基金登记备案办法》《关于加强监管防范风险促进资本市场高质量发展的若干意见》《促进创业投资高质量发展的若干政策措施》等政策文件。在强化私募基金监管、支持创投发展、培育耐心资本等方面进一步完善我国私募行业监管政策体系，以此更好发挥私募融资赋能作用，助力我国中小企业高质量发展。一是明确私募基金监管范围，强化对私募基金管理人的监管要求，夯实私募基金法治基础。国务院于 2023 年 7 月颁布了《私募投资基金监督管理条例》（以下简称《私募条例》），这是私募基金行业的第一部行政法规，为更好保护投资者合法权益、促进行业健康发展夯实了法治基础，标志着私募行业监管进入了新阶段。《私募条例》共有 7 章 62 条，围绕基金募集、投资运作等关键环节，抓住管理人及其股东、控制人、合伙人等关键主体，加强对相关主体行为的规范，强化风险源头管控。主要内容包括：第一，明确扩大适用范围，完善顶层设计以强化监管。凡以非公开方式募集资金、并由私募基金管理人或普通合伙人管理、为投资者的利益进行投资活动而设立的投资基金和以进行投资活动为目的设立的公司、合伙企业，都被纳入监管范围。第二，对私募基金管理人提出多方面规范要求，并明确要求管理合伙型私募基金的普通合伙人也适用《私募条例》中关于管理人的规定。第三，规范资金募集和投资运作环节，核心要求进一步细化和具体化。例如，禁止变相公开募集、禁止突破投资者人数限制、禁止承诺保本保收益，强化合格投资者标准并敦促机构履行投资者适当性管理义务。第四，《私募条例》对私募股权投资基金中倾向于早期项目投资的创业投资基金做了专章规定，明确了创业投资基金应当符合的条件，并提出对创业投资基金实施差异化管理和政策支持。《私募条例》回应了我国私募基金行业发展的现实需要，并提供了更高位阶的法律支撑，可以更好地防范金融风险、保护投资者合法权益。同时，《私募条例》对支持我国创新资本发展，吸引更多资金"投早、投小、投硬科技"，畅通"科技-产业-金融"良性循环发挥了重要支撑作用。

二是强化融资全链条监管，持续完善多层次资本市场体系，大幅提升违法成本。2024 年 4 月，国务院发布《关于加强监管防范风险促进资本市场高质量发展的若干意见》（以下简称 2024 年"国九条"），分阶段提出未来 5 年、2035 年和 21 世纪中叶资本市场的发展目标，从投资者保护、上市公司质量、行业机构发展、监管能力和治理体系建设等方面勾画发展蓝图。主要内容包括：第一，提出"必须全面加强监管、有效防范化解风险，稳为基调、严字当头，确保监管"长牙带刺"、有棱有角"的总体要求，以保护中小投资者合法权益，助力建成与金融强国相匹配的高质量资本市场。第二，严把发行上市准入关，进一步完善发行上市制度，强化发行上市全链条责任，加大发行承销监管力度。第三，严格上市公司持续监管，加强信息披露和公司治理监管，全面完善减持规则体系，强化上市公司现金分红监管，推动上市公司提升投资价值。第四，加大退市监管力度，深化退市制度改革，加快形成应退尽退、及时出清的常态化退市格局。第五，加强证券基金机构监管，推动行业回归本源、做优做强，推动证券基金机构高质量发展，积极培育良好的行业文化和投资文化。第六，加强交易监管，增强资本市场内在稳定性促进市场平稳运行，健全预期管理机制。第七，建立培育长期投资的市场生态，完善适配长期投资的基础制度，构建支持"长钱长投"的政策体系。优化保险资金权益投资政策环境，落实并完善国有保险公司绩效评价办法，鼓励开展长期权益投资。第八，着力做好科技金融、绿色金融、普惠金融、养老金融、数字金融五篇大文章，完善多层次资本市场体系。第九，推动加强资本市场法治建设，大幅提升违法违规成本，加大对证券期货违法犯罪的联合打击力度。2024 年"国九条"突出"强本强基"和"严监严管"等要求，更突出监管要"长牙带刺"、有棱有角，为建设安全、规范、透明、开放、有活力、有韧性的资本市场指明了清晰的监管政策方向，对发挥好创业投资、私募股权投资支持科技创新作用，更好服务新产业、新业态、新技术，促进新质生产力发展具有重要意义。

　　三是完善"募投管退"全链条政策环境，引导更多社会资本进入创业投资领域，加强耐心资本培育。国务院于 2024 年 6 月印发了《促进创业投资高质量发展的若干政策措施》（以下简称《政策措施》），也被称为"创投十七条"。《政策措施》围绕创业投资"募投管退"全链条、全生命周期各个环节，从五大方面提出 17 条政策举措。主要内容包括：第一，围绕创业投资"募投管退"全链条，提出完善政策环境和管理制度，积极支持创业投资做大做强，促进科技型企业成长，培育发展新质生产力的总体要求。第二，培育多元化创业投资主体，加快培育高质量创业投资机构，支持专业性创业投资机构发展，发挥政府出资的创业投资基金作用，落实和完善国资创业投资管理制度。第三，多渠道拓宽创业投资的资金来源，鼓励长期资金投向创业投资，支持资产管理机构加大对创业投资的投入，扩大金融资产投资公司直接股权投资试点范围，丰富创业投资基金产品类型。第四，加强创业投资政府引导和差异化监管，建立创业投资与创新创业项目对接机制，实施专利产业化促进中小企业成长计划，持续落实落细创业投资企业税收优惠政策，实施符合创业投资基金特点的差异化监管，有序扩大创业投资对外开放。第五，健全创业投资退出机制，拓宽创业投资退出渠道，优化创业投资基金退出政策。第六，优化创业投资市场环境，优化创业投资行业发展环境，营造支持科技创新的良好金融生态。《政策措施》的出台对引导私募基金等创投资本赋能种子期、初创期企业发展，促进专精特新"小巨人""独角兽"等创新型企业快速成长、发展壮大具有重要的指导意义。

第二节　我国中小企业私募融资现状分析

本节选取 401 条 2023 年 A 股上市企业私募融资数据（上市中小企业 94 家、上市大型企业 172 家），从融资事件数量、融资金额，对比分析上市中小企业、上市大型企业私募融资情况，包括上市中小企业在不同行业、区域、方式、轮次的私募融资情况。

一、我国中小企业私募融资总体情况分析

分析发现，我国中小企业私募融资活跃度较低，企业规模越小，私募融资事件数量及金额越低。一是上市中小企业私募融资事件数量占比相对较少。2023 年，上市中小企业私募融资事件数量为 156 起（上市中型企业、上市小型企业私募融资事件数量分别为 122 起、34 起），占比不到四成（38.9%）。二是上市中小企业私募融资金额相对较低。从融资金额看，2023 年，上市中小企业私募融资金额为 519 亿元（上市中型企业、上市小型企业私募融资金额分别为 479.9 亿元、39.1 亿元），

占比仅为一成（10%）。三是企均私募融资金额少。上市中小企业企均私募融资金额为 3.4 亿元（上市中型企业、上市小型企业企均私募融资金额分别为 4 亿元、1.2 亿元），上市大型企业企均私募融资金额为 19.6 亿元。

二、我国中小企业私募融资分行业情况分析

一是制造业上市中小企业私募融资领跑其他国民经济行业。2023 年，我国制造业上市中小企业融资事件数量占全部国民经济行业比重的九成以上（93.6%），融资金额占全部国民经济行业比重的六成以上（61.2%）。进一步分析发现，2023 年，计算机、通信和其他电子设备制造业、专用设备制造业上市中小企业融资事件数量、融资金额均较多。在企均私募融资金额方面，有色金属冶炼和压延加工业；铁路、船舶、航空航天和其他运输设备制造业；计算机、通信和其他电子设备制造业企均私募融资金额较多，分别为 10.6 亿元、5.5 亿元、5.4 亿元（见图 6-1）。二是高端装备制造产业的上市中小企业私募融资较其他战略性新兴产业较为活跃。2023 年，高端装备制造产业、新材料产业、新一代信息技术产业等上市中小企业融资事件数量较多，融资金额较大。新能源产业、新一代信息技术产业企均私募融资金额较多，分别为 6.3 亿元、2.2 亿元（见图 6-2）。

三、我国中小企业私募融资分区域情况分析

一是东部地区上市中小企业私募融资总体情况优于其他地区。从融资事件数量看，2023 年，东部地区上市中小企业融资事件数量为 106 起，中部、西部、东北地区分别为 27 起、18 起、5 起，高于其他地区总和。从融资总额看，2023 年，东部地区上市中小企业融资金额为 319.0 亿元，中部、西部、东北地区分别为 59.9 亿元、135.3 亿元、4.8 亿元，也高于其他地区。从单笔融资金额看，2023 年，西部地区上市中小企业单笔融资金额较高，为 7.5 亿元，东部、中部、东北地区分别为 3 亿元、2.3 亿元、1 亿元（见表 6-1）。

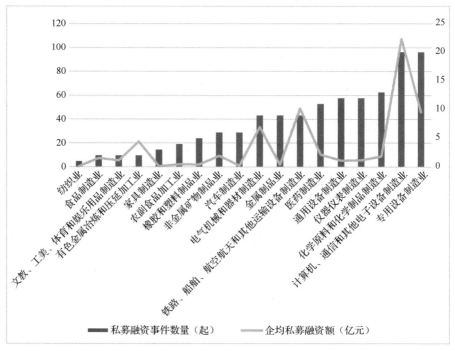

图 6-1　2023 年我国制造业上市中小企业私募融

资事件数量、企均私募融资金额情况

（数据来源：清科私募通，Wind 数据库，赛迪智库中小企业研究所整理，2024 年 6 月）

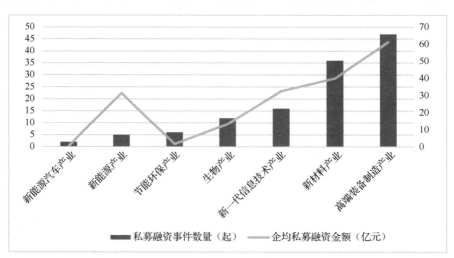

图 6-2　2023 年我国战略性新兴产业上市中小企业

私募融资事件数量、融资金额情况

（数据来源：清科私募通，Wind 数据库，赛迪智库中小企业研究所整理，2024 年 6 月）

表 6-1　2023 年我国上市中小企业分地区私募融资情况

地　　区	融资事件数量/起	融资金额/亿元	单笔融资金额/亿元
东部地区	106	319.0	3.0
中部地区	27	59.9	2.3
西部地区	18	135.3	7.5
东北地区	5	4.8	1.0

数据来源：清科私募通，Wind 数据库，赛迪智库中小企业研究所整理，2024 年 6 月。

二是不同省（自治区、直辖市）的私募融资情况存在差异性。江苏省、广东省、浙江省的上市中小企业私募融资位列第一方阵。从融资事件数量看，2023 年，江苏省、广东省、浙江省的上市中小企业总计融资事件数量位列前三，分别为 33 起、20 起、16 起，均高于其他省（自治区、直辖市）。从融资总额看，2023 年浙江省、广西壮族自治区、广东省融资金额名列前茅，分别为 97.3 亿元、65.8 亿元、57.2 亿元。从单笔融资金额看，2023 年，广西壮族自治区、宁夏回族自治区、浙江省表现较为突出，单笔融资金额分别为 13.2 亿元、9.2 亿元、6.5 亿元（见表 6-2）。

表 6-2　2023 年我国上市中小企业各省（自治区、直辖市）私募融资情况

地　　区	省（自治区、直辖市）	融资事件数量/起	融资金额/亿元	单笔融资金额/亿元
东部地区	江苏	33	48.5	1.5
	广东	20	57.2	2.9
	浙江	16	97.3	6.5
	山东	13	37.2	2.9
	北京	10	41.6	4.2
	河北	8	28.9	3.6
	上海	5	4.3	0.9
	福建	1	4.0	4.0
中部地区	湖北	10	13.4	1.5
	安徽	5	21.6	4.3
	河南	5	1.6	0.3
	江西	4	22.3	5.6
	湖南	2	0.4	0.2
	山西	1	0.5	0.5

续表

地 区	省（自治区、 直辖市）	融资事件数量/起	融资金额/亿元	单笔融资金额/亿元
西部地区	陕西	7	41.2	5.9
	广西	5	65.8	13.2
	宁夏	3	27.5	9.2
	重庆	2	0.6	0.3
	四川	1	0.2	0.2
东北地区	辽宁	5	4.8	1.0

数据来源：清科私募通，Wind 数据库，赛迪智库中小企业研究所整理，2024 年 6 月。

四、我国中小企业私募融资方式情况分析

分析发现，PE 是上市中小企业私募融资主要方式。从融资事件数量看，2023 年，我国上市中小企业通过 PE 的事件数量最多为 67 起，通过战略投资者融资的事件数量次之，为 54 起。从融资金额看，2023 年，我国上市中小企业通过 PE 的融资金额最多，为 246.3 亿元；通过战略投资者融资的融资金额次之，为 175.2 亿元（见表 6-3）。此外，通过基金管理机构融资、早期投资机构融资的事件数量、融资金额均相对较少。

表 6-3　2019—2023 年我国上市中小企业不同方式的私募融资情况

融 资 方 式	融资事件数量/起	融资金额/亿元
PE	67	246.3
战略投资者融资	54	175.2
VC	32	90.6
早期投资机构融资	2	0.9
FoFs	1	6.0

数据来源：清科私募通，Wind 数据库，赛迪智库中小企业研究所整理，2024 年 6 月。

五、我国中小企业私募融资轮次情况分析

一是基石投资轮次、B+轮次及以前、老股权转让轮次上市中小企业

私募融资事件数量较多。从融资事件数量看，2019—2023 年，我国上市中小企业私募融资多集中在基石投资轮次、B+轮次及以前、老股权转让轮次，总计融资事件数量分别为 248 起、230 起、212 起，占比分别为 19.4%、18.1%、16.6%。然而，逐年对比 2019—2023 年 B 轮次及以前上市中小企业融资事件数量情况发现，B 轮次以前融资事件数量呈逐年递减趋势（见表 6-4）。

表 6-4　2019—2023 年我国上市中小企业不同轮次的融资事件数量情况

轮　　次	2019 年/起	2020 年/起	2021 年/起	2022 年/起	2023 年/起	总计/起	总计占比
A	56	35	15	—	—	106	8.3%
A+	2	—	—	—	—	2	0.2%
B	46	56	9	—	—	111	8.7%
B+	4	5	2	—	—	11	0.9%
C	23	38	9	1	—	71	5.5%
C+	6	6	4	—	—	16	1.3%
D	11	16	11	1	1	40	3.1%
D+	4	5	1	—	—	10	0.8%
E	3	5	2	—	—	10	0.8%
F	3	2	—	—	—	5	0.4%
G	2	—	—	—	—	2	0.2%
Pre-IPO	24	33	24	2	—	83	6.5%
基石投资	2	10	18	105	113	248	19.4%
老股权转让	65	88	36	21	2	212	16.6%
上市定增	8	24	57	25	39	153	12.0%
新三板定增	27	25	17	17	1	87	6.8%
战略投资	—	2	—	—	—	2	0.2%
其他	61	43	7	—	—	111	8.7%
总计	347	393	212	172	156	1280	100.0%

数据来源：清科私募通，Wind 数据库，赛迪智库中小企业研究所整理，2024 年 6 月。

二是近年来，C 轮次、上市定增轮次上市中小企业私募融资金额较多。从融资金额看，2019—2023 年，我国上市中小企业私募融资在 C 轮次、上市定增轮次总计融资金额较多，融资金额分别为 2227.1 亿元、

2121.8亿元，占比分别为39.9%、38.0%。然而，逐年对比2019—2023年B轮次及以前上市中小企业融资金额情况发现，B轮次以前融资金额呈逐年递减趋势（见表6-5）。

表6-5　2019—2023年我国上市中小企业不同轮次的融资金额情况

轮　　次	2019年/亿元	2020年/亿元	2021年/亿元	2022年/亿元	2023年/亿元	总计/亿元	总计占比
A	44.8	39.1	45.1	0.0	0.0	129.0	2.3%
A+	0.4	0.0	0.0	0.0	0.0	0.4	0.0%
B	33.8	173.7	17.4	0.0	0.0	224.9	4.0%
B+	2.2	1.6	3.0	0.0	0.0	6.8	0.1%
C	67.4	54.7	1233.0	872.0	0.0	2227.1	39.9%
C+	3.0	4.9	4.5	0.0	0.0	12.4	0.2%
D	16.2	12.2	26.6	0.4	0.2	55.5	1.0%
D+	7.6	6.3	0.5	0.0	0.0	14.3	0.3%
E	6.0	14.4	0.6	0.0	0.0	21.0	0.4%
F	0.0	3.1	0.0	0.0	0.0	3.1	0.1%
G	4.8	0.0	0.0	0.0	0.0	4.8	0.1%
Pre-IPO	33.4	47.5	59.0	0.0	0.0	139.9	2.5%
基石投资	6.2	1.6	46.4	61.7	78.6	194.5	3.5%
老股权转让	37.5	73.7	24.6	28.9	0.0	164.6	2.9%
上市定增	30.6	595.4	877.5	179.2	439.0	2121.8	38.0%
新三板定增	20.4	31.3	31.3	7.8	1.2	91.9	1.6%
战略投资	0.0	0.5	0.0	0.0	0.0	0.5	0.0%
其他	88.8	68.1	16.1	0.0	0.0	173.0	3.1%
总计	402.9	1128.1	2385.6	1149.9	519.0	5585.5	100.0%

数据来源：清科私募通，Wind数据库，赛迪智库中小企业研究所整理，2024年6月。

第三节　我国中小企业私募融资的差异性及原因分析

一、我国中小企业私募融资行业的差异性及原因分析

（一）从国民经济行业看，计算机、通信和其他电子设备制造业、专用设备制造业获得私募融资支持较多

从第六章第二节我国中小企业私募分行业情况可知，从国民经济行

业看，2023 年制造业上市中小企业私募融资较为活跃，其中计算机、通信和其他电子设备制造业、专用设备制造业上市中小企业融资事件数量、融资金金额均较多。然而，纺织业、食品制造业上市中小企业私募融资并不活跃。这种行业间的差异性体现了私募资本对行业盈利能力的逐利性。从营业收入、利润总额看，2023 年计算机、通信和其他电子设备制造业上市中小企业的营业收入、利润总额分别为食品制造业的 7 倍、3.2 倍，且 2019—2023 年保持着稳定增长。反观纺织业、食品制造业上市中小企业的总体盈利能力相对较弱，且纺织业上市中小企业 2019—2023 年利润总额为负增长（见表 6-6）。可见，行业盈利能力的差异性在一定程度上影响了私募资本流向。

表 6-6 我国相关行业上市中小企业的营业收入、利润情况

行　　业	2023 年营业收入/亿元	2019—2023 年营业收入年均复合增长率	2023 年利润总额/亿元	2019—2023 年利润总额年均复合增长率
计算机、通信和其他电子设备制造业	903292.5	7.5%	32902.8	5.2%
专用设备制造业	220887.6	4.4%	16569.7	6.1%
纺织业	140837.2	-2.2%	4026.1	-9.3%
食品制造业	129439.2	2.4%	10175.9	0.1%

数据来源：Wind 数据库，赛迪智库中小企业研究所整理，2024 年 6 月。

（二）从战略性新兴产业看，高端装备制造、新材料、新一代信息技术产业私募融资较活跃

从战略性新兴产业看，2023 年，高端装备制造、新材料、新一代信息技术产业上市中小企业融资事件数量均较多、融资金额均较大。然而，新能源汽车、新能源产业上市中小企业获得的私募融资支持较少。一是私募资本偏好高创新能力行业。"专精特新"中小企业数量方面，Wind 数据库全部 A 股上市企业数据显示，截至 2023 年底，新一代信息技术、高端装备制造、新材料产业上市"专精特新"中小企业数量分别为 222 家、167 家、129 家，位居战略性新兴产业前三；数字创意、相关服务业上市"专精特新"中小企业数量仅分别为 1 家、3 家；新能源产业、新能源汽车产业上市"专精特新"中小企业数量分别也只有 21

家、36 家。专利数量方面，CSMAR 数据库上市企业专利数据显示，2019—2023 年，新一代信息技术、高端装备制造、新材料产业上市中小企业累计获得专利数量分别为 4.4 万件、2.9 万件、6979 件，其中累计获得发明专利数量分别为 2.6 万件、7936 件、3855 件；相关服务业、数字创意产业上市中小企业累计已获得专利数量分别仅为 734 件、935 件，发明专利累计数量分别仅为 255 件、325 件。可见，与新一代信息技术、高端装备制造、新材料产业相比相关服务业、数字创意产业在"专精特新"中小企业资质、专利数量等方面创新实体资质较少，在一定程度上影响了私募资本对其倾斜。二是特定行业倾向于银行贷款融资。CSMAR 数据库上市企业银行贷款数据显示，2019—2023 年，新能源汽车、新能源产业上市中小企业的银行贷款总额分别为 3428.1 亿元、4865.5 亿元，单笔贷款额分别为 16.9 亿元、28.3 亿元，处于战略性新兴产业较高水平。可见，新能源汽车、新能源产业上市中小企业近 5 年来更倾向于银行贷款融资。

二、我国中小企业私募融资区域差异性及原因分析

从第二章第二节我国上市中小企业私募分区域情况可知，东部地区私募融资水平领先于其他地区。一是私募融资在经济发达地区较为活跃。从地区生产总值看，国家统计局数据显示，东部地区 GDP 从 2019 年的 51.1 万亿元增长至 2023 年的 65.2 万亿元，年均复合增长率为 6.3%，以绝对数值优势位列第一。其中，广东省、江苏省、山东省位列各省（自治区、直辖市）前三名。西部地区 GDP 增长明显，从 2019 年的 16.9 万亿元增长至 2023 年的 22.1 万亿元，年均复合增长率为 6.9%。东北、中部地区 GDP 增速相对较慢，2019—2023 年均复合增长率分别为 4.4%、5.4%。可见，经济发展水平在一定程度上影响了私募资本流向。

二是私募融资的区域性差异受私募基金发展规模影响。Wind 数据库数据显示，2019—2023 年，在私募基金管理人数量、私募基金数量、私募基金规模方面，东部地区分别累计达到 18039 家、139256 只、172587.2 亿元，以绝对优势领跑其他地区。其中，东部地区私募基金管理人数量分别是西部和中部地区的 10 倍以上，是东北地区的近百倍（见表 6-7）。分省（自治区、直辖市）来看，上海市、北京市、深圳

市位于第一方阵。2019—2023 年私募基金管理人数量均达到 3000 家以上，私募基金数量均达到 20000 只以上，私募基金规模均达到 2 万亿元以上。而甘肃省、宁夏回族自治区、青海省则位列后三名，私募基金发展水平较为滞后（见表 6-8）。可见，不同地区私募基金存在规模性差异，由此影响私募基金供给，进一步对区域融资产生影响。

表 6-7　2019—2023 年我国各地区私募基金发展情况

地　　区	私募基金管理人数量/家	私募基金数量/只	私募基金规模/亿元
东部地区	18039	139256	172587.2
西部地区	1317	6399	14629.3
中部地区	1305	5713	11045.3
东北地区	199	633	640.2

数据来源：Wind 数据库，赛迪智库中小企业研究所整理，2024 年 6 月。

表 6-8　2019—2023 年我国各省（自治区、直辖市）私募基金发展情况

省（自治区、直辖市）	私募基金管理人数量/家	私募基金数量/只	私募基金规模/亿元
上海	3855	43655	49147
北京	3405	23817	45714
深圳	3234	20968	20229
浙江（不含宁波）	1664	11769	9636
广东（不含深圳）	1646	12507	12537
江苏	1243	6048	11205
宁波	638	5246	6793
海南	621	4644	2731
山东（不含青岛）	384	1563	1839
湖北	373	1251	2488
青岛	371	2525	1973
四川	367	1672	2774
天津	340	2142	6445
厦门	328	2371	1930
湖南	262	1299	1377
陕西	252	1208	1268

续表

省（自治区、直辖市）	私募基金管理人数量/家	私募基金数量/只	私募基金规模/亿元
江西	240	1181	1342
福建（不含厦门）	229	1774	1458
安徽	218	1238	3359
河南	154	540	1064
重庆	150	652	1703
西藏	144	1332	2844
河北	81	227	950
新疆	78	352	1179
广西	78	398	1444
云南	65	174	987
辽宁（不含大连）	60	161	102
贵州	60	257	1610
山西	58	204	1416
大连	48	255	91
吉林	47	127	321
内蒙古	47	151	361
黑龙江	44	90	126
甘肃	35	68	137
宁夏	31	98	197
青海	10	37	125

数据来源：Wind 数据库，赛迪智库中小企业研究所整理，2024 年 6 月。

三、我国中小企业私募融资方式的差异性及原因分析

从上节我国上市中小企业私募融资方式可知，我国上市中小企业通过 PE 融资事件数量及融资金额最多，通过 VC、战略投资者融资次之，通过 FoFs、早期投资机构融资相对较少。从资金规模和稳定性、增值服务、风险偏好和投资周期、退出机制、市场认可度等角度来分析其差异性表现的原因如下。

一是企业更倾向于获取大规模且稳定的私募资金支持。PE 能够提供大规模且稳定的资金支持，能够满足中小企业扩展业务和提升产能的需求。中小企业在成长阶段需要更多资金支持，PE 的资金规模和投资

周期较长，可以满足这类需求。VC 主要关注创新和高增长潜力的企业，提供的资金规模相对较小，但灵活性高，适合初创和成长期的中小企业。战略投资者通常是大型企业或行业领袖，他们的投资目的是战略协同和资源整合，资金规模较大，但选择企业的标准较高，需要有较高的战略契合度。早期投资机构融资主要针对初创企业，资金规模小，更适合企业早期的启动资金需求。FoFs 资金分散，投资方式间接，无法提供中小企业所需的大额融资。

　　二是高水平增值服务更吸引企业融资。PE 提供的不仅是资金，还包括管理经验、战略指导和市场资源，帮助中小企业提升运营和管理水平。VC 提供早期的资本和创业指导，帮助企业度过初创阶段的挑战，但在企业发展到一定规模后，其增值服务可能有所限制。战略投资者融资通过战略资源和业务协同，提供市场渠道、技术支持等增值服务，帮助中小企业实现快速发展。早期投资机构融资提供初创期的资金和指导，但在企业成长到一定阶段后，增值服务可能不足。FoFs 主要通过投资于其他基金实现回报，增值服务能力和效果较弱。

　　三是耐心资本、低风险资本更受企业青睐。PE 偏好成长期或成熟期的中小企业，风险偏好相对较低，投资周期较长，能够陪伴企业度过多个成长阶段。VC 的风险偏好较高，关注早期和成长期企业，投资周期相对较短，目标是快速退出实现回报。战略投资者融资的风险偏好较低，投资标准严格，主要关注与其业务战略相契合的企业。早期投资机构融资的风险偏好最高，关注初创期企业。FoFs 的风险偏好分散，通过投资多个基金降低风险，但对单个企业的影响较小。

　　四是企业更偏好私募机构规划明确退出路径。PE 有成熟的退出机制，如 IPO、并购等，能为投资者和企业提供明确的退出路径。VC 有多种退出途径，如 IPO、并购或后续融资轮次接盘，但退出的不确定性较高。战略投资者融资的退出机制较少，通常通过业务整合实现投资回报，灵活性不如 PE 和 VC。早期投资机构融资的退出主要依赖后续融资轮次或被并购，退出的不确定性较高。FoFs 通过其投资的基金实现退出回报，过程较长且具有间接性。

　　五是特定市场认可度在一定程度上造成了不同融资方式的差异性。PE 总体上市场认可度较高，许多中小企业在其支持下成功扩展业务，增强了 PE 基金的吸引力。VC 在创新和高科技领域有较高认可度，对初创和成长期中小企业有较强吸引力。战略投资者在特定行业和领域认可度高，能提供业务协同效应，但对非战略契合的企业吸引力有限。早期投资机构认可度主要集中在初创企业中，对成长期中小企业吸引力较小。FoFs 认可度体现在其专业的投资组合管理上，但对单个中小企业的直接支持具有有限性。

四、我国中小企业私募融资轮次的差异性及原因分析

从第二章第二节我国上市中小企业私募融资轮次可知，2019—2023 年私募对我国上市中小企业发展早期阶段发挥了一定的支持作用。可见，我国私募资本对投早投小投创新的重视程度有所提高。然而，逐年对比来看，B 轮及以前融资事件数量、融资金额呈现逐年递减趋势，私募融资投早投小力度偏弱；对 C 轮、上市定增轮的中小企业投资力度则相对较大。从投资风险、被投企业价值、退出路径等方面分析其差异性表现的原因如下。

一是 C 轮、上市定增阶段的投资风险相对较低。到了 C 轮或上市定增阶段，企业通常已渡过了早期的高风险发展阶段，商业模式更加成熟、财务状况相对稳定。企业在这些阶段往往已经证明了其产品或服务在市场上的接受度和竞争力，风险相对初创期降低。

二是相比于早期阶段，C 轮或上市定增阶段企业增长潜力明确且有较高估值。从企业增长潜力看，C 轮阶段的企业通常处于快速扩张或市场份额提升阶段，上市定增阶段的企业可能正在寻求新的突破，这些企业的高成长性对投资者有吸引力。进入 C 轮或上市定增后的企业，资金使用效率较高，能够通过资本注入拓展业务、创新产品或开拓新市场。从企业估值看，到了 C 轮或上市定增阶段，企业估值相对合理而稳定，私募融资机构能够更准确地评估企业价值、财务状况和经营数据。

三是私募资本对 C 轮或上市定增阶段企业的退出路径更为清晰。到了 C 轮或申请上市定增阶段，企业通常已有明确的退出计划，如上市、并购等，由此为私募融资机构提供了更多的退出选项。上市定增阶段的企业由于接近或已进入二级市场，股份的流动性和估值的公开性较高，方便私募融资机构在合适时机退出。

第四节　政策建议

一、强化私募融资对接中小企业机制建设

一是推动建立"政府—企业—金融机构"对接协作机制。推动私募融资机构积极带动更多社会资本加大"投早投小投创新"力度，重点加强对中小企业在天使轮、Pre-A 轮、Pre-B 轮的融资支持。二是鼓励地方建立中小企业私募融资需求库，实现批量纳入、分层管理、动态调整、精准服务。联合投资机构、会计师事务所、律师事务所等专业机构，对入库企业进行批量"诊断"，研判中小企业获取私募融资能力，协助企业积极对接优质投资机构，获取更多融资支持。三是鼓励发展专业的投融资中介服务机构，提供尽职调查、投资顾问和法务咨询等服务，降低对接沟通成本。推进中小企业信用评级体系建设，帮助私募融资机构更好地评估潜在投资的风险。

二、鼓励私募机构不断优化对企融资服务

一是引导有条件的私募融资机构为中小企业多样化融资需求匹配PE、VC、FoFs、战略投资者等融资方式，积极拓展企业融资渠道。二是靶向解决不同区域企业融资痛点。积极利用投资机构生态圈和产业链资源，通过联合举办投融资对接活动等方式，为欠发达地区中小企业带来更多融资机会。鼓励私募融资机构引导被投资的东部地区中小企业在东北、中西部地区通过开办分公司、建厂等方式，实现自身发展与区域发展共赢。三是引导私募融资机构与中小企业建立长期合作关系，通过持续支持和投入，帮助中小企业实现可持续增长。鼓励私募融资机构设置行业专家或投资人作为中小企业导师，为中小企业发展提供专业指导和战略顾问服务，提高企业管理能力和市场竞争力。

三、引导私募融资机构积极完善领域布局

一是引导私募融资机构加强对新兴产业和未来产业项目投资。引导私募融资机构结合已投项目领域，对创新活跃、技术密集、发展前景广

阔的新兴产业、未来产业领域加强布局，不断完善优化基金投资项目结构，促进创投赋能中小企业发展。二是支持私募融资机构通过深度调研和数据分析，结合地方资源禀赋和产业基础，加强对区域特色的优势产业投资布局，增强产业关键环节对新质生产力的支撑能力。三是鼓励私募融资机构关注中小企业的长期价值创造，加大对具有长期增长潜力企业投资力度。鼓励私募融资机构加强与中小企业孵化器、加速器合作，为初创期中小企业提供资金支持。

四、积极培育私募融资机构成为耐心资本

一是持续优化私募融资机构"募投管退"全链条支持政策，引导私募融资机构摒弃"急功近利、快进快出、挣快钱"的浮躁心态，坚持做长期投资、战略投资、价值投资、责任投资。二是进一步完善私募融资机构考核、容错免责机制，健全符合创业投资行业特点和发展规律的私募投资管理体制和尽职合规责任豁免机制。三是促进私募融资机构不断优化、丰富投后赋能服务。加强对企投后融资、产业链上下游资源整合、出海拓展等方面的长期指导和支持，积极运用大数据、人工智能等数字化工具，提高投后管理效率和精准度，耐心陪伴中小企业"专精特新"发展。

第七章

中小企业服务机构转型研究

中小企业联系千家万户，是推动创新、促进就业、改善民生的重要力量。完善中小企业服务体系，梳理和分析适应中小企业要求的服务机构和产品，是更好服务中小企业高质量发展的题中之义。2023 年 10—11 月，中国电子信息产业发展研究院开展调研活动，通过与省级中小企业主管部门合作，征集面向中小企业的典型服务机构的相关信息，分析我国中小企业服务机构发展概况。同时，基于精心设计的调研提纲，向 2184 家"专精特新"中小企业发放调查问卷。对我国中小企业的服务机构、服务产品、服务需求和服务成效开展调研、梳理等工作，推动我国中小企业走"专精特新"高质量发展道路。

第一节 闻风而起，中小企业服务机构转型"正当时"

一、经济发展新动能持续涌现，为我国中小企业服务机构发展带来新的机遇

一是新型工业化加速推进，为服务机构转型升级提供新契机。习近平总书记在全国新型工业化推进大会上指出，"新时代新征程，以中国式现代化全面推进强国建设、民族复兴伟业，实现新型工业化是关键任务"。当前，中国特色社会主义现代化建设进入高质量发展阶段，新型工业化步伐显著加快，产业整体实力和质量效益不断提高，为服务机构转型升级带来更多技术与商业模式创新机遇。此时，服务于中小企业的服务机构可以依托大数据、云计算、人工智能、区块链等技术，加大研

发力度，开发更为优质的服务产品，以实现服务能力和水平的提升，为中小企业深度自主研发和持续技术攻关提供更多资源和机会。

二是数字化与实体经济加速融合，激发服务新业态新模式。新一轮科技革命和产业变革如火如荼，以数据为驱动要素的新产业、新生态、新模式不断涌现，服务机构迎来了经济形态巨变的时代窗口。一方面，服务机构可借助新一代信息技术的发展进一步深化服务内容、丰富服务产品、提升服务质量、加快服务创新。在充分利用"互联网+"应用、数字经济、平台经济的同时，以创新为驱动和支撑为服务中小企业提升了服务效率。另一方面，随着我国自主创新能力的不断提升，新一代信息技术运用的日益普及，服务中小企业的认知度及适用性不断增强，远程服务、共享网络资源等服务方式及新的服务产品不断被开发，服务中小企业的便利性不断被释放。

三是新发展阶段政策持续发力，服务优质中小企业迎来政策机遇期。2021 年起，我国进入新发展阶段，加快"专精特新"等优质中小企业培育已成为新时期我国促进中小企业高质量发展的重点内容和核心目标，服务优质中小企业步入了强力度政策机遇期。我国支持优质中小企业的政策工具不断完善，有力地支持了我国中小企业服务机构的高质量发展。近年来，国家各部委、地方政府均出台了一系列法律法规，不仅包括传统的财税政策、金融政策等，还包括精准支持优质中小企业发展的科技创新与知识成果转化政策、数字化转型政策、大中小企业融通发展政策等，为我国服务优质中小企业发展提供了制度性保障。

四是全国统一大市场建设初见成效，有利于拓展服务中小企业的市场空间。规模庞大、供求多元、创新活跃、拉动力强的内需市场是培育、厚植中小企业培育沃土，超大规模市场和强大生产能力的优势为新时期服务中小企业提供了广阔市场空间。2023 年，我国经济运行呈现"一高一低两平"的特点，即增速较高、就业平稳、物价较低、国际收支基本平衡，主要预期目标有望圆满实现。可见，我国经济回升向好、长期向好的基本趋势没有改变，支撑高质量发展的要素条件不断集聚增多。这有利于服务机构更好发挥服务产品优势及潜力，在促进中小企业高质量发展过程中发挥重要作用。

二、受国内国外两端双重挤压，中小企业服务变中有忧

一是国际环境复杂多变导致服务要素自由流动难度加大。当今世界百年未有之大变局加速演进，大国博弈的重心进一步转向高科技创新优势的竞赛和围绕新科技革命所塑造新权力的争夺。随着中美科技博弈不断加剧，中美长期形成的深度科技创新合作链条遭遇挑战。美国通过产品断链、技术断供、限制人才交往等措施试图阻断国际先进技术向我国企业转移的溢出效应，许多中小企业的供应链上游遭遇破坏。面向中小企业的服务机构因其轻资产、软要素等特点，需要开放、透明、包容的发展生态和外部条件，而其发展所需服务要素的自由流动受到制约，服务机构发展面临挑战。

二是优质中小企业的高质量发展对服务能力提出更高要求。当前，一些市场主体、消费主体对经济预期信心不足，部分行业产能过剩，风险隐患仍然较多，以优质中小企业为主的企业遭受前所未有的经营压力，产业转型升级和绿色发展压力仍然存在。此时，帮助优质中小企业稳定经营且实现高质量发展成为服务机构的新目标，从"保基本"到"求生存"，再到"求创新"成为服务优质中小企业面临的新挑战。

三是服务产品及质量提升对服务人才队伍提出新挑战。中小企业遍布各行各业，因此服务中小企业涉及信息、投融资、创业、人才与培训、技术创新和质量检测、市场拓展等多个方面，要求服务机构具备专业、全面的服务能力。但部分服务机构本身就属于中小企业，普遍存在人才队伍规模不足，结构不合理、水平有待提升等问题，在当前人才市场供需不匹配的前提下，对专业人才队伍需求持续增加的内在要求成为是否能开发并提供优质服务产品的重要因素之一，服务中小企业面临挑战。

第二节　蹄疾步稳，我国中小企业服务机构建设持续推进

从地区分布来看，服务机构主要集中在江苏省、山东省、浙江省。征集的服务机构分布在江苏省、山东省、浙江省等 30 个省（自治区、直辖市），其中江苏省、山东省、浙江省征集的服务机构数量较多，分

别为 67 家（占比 11.2%）、64 家（占比 10.7%）、60 家（占比 10%）。宁夏回族自治区、山西省征集的服务机构数量最少，均为 1 家（占比 0.2%）（见图 7-1）。

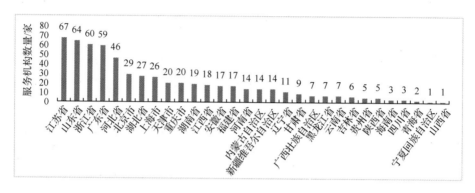

图 7-1　中小企业服务机构按地区分布情况

（数据来源：赛迪智库中小企业研究所整理，2024 年 6 月）

从服务机构性质来看，服务机构主要以企业为主。相关问卷调研显示，企业、民办非企业单位、事业单位、社会团体等各类服务机构占比分别为81.23%、8.83%、6.81%和3.13%。这表明我国为中小企业提供服务的机构中，以企业和社会中介机构为主，政府直接提供服务的极少（见图 7-2）。

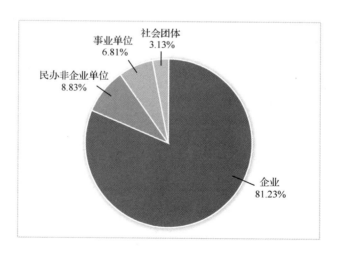

图 7-2　中小企业服务机构类型分布

（数据来源：赛迪智库中小企业研究所整理，2024 年 6 月）

从实缴资本看，超八成的服务机构实缴资本集中在 5000 万元及以下。服务机构平均实缴资本为 12108 万元，最大值为 134.2 亿元，最小值为 1 万元。其中，1000 万元及以下的机构最多，为 266 家（占比 64.1%），其次为 1000 万～5000 万元（含）的机构，为 92 家（占比 22.2%）。4 亿元以上的机构较少，仅有 7 家（占比 1.7%）（见图 7-3）。

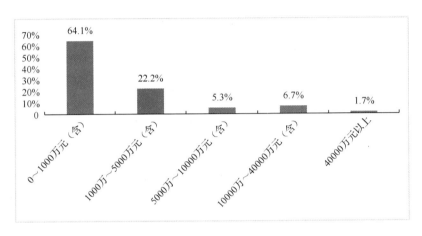

图 7-3　中小企业服务机构实缴资本分布情况

（数据来源：赛迪智库中小企业研究所整理，2024 年 6 月）

从服务产品类型看，调研征集的优质服务机构主要为中小企业提供创新支持、数字化转型、大中小企业融通等 3 类服务，机构数量分别为 250 家（占比 36.6%）、166 家（占比 24.3%）和 74 家（占比 10.8%）。提供公共平台服务的机构数量最少，仅有 8 家（占比 1.2%）（见表 7-1）。

表 7-1　征集的服务机构提供的服务类型分布

序号	服务产品类型		征集的优质服务机构数量/家	占比
1	创新支持服务	知识产权服务	103	15.1%
		科技成果转化服务	99	14.5%
		工业设计服务	27	3.9%
		检验检测服务	21	3.1%
2	数字化转型服务		166	24.3%
3	大中小企业融通服务		74	10.8%

续表

序号	服务产品类型	征集的优质服务机构数量/家	占比
4	质量管理服务	72	10.5%
5	绿色环保服务	44	6.4%
6	市场开拓服务	44	6.4%
7	人力资源服务	16	2.3%
8	金融财税服务	10	1.5%
9	公共平台服务	8	1.2%
	总计	684	100.0%

数据来源：赛迪智库中小企业研究所整理，2024 年 6 月。

从服务年限看，近六成的机构服务年限在 10 年及以下。服务机构平均服务年限为 11 年，最大值为 38 年，最小值为 1 年。其中，5～10年（含）的机构最多，为 212 家（占比 37.0%），其次为 5 年及以下的机构，为 124 家（占比 21.6%）。20 年以上的机构最少，有 57 家（占比9.9%）（见图 7-4）。

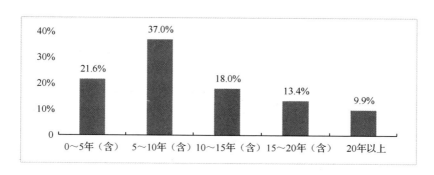

图 7-4 中小企业服务机构服务年限分布
（数据来源：赛迪智库中小企业研究所整理，2024 年 6 月）

从服务中小企业数量看，服务机构平均服务中小企业数量为 41622家，平均服务"专精特新"中小企业数量为 493 家，平均服务专精特新"小巨人"企业数量为 85 家；超六成的机构服务中小企业数量在 1000家及以下，超 3/4 的机构服务"专精特新"中小企业数量在 200 家及以下，超八成的机构服务专精特新"小巨人"企业数量在 50 家及以下（见

图 7-5、图 7-6、图 7-7）。

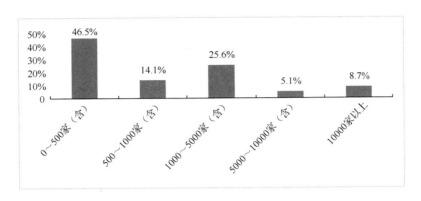

图 7-5 中小企业服务机构服务中小企业数量分布

（数据来源：赛迪智库中小企业研究所整理，2024 年 6 月）

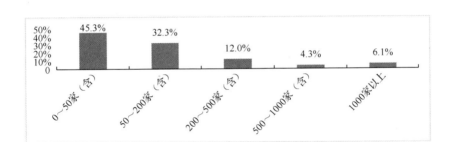

图 7-6 中小企业服务机构服务"专精特新"中小企业数量分布

（数据来源：赛迪智库中小企业研究所整理，2024 年 6 月）

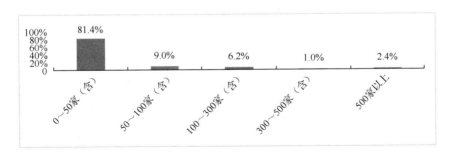

图 7-7 中小企业服务机构服务专精特新"小巨人"企业数量分布

（数据来源：赛迪智库中小企业研究所整理，2024 年 6 月）

第三节　兼收并蓄，借鉴国外中小企业服务机构发展之路

一、美国中小企业服务机构建设情况

美国的中小企业服务机构由官方、半官方和民间组织组成。一是官方非营利性服务机构。其以美国小企业管理局（SBA）为核心，通过影响半官方服务机构和引导民间服务机构来为中小企业提供服务；二是半官方机构非营利性服务机构。即由政府和民间力量合作成立的机构，以美国小企业发展中心（SBDC）和出口援助中心为代表，联合民间组织为中小企业提供各类咨询辅导服务；三是民间服务机构，民间服务机构既包括退休经理服务团（SCORE）、妇女企业中心（WBC）、退伍军人商业拓展中心（VBOC）等非营利性服务组织，又包括小企业投资公司（SBIC）、独立社区银行协会（ICBA）等营利性金融机构，以及美国风险投资协会（NVCA）、全美独立企业联盟（NFIB）等行业协会。

二、日本中小企业服务机构建设情况

日本的中小企业服务机构由中央机构、地方机构以及社会服务机构组成。一是在国家层面建立专门服务机构。既包括日本政策金融公库等政策性金融机构、日本贸易振兴机构（JETRO）等贸易投资机构，还包括"万事支援据点"等中小企业基盘准备机构，为中小企业提供融资担保、海外投资支援、生命周期各阶段精准服务等。二是在地方层面建立中小企业支援机构。截至目前，日本政府已在 47 个都、道、府、县都建立中小企业支援中心、事业承继中心。各市（町、村）也建有中小企业支援机构，为中小企业提供创业、培训、信息、经营革新等支援。三是在民间层面建立社会服务机构，日本政府 2014 年开始实施"认定中小企业经营革新支援机关"制度，由经济产业省通过接受申报，主持考试、审查认证，授权从事中小企业经营革新的支援机构。

三、德国中小企业服务机构建设情况

德国的中小企业服务机构逐步形成了以政府部门为龙头，半官方服

务机构为骨架，各类商会、协会为桥梁，社会服务中介为依托的为中小企业提供全方位、系统有效服务的组织架构。一是由德国联邦政府和各州政府设立专门指导中小企业的业务职能部门。这些部门的设立旨在制定促进中小企业发展的法律和政策。二是设置半官方服务机构，其同时具有一定的行政职能和服务功能，联合商会、协会和中介组织为中小企业提供各类服务，主要解决政府直接面对中小企业的矛盾。三是建立各种民间服务机构。德国有"协会国家"之称，有150多个不同的商会、协会，它们围绕中小企业的需求，开展各类服务活动。

四、国外中小企业服务机构发展对我国的启示

一是政府在中小企业服务过程中需要建立纵横服务组织网络。政府在中小企业服务过程中的服务作用主要体现在通过设立专门的管理机构、服务机构，构建从中央到地方的横向和纵向的中小企业服务组织网络，直接或间接为中小企业提供相应的服务。例如，日本政府在经济产业省下设立的中小企业厅，进行总体协调管理，建成了3个层面包含2.5万个中小企业政策执行机构的组织机构体系。

二是更好服务中小企业需要实现服务机构体系化、分工专业化。例如，日本对中小企业的服务，一是设置了专业化的服务机构，使中小企业及时获取并理解政府各个时期、各类中小企业扶持政策，避免出现企业"苦对大把好文件""政策在我手，就等你来求"等政策难以落实的问题。二是由国家政策执行机构直接实施融资、担保、海外扩张、企业人才高端培训等重大扶持政策，做到"一竿到底"。

三是非营利中介服务机构是连接政府和企业的桥梁。日本的商工会、商工会议所等按照地区设立的商会组织被中小企业称为"最了解中小企业"的团体，是中小企业的"家庭咨询医生"。相较而言，我国多数地方性行业协会因会员覆盖面小（日本商工会系统的会员企业占中小企业总数的59.3%），政策执行和支援功能相对有限。

四是需要改善营利性服务机构发展的外部环境。市场经济发达的国家，小公司创造最多的就业，而政府及非营利性服务机构向小企业提供基础性及政策性的服务。政府通过完善的法律制度、良好的监管、充分竞争机制等，能够保证营利性服务机构的发展环境，使其可以根据中小

企业的需求提供符合市场经济要求的灵活多样、全面高效的各类专业服务。

五是各类服务机构需要形成良好的合作互助关系。例如，德国中小企业服务是建立在各类服务机构的分工、合作或互补关系基础之上。而我国商会、协会在中小企业服务中发挥的作用有限，我国可以根据经济发展的区域特点或行业特征，积极培育社会中介服务机构与各类行业组织，鼓励和引导这些机构或组织发挥对中小企业的服务作用。

第四节　群策群力，我国中小企业服务政策性工具赋能作用日渐增强

一、开展"三赋"专项行动，提升中小企业创新能力

一是推动数字化赋能，加快中小企业数字化转型。2022 年 11 月，工业和信息化部办公厅印发了《中小企业数字化转型指南》，从开展数字化评估、推进管理数字化、开展业务数字化、融入数字化生态、优化数字化实践等方面，为中小企业数字化转型指明方向。2023 年 6 月，财政部、工业和信息化部发布《关于开展中小企业数字化转型城市试点工作的通知》，通过为中小企业数字化转型打造资源池、工具箱，汇聚数字化服务资源，为中小企业数字化转型提供标准、便利化解决方案，满足行业共性需求和中小企业个性化需求。

二是开展科技成果赋智专项行动，提升中小企业技术创新能力。2023 年 5 月，工业和信息化部等十部门联合印发《科技成果赋智中小企业专项行动（2023—2025 年）》，推动构建科技成果"常态化"汇聚、供需"精准化"对接、服务"体系化"布局的创新生态。

三是开展质量标准品牌赋值专项行动，助力中小企业提质增效。2023 年 5 月，工业和信息化部等九部门印发《质量标准品牌赋值中小企业专项行动（2023—2025 年）》，要求发挥质量标准品牌的牵引作用，引导中小企业完善管理，以卓越品质提高质量效益，以标准能力提升市场地位，以品牌信誉增强核心价值，加快向"专精特新"迈进。

二、提升融资服务效能，切实解决优质中小企业融资难题

一是深化产融对接，引导金融机构加强金融服务。2022 年 7 月，工业和信息化部办公厅、中国人民银行办公厅、中国银保监会办公厅联合印发了《关于加强产融对接 促进专精特新中小企业高质量发展的通知》，提出要引导金融机构加强对"专精特新"中小企业金融服务。中国人民银行设立科技创新再贷款支持工具，将"专精特新"中小企业等优质企业纳入重点支持范围。

二是加强产业链融资支持，促进优质中小企业发展。2023 年 7 月，工业和信息化部等五部门发布《关于开展"一链一策一批"中小微企业融资促进行动的通知》，提出建立"政府-企业-金融机构"对接协作机制，"一链一策"提供有针对性的多元化金融支持举措，优质高效服务一批链上中小微企业，持续提升中小微企业融资便利度和可得性，加大中小微企业"专精特新"发展金融支持力度。

三是提升资本市场服务优质中小企业能力。2022 年 11 月，中国证监会办公厅、工业和信息化部办公厅联合印发《关于高质量建设区域性股权市场"专精特新"专板的指导意见》，要求聚焦于服务中小企业"专精特新"发展，提升多层次资本市场服务"专精特新"中小企业的能力，规范区域性股权市场运营，完善综合金融服务和上市规范培育功能，提升优质中小企业规范发展质效。

三、强化机构服务意识，培育高质量服务人才

一是加强中小企业公共服务人才保障。2023 年 11 月，工业和信息化部印发《关于健全中小企业公共服务体系的指导意见》，从打造学习型组织、提升服务人员服务意识和水平、提高服务质量、创新服务人才培养模式等方面入手，推动中小企业公共服务机构提高服务人才能力，为中小企业发展提供优质的服务人员。

二是推进中小企业经营管理领军人才培训项目。2023 年 9 月，工业和信息化部出台《关于做好 2023—2024 年度中小企业经营管理领军

人才培训工作的通知》，要求深入实施企业经营管理人才素质提升工程，提高中小企业经营管理水平，推动中小企业高质量发展。

四、保障企业合法权益，发挥法律服务功能

一是健全法律顾问和公职律师、公司律师制度。2021 年 12 月，司法部印发《全国公共法律服务体系建设规划（2021—2025 年）》，要求积极推进民营企业公司律师试点，完善法律顾问、公司律师参与企业经营决策论证的工作机制，促进企业依法经营、依法管理。不断深化公证在服务金融、民营企业、知识产权保护等领域的实践，落实便企利民政策措施，拓展高频事项"跨省通办"业务范围。推进民营企业"法治体检"常态化，建立"万所联万会"法律服务机制。

二是充分发挥律师行业法律服务保障职能。2023 年 7 月，司法部、工业和信息化部印发《"服务实体经济 律企携手同行"专项行动方案》，提出各地要根据摸排掌握的法律服务需求情况，建立涵盖本地工业和信息化领域重点产业和主要法律领域的法律服务资源库。在工业和信息化领域具备条件的国有企业全面推行公司律师制度，提高法务工作队伍专业化水平。

五、建设服务数据与产品库，提升中小企业享受服务便利性

一是完善信息数据库建设。2022 年 12 月，中共中央、国务院印发《关于构建数据基础制度更好发挥数据要素作用的意见》，提出要推动建立企业数据确权授权机制，鼓励探索企业数据授权使用新模式，发挥国有企业带头作用，引导行业龙头企业、互联网平台企业发挥带动作用，促进与中小微企业双向公平授权，共同合理使用数据，赋能中小微企业数字化转型。

二是推动建立服务产品和案例库。2023 年 11 月，工业和信息化部发布《关于健全中小企业公共服务体系的指导意见》，明确要求建立服务产品和案例库，按照不同行业、服务内容、企业类型等维度，进行标准化服务产品和专业化服务案例分类管理与应用，引导带动市场化服务

机构有序为中小企业提供规范、优质服务。

三是强化信息公开。《关于健全中小企业公共服务体系的指导意见》要求在"一张网"服务平台上发布服务指南,实现服务项目、服务内容、服务流程、服务标准、服务监督、联系方式"六公开",便于中小企业享受服务。

第五节　应企所愿,深度剖析我国中小企业服务需求

一、聚焦中小企业的重点服务产品需求分析

调研显示,中小企业的服务产品需求包括市场开拓、人才引育、创新支持、数字化转型、绿色环保、权益保护、政策帮享等。

一是市场开拓服务。随着外需不足、内需不振趋势显现,市场开拓服务地位日益凸显。在国内市场上,大型企业和跨国公司不断挤压中小企业的生存空间和利润空间。同时企业对于电子商务、短视频、自媒体等营销手段运用不熟练,无法更好地拓宽业务,开拓市场。问卷调查结果显示,46.98%的中小企业面临国内订单减少的问题。在国际市场上,一方面,发达国家和新兴市场国家的产品不断涌入,与我国中小企业形成直接或间接的竞争。另一方面,我国部分中小企业出口产品遭遇美国加征关税或禁止进口等措施,导致订单减少或取消,市场份额缩水。问卷调查显示,18.59%的中小企业面临国外订单减少问题。故而,中小企业急需相关服务机构支持,帮助多数企业扩大国内市场需求,提高国际市场开拓能力。

二是人才引育服务。对于中小企业来说,更需要的是高层次人才,但受企业规模、经营地点等影响,高层次人才普遍选择在发达地区就业,且倾向于在大型企业就职,中小企业人才供给不足。问卷调研显示,42.72%的中小企业希望能够服务机构可以助力企业培训和引进人才。

三是创新支持服务。在知识产权服务上,部分中小企业,长期以来缺乏知识产权保护意识,在法律知识储备和权益保护应对上认知不够、能力不足,失去了创新的信心。问卷调研显示,20.1%的中小企业希望强化知识产权保护。在专利布局服务上,中小企业缺乏对专利的管理和

布局，在专利申请不当或布局不善时，技术成果常常流失或无法得到正当保护。在成果转化服务上，目前，科研项目和中小企业相关产业之间的匹配不够精准，中小企业与大企业相比，对接高校或科研院所成本高，因此中小企业急需能够提高成果转化的服务。问卷调研显示，33.75%的中小企业希望加强产学研合作。

四是数字化转型服务。数字化转型是大势所趋，更是未来发展方向。但部分中小企业，包括不少"专精特新"中小企业试错成本和转型风险较高，常面临"一转就死，不转等死"的难题，需要以下服务支持。首先，帮助中小企业充分认识数字技术应用前景，提供数字化转型风险预防机制，解决企业"不愿转"和"不会转"等问题。问卷调研显示，超过半数（占比 52.3%）的中小企业认为存在转型自身能力不足的问题，需要相关服务支持。其次，为中小企业提供技术支持、服务方案、产品对接等，解决中小企业数字化转型基础薄弱、信息化程度不足等问题。再次，提供各类要素对接平台，解决数字化转型融资约束、人才短板等限制。最后，面向特定行业、特定领域、制造企业应用场景，提供"小快轻准"的服务产品和功能性平台，针对中小企业需求提供转型解决方案。

五是绿色环保服务。目前，国家大力提倡绿色化发展，中小企业希望得到相关服务支持，完成从能源供给到消费、再到产品体系认证等一系列工作。调研显示，34.07%的中小企业希望进一步优化生态环保政策、双碳政策、产能管控政策等绿色发展相关政策，并希望得到相关服务支持。

六是权益保护服务。即使是优质中小企业，在面对与大企业竞争时仍然会面临不公平对待，因此需要服务机构开展相关培训提高企业自身竞争力。问卷调查显示，34.34%的"专精特新"中小企业希望优化营商环境，16.12%的中小企业希望营造公平竞争的环境。除此之外，中小企业希望获得应对账款拖延的服务，防止大企业拖欠账款。问卷调查显示，15.61%的中小企业面临客户拖欠款、不履约问题，希望获得相关服务以保障企业的合法权益。

七是政策帮享服务。企业家多为企业生存奔波，没有足够的时间和精力去研究政策、享受政策。更有部分中小企业反映即使了解政策，也存在政策稳定性不高、延续性不强、落地效果不佳等问题。问卷调研发现，37.85%的中小企业未享受政策的原因是"获得信息不及时"，25.42%的中小企业未享受政策的原因是"不知晓政策"。因此，中小企业希望及时了解政策法规、技术标准等方面的信息，以此来保障企业的合规运营，及时争取一些国家支持政策。

二、聚焦中小企业对服务机构的需求分析

一是聚焦中小企业创新能力提升与产业链协同提供技术创新服务。开展"专精特新"与知识产权政策宣讲、专业知识辅导、培育布局等一系列公益讲座，促进中小企业思维意识的升维。提供高新技术企业、"专精特新"中小企业自助评测与企业知识产权智能体检服务，并实时在线出具相关的辅导与解决方案，实现企业完全自主自助的服务新模式。针对"专精特新"中小企业技术领域及专利布局情况，结合中小企业自身研发现状给出高价值专利培育方案，为中小企业申请高价值专利提供支持。

二是聚焦中小企业数字化转型升级提供企业转型指导服务。依托生产管理系统（PMS）、客户关系管理（CRM）、内容管理系统（CMS）、企业资源计划（ERP）、办公自动化（OA）、平台即服务（PaaS）等丰富的成熟产品，通过模拟实际业务流程进行相关验证，深度定制企业个性化系统解决方案，有效助力中小企业数字化转型升级。指派专业技术骨干团队，依托完善的系统开发、测试、部署、上线、培训、运维等全周期管理流程，更高效确保个性化系统成功落地实施。为中小企业提供仅部署本地服务器或私有云服务器的系统，帮助中小企业实现对数据权限的自主掌控，进一步确保数据安全。

三是聚焦高层次人才培训与供给提供人才引育服务。围绕中小企业发展对人才团队的需求，组织高层次中小企业人才培训，包括"专精特新"企业培育、"小升规"企业培育、上市辅导及投融资、知识产权、企业合规、数字化促进、质量管理、市场开拓、企业管理、创业创新人才等培训方向。通过前期宣传、电话邀约等方式收集中小企业用工需求，采取线上、线下同时对接手段，联合各大高校、科研院所等，为企业提供包括应届高校毕业生、离校未就业毕业生、城镇失业人员和其他有求

职需求的各类人员在内的人才名录。

四是聚焦企业与市场对接提供市场拓展服务。通过深入研究市场需求和竞争对手情况，为中小企业制定切实可行的市场拓展策略。通过深入分析中小企业的运营模式和管理问题，为中小企业提供相关的解决方案和改善措施。搭建产品供需对接平台，服务中小企业参加境内外展会，跟踪参展企业市场对接情况。提供风险防范预警服务，重点分析中小企业在国际化经营中可能面临的共性问题并提供合规建议。围绕开拓国际市场，为中小企业提供信息、培训和资源支持，为有拓展海外市场意愿和需求的中小企业提供东道国文化、政策、法律等方面的培训及信息推送，提高中小企业海外经营能力，保障企业合法权益。

第六节　任重道远，当前中小企业服务所面临的难点与挑战

一、服务产品供给与需求不匹配且对接不畅

一是我国中小企业服务产品多以创业辅导、法律援助等传统服务等为主，服务内容呈现量大不精、服务同质化、特色服务较少、缺少服务精品等问题。二是中小企业对于市场开拓、人力资源服务需求较高，但当前中小企业服务机构供给主要集中在数字化转型服务（占比24.30%）、知识产权服务（占比 15.10%）、科技成果转化服务（占比14.50%）（见图 7-8），远不能满足中小企业的服务需求。三是服务机构和中小企业服务供需对接不通畅。大多数服务机构与中小企业都希望政府能够大力推进服务供需对接活动，确保服务资源得到合理分配。

二、面向中小企业的服务能力有待提升

一是服务中小企业数量较少，服务成效有待提升。调研显示，多数服务机构服务中小企业数量在 1000 家以下，服务"专精特新"中小企业、专精特新"小巨人"企业的数量在 50 家以下，远不能满足中小企业服务需求。二是服务机构规模较小，调研显示，多数服务机构实缴资本在 1000 万元以下，从业人员在 100 人以下，这些因素制约了服务机

构在运营管理业务开拓。三是服务年限普遍较短，服务经验不足。调研显示，近六成服务机构的服务年限在 10 年及以下，服务 20 年以上的企业数量占比不足 10%。四是服务方式缺乏多元化，多数服务机构对利用数字化手段和工具改进服务效率的动力不强，部分省份特别是基层和欠发达地区的服务机构的服务方式较单一，传统的输入性服务模式难以为中小企业提供针对性的服务。

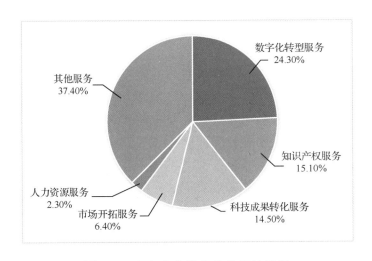

图 7-8　中小企业服务机构供给情况

（数据来源：赛迪智库中小企业研究所整理，2024 年 6 月）

三、多元化的中小企业服务主体未能有效协同

目前，为我国中小企业提供公共服务的主体相对单一，仍以各级政府部门设立的中小企业服务中心等公益性机构为主，社会化、市场化、专业化的中小企业服务主体发展滞后。华为、海尔、阿里等这些市场化程度较高的平台企业与传统的公共服务体系未能实现有效对接，使没有接入这些平台的中小企业并不了解相关服务，很大程度上限制了商业化服务的范围和影响力。

四、商业性服务产品费用偏高导致企业难以负担

在公益性服务供给不足的情况下，中小企业只能向市场化主体采购

商业性服务，而商业性服务费用普遍偏高，超出中小企业的承受能力，在推广过程中面临诸多障碍。相关问卷调研显示，超过一半的中小企业都对提升服务水平、降低服务收费、推动服务产品创新提出了诉求，数量占比分别达到 66.70%、55.95%和 53.06%。

第七节　鉴往知来，推动中小企业服务高质量发展

一、加强试点示范，培育优质服务机构

一是加强中小企业专业化服务机构培育力度，引导服务机构提供规范化、精细化、个性化服务，不断提高细分领域的专业化服务水平，丰富服务内容。二是鼓励服务机构深入中小企业一线，聚焦企业发展难点堵点，以共性和个性服务相结合的服务方式，切实解决中小企业急难愁盼问题。三是评选中小企业优质服务机构，依据服务绩效，择优给予服务机构奖励、示范认定或政策扶持，充分发挥优质服务机构的示范引领作用，带动各类服务机构提供优质服务产品。

二、丰富服务内容，加强公共服务供给

一是丰富专业服务内容。借鉴美国、德国、日本等国经验，对中小企业在传承传统技艺、参与国家重大项目等方面存在的困难提供专业化咨询和针对性培训服务。二是推动政府、社会组织、学术机构与中小企业加强联系，为中小企业提供员工培训、信用评估等服务。完善志愿服务机制，鼓励各类社会组织和行业专家为中小企业提供公益性服务。三是建立服务机构监督评价机制，以推动机构不断改进和提高服务水平，逐渐完善服务标准和评价指标。

三、优化供需对接，推动服务高效落地

一是加强服务产品的宣传。利用服务机构网站将服务产品、优惠活动及购买渠道等信息提供给中小企业，使中小企业知晓政策优惠、产品折扣等信息，推动企业广泛应用服务产品。二是建立清晰的产品分类体系。通过创建标签、优化搜索功能和分类页面，以帮助中小企业快速检

索到需要的服务。三是设立需求响应渠道。及时向服务机构反馈中小企业的实际需求并追踪问题解决进度，确保及时解决问题，提高企业服务满意度。

四、创新服务方式，提高服务企业能力

一是指导服务机构用数字技术赋能中小企业服务水平。针对当前企业发展中存在的痛点、难点、堵点问题，加快运用新一代信息技术打通信息壁垒，在中小企业信用机制建设、供应链金融、共享员工、双创资源共享、中小企业工业互联网平台建设等领域开展试点示范，培育一批超前引领的服务示范平台。二是以应用场景为牵引，加大对政务服务资源、市场服务资源整合力度，强化各类服务资源协同联动，在统筹利用既有数据库资源的基础上，构建中小企业服务基础信息数据库、中小企业数据库、优质服务机构库、服务产品和案例库，提升服务效能。

五、加强海外服务，帮扶企业拓展市场

一是鼓励和支持各地与有海外社会资源的服务机构共建海外服务网络，推动有资源和能力地区的服务机构拓展海外服务，结合本地产业特色，为中小企业在海外商务考察与市场拓展提供"一站式"服务。二是推动加强人才队伍建设。加强现有服务机构人员能力培养，提升存量人员的专业素质能力，同时加大专业化、高素质服务人才的引进力度，推动建立中小企业服务人才库，完善优秀人才共享机制和服务技能提升帮扶机制，将服务机构打造成为优秀服务人才的集聚地和培养服务人才的育苗田。

经　验　篇

第八章

地方推动中小企业发展的主要做法及成效

第一节　宁波市促进中小企业发展的主要举措及成效

　　制造业是宁波市的立市之本、强市之基。宁波市积极推进新型工业化和支持中小微企业高质量发展工作，不断完善工作体系，培育壮大优质中小企业梯队，促进全市中小企业高质量发展迈上新台阶。

一、扎实开展优质中小企业梯度培育

（一）常态化落实"小升规"企业培育

　　一是，加大"小升规"培育力度。截至 2022 年底，宁波市规上企业数量已达 10397 家，其中"小升规"企业数量为 888 家。2023 年初，宁波市分解下达年度工业"小升规"企业培育目标任务为 1200 家，并按期完成。

　　二是，强化部门协同。宁波市工信局、税务局统筹联动，建立工业小微企业数据抓取季报制度，及时抓取、梳理分析每季度工业小微企业的相关资料数据，督促指导各县区建立年度"小升规"培育库，实时跟踪监测。截至 2023 年底，遴选培育入库企业 2086 家，第一批新增规上企业 404 家。

（二）抓实抓细"专精特新"企业培育

　　一是开展创新型中小企业评价认定，夯实"专精特新"底座。宁波

市印发《关于组织开展 2023 年宁波市创新型中小企业评价工作的通知》，组织符合条件的中小企业在培育平台线上填报信息。经各区（县、市）经信部门审核、公示、公布、报送等，确定 2023 年第一批创新型中小企业 286 家。2023 年 8 月，宁波市印发《关于开展 2023 年度第二批宁波市创新型中小企业评价和第二批宁波市"专精特新"中小企业认定申报工作的通知》，遴选培育 2023 年第二批创新型中小企业 988 家，进一步壮大全市优质中小企业培育梯队。

二是开展"专精特新"中小企业认定，建强"专精特新"中坚力量。2023 年 2 月，宁波市发布《关于组织推荐 2023 年度宁波市"专精特新"中小企业申报认定工作的通知》，遴选培育了 2023 年第一批"专精特新"中小企业 676 家；同年 8 月，宁波市开展第二批"专精特新"中小企业认定申报工作，资质审核后，拟认定 2023 年第二批宁波市"专精特新"中小企业 469 家，全市省级"专精特新"中小企业达到 1859 家。

三是全力抓好专精特新"小巨人"企业培育，打造宁波"专精特新"中小企业标杆。2023 年年初，宁波市经济和信息化局联合相关行业协会及专业机构，提前梳理谋划，组织召开相关工作沟通会，制定并印发 2023 年"专精特新"重点培育企业和专精特新"小巨人"企业目标任务；举办 2023 年度专精特新"小巨人"重点培育企业系列专题申报辅导讲座，辅导了近 120 家企业的 200 余名代表；全面开展第五批专精特新"小巨人"申报工作巡回讲解活动，全面覆盖全市各区（县、市），培训"专精特新"苗子企业超过 500 家，培训有关人员近一千名。2023 年，宁波市共有 69 家企业新获评专精特新"小巨人"企业称号，累计获评企业数量达 352 家。

（三）全力夯实"隐形冠军"企业培育

宁波市积极组织浙江省隐形冠军企业申报工作，开展专场辅导培训，指导各区（县、市）经信部门结合"专精特新"重点培育企业数据排摸，广泛发动企业参与申报。在企业自愿申报的基础上，逐项审核企业的相关佐证资料。对指标不满足要求或缺少相关佐证资料的企业，采取一对一联系沟通、辅导补充的方式，确保尽可能多的企业符合申报指标要求。2023 年 11 月，宁波市共推荐 27 家企业申报 2023 年度浙江省隐形冠军企业。

二、多向发力优化中小企业发展环境

（一）学习宣传贯彻《浙江省促进中小微企业发展条例》

《浙江省促进中小微企业发展条例》（以下简称《条例》）已于 2023 年 1 月 16 日经浙江省第十四届人民代表大会第一次会议表决通过，并自 2023 年 3 月 1 日起正式施行。为统筹做好《条例》学习宣传贯彻工作，依法推动全市中小微企业平稳健康发展，根据浙江省人民政府办公厅相关要求，宁波市下发学习宣传贯彻《条例》的工作方案、责任分工，要求相关单位要高度重视《条例》重点条款的细化落实，要及时制定工作方案，落实责任人员；组织开展宣贯培训会，邀请《条例》主要起草者作专题解读，通过"两微一端"网站、广播、电视、报纸等多种媒体，以及《条例》文本解读、线上直播、有奖问答活动、云课堂等多种形式进行宣传；深入园区、企业，引导企业全面准确领会和把握法规内涵实质，宁波市共组织市、县两级大型宣贯活动 20 余场。

（二）创客大赛助推中小企业创新创业

推动构建"创客中国"中小企业创新创业大赛赛后培育服务体系。宁波市全面梳理历年参赛获奖项目，筹划编写《三年"创客中国"中小企业创新创业大赛获奖项目分析报告》，进一步加强对落地项目的融资、人才等方面培育服务，推动形成赛前征集、赛事选拔、赛后培育的赛事工作闭环机制。高起点谋划 2023 年度"创客中国"宁波市中小企业创新创业大赛，广泛发动高校、科研机构积极参与。2023 年 6 月，启动第八届"创客中国"宁波市中小企业创新创业大赛项目征集工作，共吸引 1277 个项目报名参赛。举办赛事选拔、项目推荐等活动 32 场，87 个项目进入复赛，遴选出 24 个项目进行决赛角逐，推荐 12 个优质项目参加全国总决赛。在全国总决赛期间，宁波市 12 个优质项目全部入围全国 500 强项目，其中 2 个项目入围全国 50 强项目，并通过决赛路演，分别取得全国总决赛企业组一等奖和创客组三等奖的优异成绩。

（三）展览展示推进中小企业技术交流

一是组织甬企亮相"中博会"。2023 年 6 月 27 日—6 月 30 日，宁波市组织北仑、鄞州两个区的相关 5 家专精特新"小巨人"企业和 2 个国家级中小企业特色产业集群，以及 1 个国家级中小企业公共服务平台，赴广州参加第十八届中国国际中小企业博览会。2023 年 6 月 27 日，工业和信息化部相关领导专程来到宁波市展区参观，听取宁波市中小企业特色产业集群建设和"专精特新"中小企业培育情况介绍，对宁波市开展的工作和取得的成绩表示肯定。二是组织参加"技展会"。根据《关于做好第十二届 APEC 中小企业技术交流暨展览会有关工作的预通知》要求，组织鄞州区和高新区的共 10 家"专精特新"中小企业一起参展，充分展现宁波市中小企业发展硬实力。

三、积极打造中小企业培育服务载体

（一）推进小微企业园建设提升

一是抓好小微企业园建设和改造提升工作。2023 年初，为高标准落实小微企业园规范建设要求，宁波市系统摸排在建小微企业园项目情况，梳理形成 57 个小微企业园项目清单（其中已竣工未认定 17 个、在建 33 个、拟建 7 个），落实月度、季度跟踪督促工作机制，综合协调小微企业园项目建设及投用过程中的电力支持、企业入驻把关等问题。

二是开展 2023 年度小微企业园绩效评价。宁波市加强对 171 个小微企业园 2023 年度运行数据的采集工作，明确入驻企业数、就业数等基础情况，组织有关专家深入园区进行评价、审核。2022 年，共评价小微企业园 135 个，其中 A 档园区 32 个，占比 20%（5 个五星级园区不占 A 档比例）；B 档园区 45 个，占比 33.33%；C 档园区 49 个，占比 36.30%；D 档园区 9 个，占比 6.67%。

三是推进园区上星上台阶。以星级评定考核为抓手，深入引导园区对标提升，组织专家对申报年度三星级的小微企业园进行入园考核指导，审核评定年度三星级小微企业园 13 个，复评通过的三星级小微企业园共有 7 个。推荐 5 家园区通过浙江省五星级小微企业园评定，其中新获评五星级小微企业园数量为 3 个，数量居全省第一。推荐 6 家园区通过浙江省四星级小微企业园评定。

四是引导园区特色化发展。着力打造"专精特新"中小企业梯度培育的特色化平台载体，充分发挥高星级小微企业园在推进创业创新上的服务功能，为"专精特新"中小企业梯度培育提供载体支撑。创建首批浙江省"专精特新"产业园 5 个（全省共 20 个）。

（二）推进中小企业特色集群建设

根据工业和信息化部促进中小企业特色化、集群化发展要求，宁波市督促已获评的两个国家中小企业特色产业集群稳步推进集群规划发展工作，系统评估集群 2023 年度工作落实及目标完成情况。调研宁波市特色产业细分领域中小企业发展现状，重点瞄准智能家电、轴承、光电膜、气动元件等领域开展中小企业特色产业集群培育申报，成功推荐慈溪市智能家电产业集群、宁海县注塑模具产业集群等 2 个集群新获评国家级中小企业特色产业集群。目前，宁波市已累计获评国家级中小企业特色产业集群 4 个。

（三）指导推进中小企业数字化转型

以中小企业数字化转型试点工作为契机，宁波市重点督促入选的两个数字化服务平台，根据申报的数字化转型试点工作要求，积极推进数字化转型服务工作；配合做好财政部、工业和信息化部联合开展的中小企业数字化转型城市试点工作。

第二节　唐山市促进中小企业发展的主要举措及成效

唐山市委、市政府围绕"12345"总体工作布局，把推动中小微企业发展作为全市创新发展、绿色发展、高质量发展的重要引擎，先后出台了《关于大力发展民营经济的实施意见》《关于营造更好发展环境支持民营企业改革发展的若干措施》等支持政策，特别是印发了《唐山市支持中小企业走"专精特新"之路实现高质量发展的若干措施》《唐山市专精特新"小巨人"企业三年倍增行动计划》等文件，营造了支持中小微企业发展的浓厚氛围，持续引导企业向"专精特新"方向发展，不断提升企业创新能力和专业化水平。中小微企业已成为唐山市创业就业的主要领域、财政收入的重要来源，在稳定增长、促进创新、增加就业、改善民生等方面发挥着重要作用。截至 2023 年底，全市中小微企业总数达到 19.8 万家，较 2022 年底增长 8.25%；2023 年新增省"专精特新"中小企业 196 家，累计 686 家，入库国家科技型中小企业 2739 家，均居河北省前列。

一、建立组织机构，推动中小企业健康发展

因唐山市民营企业中约 97% 以上为中小企业，故未单独设立"促进中小企业发展工作领导小组"，由"民营经济领导小组"直接负责促进中小企业发展的相关工作。该小组组长由唐山市委常委、常务副市长担任，市委常委、统战部长和分管副市长任副组长，共 19 个市有关部门组成，办公室设在市工业和信息化局，承担日常工作。领导小组每年印发全市工作要点，明确各级各部门工作目标任务，对全市民营经济发展、中小企业促进工作进行统筹部署并督促抓好落实，推动全市中小企业健康发展。

二、大力培育"专精特新"企业，着力提升中小企业竞争力和创造力

唐山市认真落实国家和省、市培育发展壮大"专精特新"中小企业工作部署，把精准培育"专精特新"中小企业作为加快转型发展、促进新旧动能转换、建设工业强市的重要抓手，建机制、强政策、优服务，推动专精特新中小企业培育工作走在全省前列。

一是完善入库培育工作机制。围绕"4+4+N"现代化产业链条，遴选一批具有较高专业化水平、较强创新能力和发展潜力的企业入库培育。2023 年，唐山市新增入库创新型中小企业 607 家，累计入库 1233 家，基本实现了重点行业的全覆盖。

二是健全梯度培育工作体系。按照"创新型中小企业培育、'专精特新'中小企业递增、示范企业引领、专精特新'小巨人'企业提升"的培育格局，坚持把"发掘、遴选、培育"工作一体化推进，分层分类

配置资本、技术、人才、空间等资源要素，靶向推动优质企业做精做大做强，推动"专精特新"中小企业加快向专精特新"小巨人"企业递进成长。2023 年，唐山市新增省级"专精特新"中小企业 196 家、国家级专精特新"小巨人"企业 5 家，累计分别为 686 家、62 家，均居河北省第二位。

三是坚持联动培育机制。坚持"企业+政府+服务机构+市场"联动发力，政府强化政策导向扶持，服务机构加强培训提升，企业遵循市场需求积极响应政策。2024 年，唐山市组织开展线上线下辅导培训活动 20 余场，特邀知名专家解读政策、答疑解惑，全市工信系统及 1500 多家企业共 2000 余人参加活动。

四是强化政策支持。唐山市先后出台了《唐山市支持中小企业走"专精特新"之路实现高质量发展的若干措施》《唐山市专精特新"小巨人"企业三年倍增行动计划》，从营造法治环境、加大梯度培育、强化融资支持、浓厚社会氛围等方面给予全力支持。2019—2022 年，唐山市支持"专精特新"奖励项目 407 个、奖励资金达 10860 万元，充分调动起了中小企业加快走"专精特新"之路的积极性、创造性。

五是搭建精准服务平台。依托 12 个省级"工业诊所"、70 个市级"企业诊所"帮助企业把脉问诊，撬动中国科学院科技资源，累计帮助企业解决创新难题 300 余个；组织优秀服务机构筛选省级以上权威专家，组成精准培育专家团，开展"专精特新"中小企业"面对面"服务活动。2024 年，唐山市共开展中小企业"百场万家"公益服务活动 11 场、职业经理人培训 10 场，走访重点企业 150 多家，推动中小企业实现创新能力和管理素质双提升。

三、完善中小企业服务体系，着力帮扶企业发展壮大

一是强化载体平台建设。按照"政府引导、市场主导、多元投入"的原则，加强空间载体和公共服务平台建设，引导各类市场主体对闲置工业厂房、楼宇等空间资源进行改造，着力打造了一批低成本、便利化、全要素、开放式的空间载体，为广大创业者和中小微企业提供创业创新空间。不断集聚创业创新资源，持续完善服务功能、创新服务模式，为中小微企业提供优质的服务，吸引更多人员参加创业创新。目前，唐山

市拥有市级以上科技企业孵化器（30 个）、众创空间（52 个）、小微企业创业创新基地（25 个）107 家，市级以上中小企业公共服务示范平台38 个。

二是强化各项政策扶持。唐山市委、市政府先后推出"凤凰英才"政策及其 3.0、4.0 版本，大力支持中小企业引进人才；制定《推进环渤海地区新型工业化基地建设 40 条支持政策》，每年结合实际情况进行修订和完善，2023 年修订为"新工业 30 条"，从精准支持新项目、强化项目基金支撑、强化中小新兴企业支持等 8 个方面支持企业高质量发展，已累计兑现奖励资金 6.7 亿余元。2024 年 5 月，唐山市制定出台了《唐山市机器人产业发展支持政策》《唐山市推进陶瓷产业振兴的若干措施》等政策文件，专项支持重点产业企业加快发展。

三是开展各类公益服务。以县域特色产业、"专精特新"中小企业和中小微企业需求为导向，重点围绕政策解读、数字化赋能、品牌建设、精益管理等主题，为企业把脉问诊、解决问题，提升中小微企业的创新和管理能力。2019 年以来，唐山市共组织开展中小企业"百场万家"公益服务活动 53 场，服务企业 7000 余家，人员 9000 余人。

四、积极拓宽企业融资渠道，着力破解融资难融资贵问题

一是落实信贷扶持政策。印发《关于加强新市民金融服务工作的实施意见》《新市民金融服务"暖蜂行动"工作方案》，引导金融机构加大对吸纳新市民就业较多的小微企业的金融支持力度。截至 2023 年 9 月底，全市银行机构国标口径小微企业贷款余额为 3710.83 亿元，同比增长 19.65%。加强涉企信用信息归集，推广"信易贷"等服务模式，引导 22.57 万家市场主体入驻平台，累计融资 563.21 亿元。

二是强化银企对接服务。组织召开多类型、多层次银企对接活动160 余场，惠及企业 8000 余家。持续深化开展金融领域"大帮扶、大包联、大服务"行动，包联对接市场主体超过 58 万家。同时，灵活运用新增贷款、展期续贷、调整还款计划等方式，累计协调解决企业融资问题 8.3 万个。

三是推动企业上市融资。出台《关于发挥资本市场功能助力经济高质量发展的十二条措施》，印发《唐山市企业上市行动方案》，开展专题

培训及路演观摩活动 8 场，培训企业家、金融干部 500 余人。截至目前，全市在境内外资本市场上市挂牌民营企业 121 家，占全市上市挂牌企业数量的 92.4%。

四是发挥政府性融资担保的作用。印发《关于优化完善政府性融资担保和风险补偿机制推动金融服务实体经济高质量发展的实施意见》，通过健全政府性融资担保机构体系、降低担保费率、完善风险分担机制等措施，累计撬动银行贷款投放 58.83 亿元。

五、持续优化营商环境，着力增强市场主体活力

一是持续抓好市场准入负面清单制度贯彻落实。严格落实《市场准入负面清单》，建立违背市场准入负面清单制度案例归集和上报制度，实行"按月核查、按季通报"工作机制。印发《关于建立市场准入壁垒排查清理长效工作机制的通知》，公布投诉电话、邮箱，明确投诉受理机制。

二是全面落实公平竞争政策。印发《关于开展 2023 年度公平竞争审查交叉抽查的通知》，在全市范围内组织开展公平竞争审查交叉抽查工作。印发《唐山市 2023 年妨碍统一市场和公平竞争的政策措施清理工作方案》，在全市范围内组织开展妨碍统一市场和公平竞争政策措施清理工作。扎实推进民生领域反垄断专项行动，截至目前，累计出动执法人员 1598 人，检查企业 757 家，行政约谈企业 62 家。

三是持续抓好行政审批制度改革完善。编制《唐山市行政许可事项清单》《唐山市行政备案事项目录》《唐山市市本级政务服务（除行政许可、行政备案外）事项清单》《唐山市市本级行政许可中介服务事项清单》《唐山市市本级纳入政府部门审批程序的技术性服务事项清单》，制定出台《唐山市行政审批局关于进一步规范审批流程的实施办法（试行）》和《唐山市行政审批局"一事一权"清单》，对 487 项审批事项实施了流程再造，包括 134 个审批事项做到"即来即办"，353 个审批事项实施"一窗综合受理"。通过内部流转和并联审批，进一步压减申请材料 157 份，压减审批时间 109 个工作日，相比法定时间累计压减率达到 84.2%。

四是持续抓好社会信用体系建设。编发唐山市信用信息资源目录和

行政许可、行政处罚"双公示"目录，累计归集共享各类信用信息 14.8亿条，实现 25 个领域全覆盖，归集量全省领先。健全企业失信行为纠正后的信用修复机制，实施"企业信用修复初审一日清"、修复结果与上级网站自动同步等措施，累计帮助企业完成信用修复 1.29 万件。建立政务失信风险预警和府院联动机制，实施常态化摸排、台账式管理，政务失信名单为零。健全中小微企业和个体工商户信用评级和评价体系，对全市 19.55 万家企业开展公共信用评价，支撑部门实施分级分类监管，对失信风险较高的企业加大抽查比例和频次，对诚信守法企业"无事不扰"。

五是持续抓好营商环境优化。研究制定《唐山市营商环境优化提升行动方案》《唐山市打造国际化营商环境的工作方案》等政策文件，制定 18 项评价指标专项提升行动方案，细化分解为 193 项具体措施，通过重点领域提质增效，畅通市场主体和群众办事渠道。全面落实《中华人民共和国政府采购法》等政府采购相关法律法规，在编制预算时，预留给中小企业份额占年度政府采购预算总额的 30%以上，其中预留给小微企业份额占比不低于 60%。

第三节　长春市促进中小企业发展的主要举措及成效

长春市以深入实施民营经济高质量发展行动计划为重点，围绕国家和吉林省促进中小企业发展的总体部署，加大服企助企力度，着力破解制约中小企业高质量发展的突出问题，取得了显著成效。截至 2023 年底，中小企业数量达到 39.4 万家，同比增长 12.9%。

一、高位统筹，全力抓好中小企业促进工作

2023 年 1 月 29 日，长春市委、市政府组织召开推进"专精特新"中小企业高质量发展大会，为 502 家企业发放 1.83 亿元"新年红包"。制定出台《长春市人民政府关于支持民营经济加快发展若干措施（试行）》。下发《2023 年长春市民营经济高质量发展行动计划》，明确促进中小企业发展的 7 大方面、26 项重点工作。紧紧围绕"两个毫不动摇""三个没有变"，聚焦中小企业发展、激发市场主体活力，实施新突破行

动计划，系统推进中小企业振兴发展各项工作任务落实落细，不断激发中小企业发展活力。

二、服务企业，营造良好发展环境

长春市认真贯彻省委、省政府部署，进一步树牢了"政府围着企业转，企业有事马上办"的服务企业理念，印发《2023 年长春市"服务企业月"活动方案》，采取"1+21+N"方式，开展以"优化营商环境，提升服务能力，助推企业发展"为主题的全市"服务企业月"系列活动，通过市、区、街道和社区四级联动，线上线下协同，集中开展服务企业活动超百场，服务企业近 5 万家。

三、政策宣传，释放惠企政策效能

长春市从系统梳理惠企政策着手，下大力气破解企业获取政策信息不畅通问题。全面梳理国家和省、市近年来出台的涉及民营经济、中小企业的各项政策措施，从近 800 多条政策中梳理出 146 条政策条款，印发《突出发展民营经济惠企政策摘编（2017—2022 年）》，旨在解决企业政策信息"难找、难查"等问题。广泛推送全市各地工信部门和民营企业，同时在长春市工业和信息化局和长春市民营经济（双创）综合服务平台设置醒目飘窗宣传，方便企业查阅使用。

四、创新驱动，培育"专精特新"中小企业

长春市着力实施梯度培育、资源聚焦、典型引领等有效举措，采取跟踪服务、定点服务、包保服务等精准服务模式，主动作为、持续培育认定了一批专注细分市场、聚焦主业、创新能力强、成长性好、具有长春产业特色的各级"专精特新"中小企业。目前，全市各级"专精特新"中小企业数量达到 1452 家，其中国家级专精特新"小巨人"企业数量达到 46 家（含已公示拟认定的 12 家），省级"专精特新"中小企业 2024年新认定 159 家，占全省总数的 55.6%；市级"专精特新"中小企业数量达到 988 家。

五、品牌打造，提升企业品牌效应

长春市助力企业开拓市场，组织一批成长性好、发展潜力大的中小企业参加中国国际中医药健康服务（深圳）博览会、中国国际中小企业博览会、海南农业博览会等国内国际重要展会，拓宽企业销售渠道、寻找合作伙伴、强化对外交流。长春市"专精特新"中小企业的产品畅销全国，在社会层面、行业层面、经济发展层面，有口皆碑、赞誉满满，已经成为引领全市经济和社会发展耀眼的"领头羊"和"主力军"。

六、金融保障，增强企业发展后劲

长春市与吉林省"专精特新"中小企业融资服务中心合作开展"精准发力、助企成长"系列融资对接活动 14 场，相关银行机构和股权投资机构分别推介了 96 款金融产品，参会企业数量达到 1597 家，现场签约授信金额超过 17 亿元。联合吉林银行长春分行共同推出"专精特新贷"，累计为全市"专精特新"中小企业发放信用贷款超 20 亿元。

七、平台支持，完善服务体系建设

长春市围绕融资服务、创业服务、人才培训、事务代理、管理咨询等十大领域建设省级以上中小企业服务平台 100 个，每年服务中小企业 4.5 万家。建立企业市场开拓平台，组织企业参加境内外优质展会 4 次，参与企业数量近 100 家，订单额超 5000 万元。建立企业家人才培养平台，实施"大讲堂、大学习、大提升"行动，统筹利用长春市中小企业人才创业指导中心（设有长春企业家学院）、属地单位及社会各类培训资源。2023 年，全市累计开展"大讲堂、大学习、大提升"行动 580 次，培训企业家及企业经营管理人才 10 万余人。

八、担当作为，加强非公党建工作

长春市按照市委组织部非公党建办要求，积极担当作为，重点做好包保企业派驻党支部工作，定期深入企业，帮助企业组织开展各项党建活动，积极发展入党积极分子，壮大党员队伍。帮助企业积极筹建基层党组织，协调解决企业遇到的问题和困难，以"党建"成果，促进企业高质量发展。

第四节　昆明市促进中小企业发展的主要举措及成效

昆明市聚焦产业发展需求，以深入推进创新驱动发展战略为目标，立足企业发展现状与需求，以支持企业创新创业和推动产业转型升级为宗旨，以加速全要素整合、促进全产业链创新为导向，以加快构建平台化、网络化、专业化、特色化、精准化公共服务体系为重点，强化服务平台、产业联盟、高校、科研院所、服务机构的协调联动，进一步畅通服务渠道、优化服务资源、提升服务质量、补齐服务短板、完善服务体系、激发创新活力，培育"8+N"产业链体系经济发展新动能。

一、加强服务体系建设，构建"1+15+N"服务网络

昆明市加快构建全覆盖、有特色、有保障、服务优、效率高的中小企业服务体系，推动中小企业高质量发展。截至目前，昆明市已设立 1 个市级中小企业服务中心、促成 15 个区建成中小企业服务中心；培育"中小企业公共服务示范平台"国家级 14 个、省级 43 个，"小型微型企业创业创新示范基地"国家级 11 个、省级 21 个；组织认定 77 个市级示范平台、48 个市级示范基地。昆明市已基本形成以市中小企业服务中心为枢纽，区中小企业服务中心为骨干，专业化窗口、示范基地、示范平台为补充的中小企业公共服务体系。[①]充分发挥政府在规划布局、政策引导、监督考核等方面的作用，积极号召中小企业公共服务体系示范项目参与奖补资金绩效项目的评价及申报工作，着力督促受补助企业用好奖补资金，提高服务质量，为全市服务体系建设作出贡献。积极引导各类社会主体广泛参与和提供企业公共服务，逐步建立和完善市场化运作的长效机制。

---

① 冉光雯：《全省"小巨人"企业半数在昆明》，《昆明日报》2021 年 8 月 16 日。

二、强化助企政策支撑，优化企业发展环境

（一）加强顶层设计，强化政策保障

昆明市围绕服务促进民营经济体系和能力现代化要求，先后出台《关于促进民营经济高质量发展的实施意见》《昆明市人民政府关于支持企业有效应对疫情稳定经济增长若干政策》《昆明市优质中小企业培育工作方案》《昆明市贯彻落实云南省促进民营经济高质量发展三年行动计划工作方案》等政策措施，保障民营经济发展的政策环境逐步优化，基础性制度体系逐步完善，进一步维护民营经济组织合法权益，激发民营经济活力和创造力。

（二）加强政策宣传，切实惠企助企

昆明市在"惠企政策申报系统"上发布降低企业制度交易性交易成本和人工成本、费金减免、财政支持、税收优惠等方面政策文件 304 个。在昆明市门户网站设置"政策找企业"工作专题，集中展示昆明市工业和信息化局制发的涉企政策文件。梳理有关政策，并将政策解读、办理流程、时限、材料要求即时向社会发布，充分宣传惠企政策。积极鼓励各县（区）中小企业服务中心、各级中小企业公共服务示范平台及示范基地依托微信公众号、网站等媒体渠道积极转载惠企政策。

（三）定期送策入企，做好政策宣贯

昆明市全面落实项目工作法、一线工作法、典型引路法，将项目进度"抓实"、具体问题"抓细"、建设进度"抓早"，推动传统产业"由旧转新"、新兴产业"由新变强"；进一步帮扶中小微企业发展，当好企业的"店小二""娘家人"；走出办公室、沉到一线去，加大政策扶持力度，认真倾听企业诉求，推动企业开足马力、增产增收，为昆明市打好经济工作翻身仗、当好全省产业发展排头兵奠定坚实的工业基础。[①]

---

① 廖兴阳、缪亚平、张怡等：《用发展体现责任担当 用解决问题体现落实成效》，《昆明日报》2022 年 3 月 23 日。

三、支持创新能力提升，赋能企业创新发展

（一）完善科创扶持体系，打造科技服务品牌

昆明市持续擦亮"政策直通车 服务零距离"科技服务团活动品牌，5个科技服务小分队坚持每月不少于1次深入基层，积极服务产业发展、助力优化营商环境、融入基层社会治理，以"清单制+责任制+时限制"的方式，持续打造高效便捷、更具活力的科技创新环境。聚焦"8+N"产业链，加强产业科技前沿研究，研究分析产业科技创新难点，形成具有较强针对性的工作建议，为产业转型升级提供决策参考。[①]2023年，昆明市依托科技服务小分队累计开展服务活动 133 场，共惠及各县（区）、园区、企业、科研院所1574家，促进科技政策落地和全市科技创新能力双提升。

（二）推进创新主体培育，促进企业梯次成长

一是不断完善创新型中小企业、"专精特新"中小企业、专精特新"小巨人"企业、制造业"单项冠军"企业的梯次培育体系，加强分类指导，实施动态管理，支持企业梯次发展。二是充分利用好昆明市的科创资源，面向社会公开征集专业服务机构，切实发挥成果转化机构、众创空间等机构的服务功能，培育高新技术企业。2023 年，昆明市新增国家级科技型中小企业 1163 家；新增省级科技型中小企业 558 家，总量达到 5101 家；高新技术企业后备培育库在库企业超 3500 家，高新技术企业净增 365 家，占云南省净增数的 78.66%。

（三）加快创新载体建设，促进创新资源集聚

结合云南省和昆明市重点产业发展需要，一是支持优质中小企业设立技术研究院、企业技术中心、工程中心、工业设计中心，并积极申报国家、省级创新平台；二是引导支持各类投资运营主体参与创办科技企

---

① 张怡：《昆明将实施科技创新赋能"七大工程"》，《昆明日报》2024 年 2 月 21 日。

业孵化器，为科技型企业的成长提供全流程、全要素、低成本、便利化服务。2023 年，昆明市新增云南省重点实验室 24 个，总量达到 116 个；新增市级企创中心 11 个，总量达到 25 个，国家、省、市创新平台梯度培育体系逐步形成。

（四）释放人才政策效能，加强创新人才培养

一是发布《昆明市加强人才引育助力承接产业转移九条措施》，提出企业自主认定高层次人才、"一事一议"支持急需紧缺人才、激励青年人才来昆留昆、"订单式"培养技能型人才等九条人才服务保障措施；二是积极推进"产教融合"，不断深化"院所校企"合作，每年举办企业、学校、政府技能型人才培养三方座谈会不少于 2 次，对技能型人才培养培训工作给予政策、平台、资金方面的支持；三是赋予高新区、经开区、度假区等 8 个开发区"外国人才来华工作居留许可 A、B 类"行政许可自主权，吸引更多优秀外籍人才来昆创新创业。目前，昆明市共引进各类人才 135.32 万人；拥有国家、省级科技创新团队 307 个，市级科技创新团队 143 个，省级"两类"人才 2046 人。深入实施"春城计划"，引进 4 个创新创业团队、7 位科技领军人才、1 位高端外国专家。①

（五）推进技术成果对接，促进成果转移转化

昆明市通过不断健全完善科技成果转化运用体制和机制，构建科技成果转移转化载体，科技成果转化服务体系初步形成。对接高校院所，整合技术、人才、管理、市场等要素，构建创新链与产业链深度融合的产学研协同创新平台。鼓励企业开放式创新，联合科研院所、高等院校或社会组织机构构建涉及高原特色农业、生物医药、资源高效利用等重点领域的市级企业科技创新中心，如帮助企业有效对接云南大学、昆明学院、云南省农业科学院等高校院所的高价值成果，共同推进科技成果转化。构建国家技术转移人才培养基地 1 个，建成国家技术转移示范机

---

① 张怡：《昆明将实施科技创新赋能"七大工程"》，《昆明日报》2024 年 2 月 21 日。

构 6 家、云南省技术转移示范机构 5 家，昆明市重点科技成果转移转化示范服务机构 26 家，国家、省、市技术转移机构体系初步形成。2023年，全市科技服务业营业总收入达 713 亿元，五年来年均复合增长率为 11.82%。全市技术合同登记数量为 11766 项，合同成交额为 114.76 亿元，首次突破百亿大关，在 2020 年合同成交额为 34 亿元的基础上实现翻两番，创历史新高，合同登记数量和成交总额在云南省排名第一。[①]

（六）形成协同创新合力，助推区域开放发展

按照工业和信息化部和云南省工业和信息化厅的工作要求，昆明市积极组织企业开展大企业"发榜"，中小企业"揭榜"工作。通过龙头企业发布产业技术创新和配套需求，中小企业"揭榜"攻关，形成大中小企业协同创新合力，攻克一批技术难题，形成一批融通创新成果，助力补短板锻长板强基础，提升产业链供应链韧性和安全水平。全面加快区域性国际科技创新中心建设，成功举办 2023 年金砖国家技术转移中心协作会议暨"三链"融合科技供需对接活动，发布国内外科技创新成果及需求 130 余项，涉及生物医药、高原特色农业、绿色能源等各个领域，签订"三链"融合相关成果转化协议 23 项，签约金额达 72.48 亿元。全市共建成包含 4 种类型的 32 个国际科技合作基地。

四、发挥金融活水作用，缓解企业融资难题

（一）深入推广"财园助企贷"企业融资新模式

在中小企业发展环境及有关金融、财政资金监管要求发生变化的情况下，为保证合规性并继续发挥"财园助企贷"的引导作用。2023年，昆明市对"财园助企贷"运作模式进行了优化，制定《昆明市财园助企贷工作实施方案》，通过助力园区企业融资新模式，帮助昆明市园区内产业企业申请流动资金贷款，2023 年累计帮助 16 家企业共贷款 9000 万元。

---

① 张怡：《昆明市科技成果转化服务体系初步形成》，《昆明日报》2023年 3 月 27 日。

（二）推广昆明市中小企业智慧融资服务平台

通过金融超市上架合作银行标准化信贷产品，部署创投贷、信用周转贷，以及新型供应链金融等定制化政策性金融产品，着力构建以"定制金融产品"为内核的融资信息服务平台，提升对接效率，提高中小企业获贷可行性。目前，该服务平台已累计入驻金融机构 9 家（含各分支机构 13 家），累计注册企业 4784 家，帮助企业贷款 3.41 亿元。

（三）推动"产融合作"共赢

2023 年，昆明市启动"厚基行动"产融项目路演活动，推动昆明市重点产业企业知识产权资本化步伐。项目路演活动中共有 6 家"专精特新"中小企业展示企业的经营发展、核心技术及市场竞争力优势等信息。在与金融机构及专家的现场互动中，企业能厘清发展思路，就规划融资方式进行融资对接，现场共有 10 余家企业与银行达成授信意向。

（四）全力做好云南省优质中小企业银行贷款贴息工作

昆明市组织市级及各县区职能部门、金融机构及政策性融资担保机构通过下发文件、线上渠道、进企业、进产业园区等多种方式，加大辖区内政策宣传力度，提高企业对惠企政策的知晓率。积极动员金融机构主动与企业对接，为所有符合条件的专精特新"小巨人"企业、"专精特新"中小企业、创新型中小企业申报贷款贴息资金。昆明市 352 家企业共计 995 笔（总额为 80.56 亿元）贷款获得贴息资金 3640.48 万元。

五、深化服务首位意识，强化中小企业服务

（一）聚焦企业需求，强化政企沟通

不断完善领导干部挂钩联系制度，组织落实《昆明市市级领导 市级部门挂钩联系重点企业和重点民营企业工作方案》，市级领导分为 27 个组，挂钩联系重点企业、重点民营企业 135 家。通过建立涉企政策宣传与指导、企业问题会商与协调、企业服务反馈和评价、企业建言献策转化等工作机制，畅通政府联系民营企业渠道，及时了解和掌握企业生

产、经营状况，帮助企业协调解决项目建设、生产经营中面临的困难和问题。

（二）依托企业服务机构，加大服务产品供给

昆明市围绕现有中小企业服务中心、示范平台和基地，优化绩效评价模式，以提升创新支持、专业技术服务、信息技术服务、投融资服务、生产性支持服务能力为导向。在开展好人才培训、管理咨询、投融资、创业创新、法律服务等八大类服务工作基础上，重点聚集企业"三能"（经营技能、增长潜能、生产效能），在企业"四服务"（经营管理服务、人才培养服务、上市融资服务、数字赋能服务）上下功夫。以帮助企业解决实际问题为重点，促进各类服务机构提质增效，切实提高企业所需、效果突出的服务产品的供给量。

（三）开展"一起益企"行动，提升公共服务质效

昆明市认真落实工业和信息化部、云南省工业和信息化厅关于开展"一起益企"中小企业服务行动的决策部署。继续开展好"一起益企"中小企业服务行动、"三进"市场主体活动及中小企业服务月等。

一是强化对重点行业、重点企业、主要产品市场运行等情况的监测分析，按月对全市 1423 家"专精特新"中小企业和创新型中小企业的营业收入、用能、用工情况等进行监测，及时协调解决相关问题，有序推进优质中小企业监测扩容。

二是实施"科技成果赋智、质量标准品牌赋值、数字化赋能"三大专项行动，按照工业和信息化部和云南省工业和信息化厅的工作要求，组织符合条件的数字化转型服务商进行申报，其中共有 17 家数字化转型服务商提供了 26 项转型产品和解决方案。2023 年，昆明市成功入选国家第一批中小企业数字化转型试点城市名单。

第五节　南京市促进中小企业发展的主要举措及成效

近年来，南京市深入贯彻习近平总书记关于支持中小企业发展的重要指示精神，持续落实习近平总书记致 2022 全国"专精特新"中小企

业发展大会的贺信精神,锚定中小企业高质量发展需求,树立问题导向、着力提强补弱,以中小企业的澎湃活力,激发经济发展的更强动力。

一、维护好合法权益,打造让中小企业"安心"的法治环境

坚持通过深化制度建设、强化法律适用、优化法律服务,让权力在阳光下运行,为中小企业打造公开透明可信赖的法治环境。

(一)司法实践方面

出台强化产权和企业家权益司法保护 10 条措施、涉企财产保全程序指引,推动企业纠纷审理全面提速,维权成本实质下降,在保护中小投资者、执行合同、办理破产 3 项指标上均获评国家发展和改革委员会全国优化营商环境"标杆"。探索涉案企业合规改革,成立了涉案企业合规改革试点工作领导小组,制定《南京市涉案企业合规第三方监督评估机制实施办法(试行)》。

(二)权益保护方面

成立"护航民企"工作领导小组,建立南京市保护民营企业合法权益联系协调工作机制,规范适用涉产权强制性措施,让企业家专心创业、放心投资、安心经营。充分发挥预重整功能,建立全国首个小微企业全覆盖、全类型破产保护模式。2023 年,南京市通过重整、和解挽救处于困境的中小企业 90 余家,挽救中小企业的相关裁判规则入选最高法院公报案例。成立全省首家企业破产公共服务中心,为处于困境的中小企业等市场主体提供全流程、全链条服务。2024 年,在国务院"高效办成一件事"工作推进会上,南京"企业破产信息核查一件事"的经验做法向全国推广,系全国范围内唯一由市级层面完成的试点工作,该经验做法纳入国务院办公厅《"高效办成一件事"13 个重点事项经验做法汇编(第一批)》。

(三)执法监管方面

组织执法部门编制完善企业行政合规指导清单并公开发布,帮助中

小企业准确判断违法违规行为风险点。在持续开展"双随机、一公开"监管基础上，在全国首创安全生产领域"综合研判、联合检查"工作机制，整合监管数据，开展大数据分析和风险研判，深入挖掘企业风险隐患，通过联合执法减少执法检查频次，有效减轻企业迎查负担。全市共开展"综研联检"企业 2451 家，减少企业迎检 8600 余次，出具指导意见 4870 条，相关案例入选应急管理部"良好实践"案例。

二、解决好实际问题，打造让企业"省心"的市场环境

持续转作风、提效能、树形象，在全国率先推出"不见面审批""拿地即开工"等改革创新举措，致力于为中小企业提供"流程最优、环节最少、用时最短"的全生命周期服务，充分激发市场主体活力。

（一）涉企服务"精简提效"

深化数字政府建设，持续优化"宁满意"政务服务品牌，打造高质量的"一网通办"，政务服务事项网上可办率达 96%；试点 14 个高频涉企事项"一业一证"改革，实现"一件事一次办"，总体办证时间缩短近 80%。[1]

（二）企业诉求"直通必答"

建立市领导直接联系企业机制，每月开展"服务企业·面对面"活动，通过现场办公、部门现场回应，推动解决近千家企业反映的难题。在 12345"亲清·一企来"热线设立部门驻场专区，为企业提供专家专员、受理办理、线上线下一体化集成式服务。2024 年，南京市共受理涉企诉求 4.14 万件，其中在线解答和政策专员答复 2.36 万件，派发工单 1.78 万件，工单办理综合满意率达 99.62%。

（三）惠企政策"一站集成"

建设"宁企通"惠企综合服务平台，汇聚减税降费、助企纾困等各

---

[1] 徐宁：《蓄活水养好鱼 优环境促发展》，《南京日报》2023 年 2 月 24 日。

类跨部门政策，推动政策智能匹配、精准推送、一站直达。截至目前，"宁企通"惠企综合服务平台汇聚惠企政策 5300 余条，奖补事项 1500 余项[①]，归集涉企数据 1600 余万条，向企业精准推送涉企资讯信息 4000 余万次，该平台被评为江苏省制造强省建设改革创新案例。

（四）企业供需"精确匹配"

充分发挥世界智能制造大会、中国（南京）国际软件产品和信息服务交易博览会等重大展会平台作用，打造南京产业链供应链"宁对接"平台。扎实开展"宁工品推"大中小企业融通对接活动，通过产品展示推介、品牌推广等方式开展近 70 场产业链对接活动。

三、激发好产业潜力，打造让企业"称心"的创新环境

充分发挥科教强市优势，通过实施梯度培育、促进校企融合等一系列改革举措，促进创新要素加速集聚，不断壮大"专精特新"中小企业群体。

（一）支持创新主体高质量发展

实施高新技术企业培育。截至 2023 年底，南京市拥有有效期内高新技术企业 10048 家，科技型中小企业 23569 家。

（二）推进中小企业数字化转型

出台制造业智能化改造和数字化转型三年行动计划，聚焦中小企业"不愿转、不敢转、不会转"问题，围绕智能装备及自动化产线、工业软件、网络建设、数据采集、工业互联网平台、工控安全、系统解决方案、实训基地 8 个方向，面向全市征集智能化改造和数字化转型服务商和实训基地，为广大中小企业免费开展智改数转诊断服务，已累计诊断企业数量超过 3000 家。此外，在建设信息基础设施、推进产业数字化、加快工业互联网创新发展等方面工作成效获国务院办公厅督查激励。

---

① 徐宁：《南京中小企业发展环境排名全国第三》，《南京日报》2023 年 2 月 22 日。

（三）建设"培育'专精特新'中小企业"示范城市

成功举办"2022全国'专精特新'中小企业发展大会"，习近平总书记致贺信。开展专精特新"千校万企"紫金行动，组织广大"专精特新"中小企业与在宁高校签订校企协同创新协议，畅通"产学研用"转化渠道。截至目前，全市已累计培育国家制造业单项冠军企业31家、国家级专精特新"小巨人"企业213家、省级"专精特新"中小企业1424家。

四、营造好发展生态，打造让企业"暖心"的政策环境

坚持需求导向、分类施策，打造系统性、引领性、精准性、便利性的政策和服务体系，推动更多惠企政策免申即享、直达快享、应享尽享。

（一）产业强市政策更加完善

聚焦产业集群发展、数字经济名城建设等，推动出台《南京市推进产业强市行动计划（2023—2025年)》《南京市推进数字经济高质量发展实施方案》《关于促进民营经济发展壮大的若干措施》等政策文件，持续完善政策体系、系统推进任务落实。开发、建设专项资金项目申报监管平台，实现申报工作全流程信息化监管，让项目申报网上办、线上办、一次办，进一步减材料、减程序、减审批，并积极推动惠企政策"免申即享"，1400余家企业"无操作、零成本、高效率"充分享受政策。

（二）营商环境优化政策迭代升级

坚持客户思维，连续发布6个营商环境政策文件，在江苏省率先施行《南京市优化营商环境办法》，连续2年获评全国"营商环境标杆城市"。2023年，南京市入选全国工商联万家民企评营商环境"最佳口碑省会及副省级城市"前十，"一件事一次办""质量小站"等惠及中小微企业的做法，被国务院作为典型经验进行推广。

（三）人才服务质量持续提升

发布"人才强市25条""重点产业人才7策"人才政策，实施人才支持计划提优、人才创新载体提能、产才融合发展提速、人才合作开发

提质、人才服务生态提升五大行动①，推出院士服务卡、紫金山英才卡、紫金山青柠卡。2024 年，南京市已发放紫金山英才卡 4000 多张。

五、优化好服务供给，打造让企业"顺心"的融资环境

围绕提升金融政策直达性，实现精准施策，加大金融服务实体经济的有效供给，持续畅通金融与产业的良性循环，有效促进中小企业融资增量、扩面和降价。

（一）打造三大金融服务平台

建设江苏省综合金融服务平台南京市"子平台"，为全市中小企业提供"一站式"综合金融服务，共接入各类经营主体 26.65 万家，累计获得授信 6.7 万笔，授信金额达到 2369.7 亿元。建设"宁信融"征信平台，推动涉企信用信息数据归集共享，"宁信融"征信平台已归集建档企业 68.61 万家，沉淀涉企数据信息超 5490 万条，帮助 12670 家小微企业获得融资达到 1078.24 亿元。建设南京"金服"平台，集成债权融资、股权融资等服务功能，实现入库企业超 23 万家，注册授权企业超 8 万家。

（二）推广三大政策性金融产品

以"宁科贷"深化科技金融服务，科技型中小企业平均贷款利率降至 4%左右。在全省首创"宁创融"货币政策工具，为科创企业引入 100 亿元低成本资金，实际投放平均利率低至 3.34%。以"民营企业转贷基金"降低中小企业"过桥"成本，累计实现转贷金额为 91.06 亿元，转贷笔数为 2113 笔，服务企业 1771 家。以"专精特新保"持续降低中小企业担保费率，进一步提升对小微企业、个体工商户、"三农"等市场主体的担保融资服务水平，实现平均担保费率不高于 1%。

---

① 张韩虹：《南京重磅推出"人才强市"新政》，《江苏经济报》2023 年 9 月 20 日。

（三）开展金融服务三大行动

实施企业上市精准服务专项行动，进一步深化与上海、深圳、北京证券交易所的战略合作。2023 年，南京市新增科创板上市企业 4 家，位居全国第五。开展在宁基金投资对接企业专项行动，扩大直接融资规模，私募股权投资活跃度位居全国第六。开展金融服务小微企业专项行动，推动全市金融机构建立小微企业敢贷愿贷能贷会贷长效机制。2023 年，全市高新技术企业贷款同比增长 20.9%，科技型中小企业贷款同比增长 28.8%。

第六节　武汉市促进中小企业发展的主要举措及成效

武汉市委、市政府把培育好发展好中小企业放在重要位置，提出要重视科技型中小企业发展，要开辟新赛道、制胜新领域、发展中小企业民营经济，要以久久为功的耐心、"十年磨一剑乃至数十年磨一剑"的韧性，营造中小企业发展的良好生态。目前，重视培育发展中小企业逐渐成为武汉市各区、各部门的共识，发展中小企业的自觉行为正在形成，中小企业逐渐成为武汉市转型升级的重要主体、建设科创中心的重要载体、支持经济增长的重要引擎。

一、机制：系统规划明确企业发展新路径

（一）部门协同，多方联动聚合力

在武汉市委、市政府直接推动下，2022 年 5 月，武汉市中小企业发展促进中心由武汉市经济和信息化局下属的事业单位"升级提能"为副局级事业单位。2024 年 2 月，武汉市中小企业发展局正式挂牌成立，进一步强化了全市中小企业发展的组织保障。武汉市中小企业发展局承担了全市促进中小企业发展工作领导小组办公室、市突破性发展民营经济工作领导小组办公室两个协调机制的职责，强化了覆盖全市 15 个区（含开发区）、40 个市直部门的工作机制，市区一体、部门协同、齐抓共管的中小企业服务格局初具雏形。

（二）厘清思路，制定发展路线图

2022 年以来，市相关部门围绕武汉市中小企业面临的难点、痛点、堵点问题开展广泛深入调研，赴大湾区、长三角学习中小企业工作先进经验做法，对标对表先进城市，广泛深入企业调研，出台了《关于进一步优化发展环境激发市场活力推动中小企业突破性发展的若干政策措施》《加快培育中小企业促进民营经济发展壮大的实施方案》（以下简称"七万工程"）。市相关部门统筹推动"七万工程"，相关牵头部门制定了万名创客创新创业工程、万亿中小企业融资工程等 17 个工作方案、18项政策指南，为惠企助企提供有力制度保障。

（三）靠前布局，抢占发展新赛道

近年来，为推动中小企业专业化、特色化、集群化发展，武汉市强化产业规划，引领带动中小企业发展。聚焦光电子信息、新能源与智能网联汽车、生命健康、高端装备、北斗五大优势产业关键领域，培育专精特新"小巨人"企业；聚焦人工智能、氢能、低空经济、生物制造等新兴产业，培育掌握核心技术领跑全国的创新型中小企业；聚焦未来制造、未来信息等 6 个未来产业方向，引导中小企业参与新赛道布局。武汉市"专精特新"中小企业中属于工业互联网、低空经济、元宇宙等重点新赛道领域的企业共有 492 家，其中国家级专精特新"小巨人"企业72 家，省级"专精特新"中小企业 277 家。

二、培育：梯次培育构建企业成长新格局

（一）开展创新型企业"育苗行动"

2023 年，武汉市相关部门成功举办"创客中国""英雄杯""华创杯"等创新创业大赛，其中"创客中国"大赛有 3 个项目进入全国 50强，分别获全国二等奖、三等奖。积极推动"有梦想、到武汉、一起创！"系列活动，面向市场主体发布"四张清单"，聚焦高层次人才，组织创客培育"育苗行动"；聚焦重点区域，开展京津冀、长三角、大湾区创客培育"3 大区域融通行动"；聚焦重点产业，实施数字经济赋智、绿色发展储能、先进制造筑基 3 大行动。

（二）开展升规进限"攻坚行动"

紧盯工业、服务业等领域，跟踪摸排建立培育库。实施工业企业"小升规""新进规""促稳规"等三项行动，完善"三库一表"（小进规企业培育库、新建新投产项目监测库、退规企业预警库、企业应税收入统计表）推动机制，市区联动、部门协同提升规上工业企业数量。2023年，全市净增规上工业企业250家，规上工业企业总数达3495家，创下2011年以来最好成绩；全市净增四上企业2544家，四上企业总数达17097家，同比增长18%。

（三）开展专精特新"壮大行动"

武汉市在全国率先出台《武汉市促进中小企业"专精特新"高质量发展行动计划》，市相关部门围绕"知识产权赋能""金融支持""法律服务"等方向，形成"1+N"专精特新政策支持体系。积极推进国家级专精特新"小巨人"企业培育工作，以"一企一表一策"瞄准创新能力强、成长性好的"专精特新"中小企业，集聚政策服务资源，推动中小企业成长壮大。2023年，形成国家级专精特新"小巨人"企业309家，省级"专精特新"中小企业1491家，创新型中小企业4662家的梯次培育格局。

（四）推动优势产业"聚链成群"

武汉市共建立了洪山区光通信设备及光电子器件制造、临空港开发区网络安全产业、江夏区汽车零部件产业3个国家级中小企业特色产业集群。建成光谷数字经济产业园、南太子湖创新谷、江夏阳光创谷等一批特色产业集聚园区。目前，在武汉市"专精特新"中小企业中，光电子信息、汽车及零部件、生物医药、装备制造、新材料、节能环保等主导产业和新兴产业占比达97.6%，形成产业集聚态势。

（五）开展优质企业"上市行动"

武汉市经济和信息化局联合中共武汉市委金融委员会办公室积极推动优质中小企业入选上市后备企业库。截至2023年底，武汉市共有

508 家企业入选"金银种子"企业，其中"专精特新"中小企业有 387 家，占全市入选"金银种子"企业总数的 76.2%。2023 年，武汉市上市企业共 103 家，其中服务并辅导武汉开特汽车配件有限公司、武汉友芝友生物制药股份有限公司等 4 家"专精特新"中小企业成功上市。2023 年，武汉市"专精特新"中小企业在 A 股上市 26 家，占全市 A 股上市企业总数的 32.9%。

三、创新：科技支持激发转型升级新动能

（一）培育高质量科技创新主体

实施初创企业"育苗行动"、中小企业"拔节行动"、高新技术企业"成林行动"、科技骨干企业"领军行动"。2023 年，在孵初创科技企业突破 15000 家，科技型中小企业评价入库突破 12000 家，高新技术企业突破 14500 家，遴选 39 家科技领军企业，支持领军企业牵头组建创新联合体，协同高校、科研机构和产业链上下游企业协同创新、共同发展。

（二）推进高效能科技成果转化

发布实施《武汉市科技成果转化中试平台建设规划（2022—2025 年）》，备案中试平台 156 个，面向中小民营企业开放共享赋智。深化科技成果转化对接。2023 年，武汉市新增科技成果转化联络员 100 名，总数达到 320 名，并成功举办武汉市首届技术经纪人大赛；全市技术合同成交额达到 2127.46 亿元，同比增长 73.57%；选派 377 名"科技副总"，为中小企业解决技术难题。深入实施"学子聚汉"工程，全年新增就业创业大学生 30.6 万人。

（三）营造高标准创新创业生态

推动《武汉市创新街区（园区、楼宇）建设规划（2022—2025 年）》走深走实，全市创新街区（园区、楼宇）总面积达到 590.32 万平方米。出台《武汉市科技企业孵化器和众创空间管理办法》，新增省级以上众创孵化载体 27 家，共有市级以上众创孵化载体 484 家。认定市技术创新中心、成果转化中心各 10 家，培育 20 家示范创新楼宇（园区）。

（四）实施数字化赋能中小企业行动

成功入围中小企业数字化转型试点城市，争取到国家 1.5 亿元的财政资金支持。选定光通信及激光设备制造、电气及其他高端装备制造、汽车零部件、生物医药 4 个优势产业作为试点行业。启动"1+4"平台体系建设（1 个公共服务平台和 4 个试点行业工业互联网平台），建设中小企业数字化转型服务商资源池，为 4000 余家企业提供数字化转型免费诊断。

（五）助力企业提升知识产权保护水平

布局高价值专利培育中心建设，推动产业知识产权运营中心发展。落实《专利转化运用专项行动方案（2023—2025 年）》要求，扎实推进高校、科研机构存量专利盘活行动。构建专利导航服务机构库，持续推进预审服务提质增效，实现武汉地区"光芯屏端网"创新主体有效覆盖，平均审查周期压缩 70%。

四、融资：金融活水润泽实体经济植沃土

（一）高标准建设"新汉融通"平台

整合"信易贷"平台与地方征信平台，实现"三台合一"，高标准建设全市综合金融服务平台（以下简称"汉融通"平台）。推出"首贷服务专区"，为每家首贷服务站搭建"首贷地图"，生成二维码，实现银行与企业线上、线下无缝对接。截至 2023 年底，"汉融通"平台已与 25 家银行实现了专线直连，累计上线 134 项金融产品，注册用户近 18 万户，服务融资余额达到三千多亿元，对促进中小企业融资发挥了积极作用。

（二）稳步扩大中小企业信贷规模

扎实开展民营企业金融服务质量提升年、小微首贷拓展行动，发挥政府性融资担保机构增信作用，引导金融机构加大对民营及中小微企业等支持力度。举办"2023 科技金融早春行"活动，强化对制造业、科

技企业、绿色企业的信贷支持，发布首批 404 家知识产权质押融资"白名单"企业，推动知识产权质押贷款规模增长；成功发行华中地区首单"专精特新"知识产权证券化产品。2023 年，新增中小企业贷款余额2197.23 亿元，同比增长 26.38%；融资担保业务总额 146.3 亿元，同比增长 19%；普惠小微企业贷款余额 3730.27 亿元，同比增幅 23.82%。

（三）依托创投基金坚持投早、投小

出台《武汉市加快发展股权投资工作方案》等文件，并配套形成"一方案、一清单、一政策、一细则"的支持体系，吸引股权投资机构在汉聚集发展，打造股权私募集聚区。全力推进中小、科创类基金设立，完成 5 支天使基金设立，20 亿规模的"清控银杏光谷创新基金"、100 亿规模的"武汉创新发展基金"设立也均已落地。发展政府引导基金，深化与企业风险投资（CVC）基金合作，延伸产业链供应链。

（四）用好资本市场拓宽直接融资渠道

出台《武汉市加快推进企业上市工作实施方案》，强化对科创企业从培育到上市各环节、全方位支持。持续强化上市后备梯队培育，开辟解决企业上市问题"绿色通道"，帮助企业协调解决上市相关问题。会同武汉市各区及沪深北港交易所、行业主管部门、中介服务机构等举办各类上市培训、投融资对接活动。2023 年，武汉市完成全年新增 10 家上市及过审企业目标，推动武汉市股权托管交易中心在全国首批设立"专精特新板"。

五、融通：市场法治协同构建发展新环境

（一）组织开展供需对接活动

围绕数字经济应用场景、智能化改造、优质中小企业组织市场供需对接活动 109 场，服务中小企业近四千家，帮助中小企业融入政府部门、龙头企业、重点项目的产业链、供应链、创新链。开展大企业"发榜"中小企业"揭榜"工作，推荐 49 家中小企业"揭榜"64 项需求项目。

（二）推动应用场景开放共享

加大高端装备、智慧物流、商贸消费、安全应急、智慧医疗、智慧教育等重点领域应用场景开放力度。引导龙头企业、重点企业发挥带动作用，向产业链上下游中小企业开放市场和应用场景，营造开放创新生态。实施智能化改造领军服务商培育行动，开展"周五之约"示范推广会 26 场。征集武汉市工业新产品 383 项，推动 62 项工业新产品入选《湖北省创新产品应用示范推荐目录（2023 年版）》。在光电子信息、人工智能、数字经济等领域开展"三新"对接活动 5 场。

（三）支持拓展国际国内市场

聚焦汽车、消费电子、医疗器械等五大优势产业领域，实施"千企百展出海拓市场"行动。2023 年，武汉市共组织 1000 余家企业参加境内外 150 余场重点展会；精心组织企业参加中国国际进口博览会、中国进出口商品交易会，新签订单实现同比翻番；落实参展补贴、支持中小企业开拓国际市场等政策。支持中小企业开拓国内市场，2023 年，全市共举办各类展会节事活动 1010 场。

（四）构建包容审慎法治环境

修订完善《武汉市企业和企业经营者权益保护条例》，继续推行涉企行政处罚不予处罚事项清单、减轻处罚事项清单、从轻处罚事项清单。开展法治体检进千企专项行动，重点服务科技型中小企业。武汉市市场监督管理局联合武汉市司法局印发《关于深化公证服务知识产权保护的实施意见》，联合武汉市中级人民法院印发《关于知识产权纠纷行政调解协议司法确认的工作指引》，构建全方位知识产权保护体系。

六、服务：线上线下发力打造服务新模式

（一）推动线上助企平台升级

启动"汉企通"数字化升级，打造企业服务总入口，与"一站直通""汉融通"等互联互通。建有全市中小企业发展政策库，收录国家、省、

市、区四级政策；开设"中小企业服务工作站专区"，上线"汉企驿站"小程序，截至 2023 年底，通过"汉企驿站"形成服务记录 1229 条，线上线下共解决了企业 910 余个问题，"汉企通"平台注册用户数量累计达到 14.04 万户。

（二）构建线下助企服务体系

拟定《全市党政机关及领导干部分级分类帮包服务民营企业工作实施方案》，推动各区因地制宜落实"万名干部助企服务"，实施干部分级分类帮包服务制度。着力构建贯穿市、区、街、站的四级中小企业服务体系，拟定了《武汉市中小企业服务工作站建设指引》和《企业服务专员队伍组建指引》。共授牌 510 个服务工作站、设立 1152 名服务专员，做到全市 15 个区（含开发区）全覆盖。江汉区数字"店小二"、武昌区"零号员工"等服务模式得到企业好评。

（三）整合服务资源强化供给

联合有关部门组织"一起益企"中小企业服务行动，2022 年至今，武汉市开展中小企业服务月活动 64 场。开展"万企育才"公益培训，组织企业家、服务专员代表赴浙江大学培训班，学习企业服务先进经验。累计发放服务补贴券超 2 亿元，惠及企业超 6 万家。依托创业天使导师团 180 名导师，开展创业天使导师半月谈活动，对中小企业服务提供智力支持。统筹社会化、市场化服务机构和平台，持续共建服务窗口，提供包含数字化转型、创业辅导、投融资、信息化服务在内的全方位、专业化服务。

第九章

发达国家和地区促进中小企业发展的主要经验做法及启示

第一节　主要经验做法

一、优化管理体制机制

因国情、经济发展特点等差异，各国中小企业管理机制存在不同，但多数发达国家设立了高级别的中小企业管理机构，用于协调处理中小企业相关事务。

一是设立正部级的中小企业政府主管部门。美国于 1953 年成立了美国小企业管理局（SBA），这是美国政府小企业政策的主要制定和执行部门，作为联邦政府专门面向小企业提供资金支持、技术援助、政府采购、紧急救助、市场开拓等全方位帮扶的政府机构，其在联邦政府各部门中享有很高的地位，局长由总统亲自任命。韩国中小企业政府主管部门是中小风险企业部，2017 年韩国将原产业通商资源部内设的中小企业厅晋升到正部级，并将创业风险投资、商贸流通发展等职能统一整合至中小风险企业部。

二是设立司局级的中小企业政府主管部门。日本中小企业政府主管部门是中小企业厅，为经济产业省内设的司局级部门，该机构于 1948 年依据《中小企业厅设置法》成立，并作为日本负责中小企业事务的最高行政管理机构。加拿大的中小企业政府主管部门为小企业与市场服务司,是创新、科学和经济发展部内设的司局级部门,部门负责人职位是助理副部长。

三是其他非专门设置机构。英国促进中小企业发展职能部门由英国联邦政府商业、能源和工业战略部的执行委员会担任,法国则由企业总局负责等。

二、培育优质中小企业

一是优化培育工作机制。日本政府从 2024 年 6 月起实施的《令和 6 年税制修正案》,进一步完善了"中小企业并购重组及投资损失准备金制度",大幅提高了准备金的计提比例,延长了已计提的准备金的转回期限,鼓励中小企业进行并购重组,进一步提高中小企业资源整合能力。英国政府于 2024 年成立小企业委员会,汇集全国的中小企业界领袖,为小企业提供专门的发声渠道;同时进一步升级"助力成长"计划和网站,为中小型企业提供一站式服务平台,帮助中小企业找到实现增长和扩大规模所需的信息。

二是推动大企业带动小企业发展。美国政府于 2022 年 5 月推出"增材制造发展计划"(AM Forward),协调波音、诺格等大型军工装备制造企业专门为使用增材制造技术的中小企业预留一定比例的零部件采购订单,旨在强化中小企业,尤其是国防供应链中的中小企业对于增材制造技术的应用。

三是加大专项财税金融支持。美国政府针对中小企业发展提供丰富的资金支持。金融支持方面,2024 年 5 月,美国政府宣布扩大由美国小企业管理局推出的"504 贷款计划"(504 Loan Program)。该项目向小企业提供长期固定利率贷款,贷款金额最高可达 550 万美元,资金主要由经美国小企业管理局批准的贷款机构提供,主要用于某些能源和制造业项目。专项补贴方面,2023 年,美国先后拿出 7200 万美元,用于支持中小企业开展智能制造建设,鼓励中小企业利用高性能计算资源开展研发设计创新。

四是加强国际交流合作。2024 年 9 月,德国中小企业隐形冠军学会与中国投资促进局签署投资促进合作谅解备忘录,建立常态化信息交流机制,参与双方活动,服务企业对接合作,帮助德国中小企业进入中国市场，拓展国际业务。2024 年 11 月，法国中小企业代表团与辽宁省侨商代表进行座谈交流，就先进制造、医疗设备、农产品、葡萄酒和香槟酿造、时尚设计、现代服务业、物流、教育、职业培训和文化旅游等方面展开广泛交流，寻求合作商机。

三、提升企业创新能力

一是设立专项创新计划和创新基金。专项创新计划方面，美国"小企业创新研究计划"（以下简称 SBIR 计划）和"小企业技术转让计划"（以下简称 STTR 计划）长期以来持续通过为小企业预留创新项目预算、提供奖励资金等方式，引导小企业积极参与具有商业化潜力的国家创新项目。2022 年，美国小企业管理局加强与美国国防部在工业基础项目的合作，通过 SBIR 计划、制造技术（ManTech）计划、工业基础分析和支持（IBAS）计划等具体项目计划，推动中小企业积极参与工业基础项目的关键技术创新和成果转化。创新基金方面，2024 年，欧盟知识产权局和欧盟委员会推出新版"中小企业创意助力基金"，通过为中小企业提供知识产权代金券，用以支付起草和提交专利申请的法律费用的方式减轻中小企业在知识产权保护方面的经济负担，鼓励更多中小企业积极申请和保护知识产权，帮助中小企业提升竞争力和创新能力。

二是加强人工智能应用。2024 年 2 月，新加坡推出首个面向中小企业的生成式人工智能（GenAI）沙盒，聚焦营销和销售、用户参与度提升两大类需求，提供 13 项人工智能解决方案，预计包括零售、餐饮、教育等行业的约 300 家中小企业将从中受益。2024 年 6 月，美国两党参议员提出一项旨在加速小企业使用人工智能的新法案，即《小企业人工智能培训和工具包法案》，并赋予美国商务部和美国小企业管理局提供相关技术培训的新职责。2024 年 7 月，韩国发布了"超级领先 AI 初创企业升级战略"，选定了轻量化语言模型等 5 个高增长领域。2024 年 8 月，欧盟委员会推进设立"人工智能工厂"项目，主要面向初创企业和中小企业提供计算、数据和人才，以开发和测试人工智能模型。

三是多部门协同促进中小企业创新。例如，美国通过各部门之间的协同联动，密集实施 SBIR 计划和 STTR 计划，对各领域中小企业创新给予支持。仅 2023 年 12 月—2024 年 1 月，美国小企业管理局启动美国种子基金周，通过 SBIR 计划和 STTR 计划为中小企业提供超过 40 亿美元的资金支持；美国商务部通过 SBIR 计划为中小企业提供近 300 万美元的资助，用于支持半导体、药物开发和柔性电子制造等领域的 15 家小企业研发和商业化发展；美国能源部宣布通过 SBIR 计划和 STTR 计划为中小企业提供 2400 万美元的资助，用于促进能源领域中小企业科技成果转化。四是加强对中小企业创新全生命周期的支持。2023 年 12 月，欧盟通过欧洲创新理事会（EIC）2024 年工作计划，宣布其全年将为中小企业提供价值超过 12 亿欧元的资金支持，其中大部分用于帮助初创企业和中小企业在关键领域的基础研究、成果转化和市场开拓。其中，EIC 安排 2.56 亿欧元设立"先锋计划"，申报成功的单个项目最高可获得 400 万欧元补贴，主要用于支持研究团队开展有望实现技术突破的前瞻性基础科学研究。

四、加快企业数字化转型

一是部署高质量的数字基础设施和平台。发达国家政府鼓励中小企业访问关键的网络基础设施和平台，通过建立和共享数字基础设施，助力网络、信息传播和协作。例如，希腊推出 AI 智能卓越中心（2019—2024 年），旨在将研究人员、科学家和人工智能专家与来自工业领域的商业部门专家联系起来，利用新兴技术加速创新。欧盟在发布的《2030 数字罗盘：欧盟数字十年战略》中强调高速、可靠和强大的数字基础设施的重要性，指出到 2030 年，实现可持续的下一代固定、移动和卫星等千兆连接，并通过部署高性能计算能力和综合的数据基础设施，加速促进安全、高性能且可持续的数字基础设施建设与全民利用。

二是降低中小企业数字技术应用门槛。发达国家积极为中小企业数字化转型提供有针对性的财政支持和技术援助，以进行技术问题诊断，或实施新的电子商务解决方案，以降低中小企业数字技术应用门槛。财政支持方面，为中小企业数字化转型发放补贴、代金券，或对企业技术投资进行税收抵免或特别折旧等。例如，德国政府于 2020 年启动"数字·现在"（Digital Jetzt）计划，持续为中小企业在购买软件、员工培训课程等方面提供数字化转型相关费用补贴，到 2024 年，该项目资助总额超过 2.5 亿欧元。技术援助方面，为中小企业提供业务发展咨询、信息技术服务等非财政支持，以补充和增强中小企业技术变革所需技能等。2023 年底，日本政府成立"通过服务机构支持中小企业数字化转型研究小组"，为中小企业在数字化转型过程中面临的人力资源、信息和资金短缺等问题提供帮助，并研究形成具体的数字化转型支持方法。

三是支持中小企业培训和技能提升。2024 年 5 月，新加坡政府推出"数字企业蓝图"，计划为中小企业员工在科技领域培训提供更多资助，该培训计划将帮助约 2 万名中小企业员工获得数字技能培训，从而增强企业竞争力。同时，为帮助中小企业抵御网络威胁，"数字企业蓝图"将重点整合中小企业的网络安全资源，构建多层次的网络安全防护体系，包括网络安全方案和测试工具、咨询服务、行业网络安全准则等。

五、加大金融支持力度

一是扩展直接融资渠道。首先，充分发挥资本市场作用。美国鼓励中小企业到资本市场直接融资，拓展中小企业直接融资渠道。美国除了证券交易主市场外，还开辟了面向中小型科技企业的"第二板块"——纳斯达克（NASDAQ）市场和柜台交易市场。在 NASDAQ 市场上市的大多是一些新兴和成长型的中小企业，其上市标准低于主板市场；柜台交易市场的上市条件更为宽松，为中小企业提供了大量的直接融资机会。这一方面缓解了商业银行的信贷风险，另一方面满足了中小企业融资的多元化需求。其次，支持风险投资公司发展。美国根据《小企业投资法案》设立小企业投资公司（SBIC），并由美国小企业管理局负责其实施与管理。2024 年 9 月，SBIC 发布关键技术计划，旨在进一步增加私人资本对生物技术、量子科学、先进材料等 14 个涉及美国经济和国家安全的关键技术的投资。日本于 1963 年设立了东京、大阪和名古屋 3 个中小企业投资育成株式会社，为高风险、成长型中小企业提供股权融资、贷款和咨询服务。目前，3 个中小企业投资育成株式会社的股东由金融机构和商会等地方公共团体组成，截至 2019 年 3 月，3 个中小企业投资育成株式会社先后投资中小企业 5447 家，投资总额达 850 多亿日元，培育上市公司 213 家。

二是提高间接融资支持。首先，发挥政策性金融机构的核心作用。德国复兴信贷银行（KFW）是德国政府 1948 年依据《德国复兴信贷银行法》成立的政策金融机构，其下设的中小企业银行是专门负责为初创中小企业提供资金支持和金融服务的机构。2019年，KFW投入中小企业（含个体户）领域的资金约为360亿欧元，接近其全年总投入（773亿欧元）的一半。2020年，为帮助受新冠疫情影响的中小企业，KFW总贷款额度进一步增加至1353亿欧元。其次，完善融资担保体系。美国小企业管理局的"7（a）贷款担保计划"是美国最主要的小企业贷款计划，主要为难以通过正常途径获得商业贷款的创业企业和小企业提供贷款担保支持，以消除银行对企业资金风险的担忧。2024年8月，美国小企业管理局宣布开始接受7（a）营运资本试点项目申请。

三是完善征信体系建设。首先，搭建系统的征信指标体系。韩国于2023年12月发布《中小企业振兴复兴扶持计划》，要求完善诚信经营评价体系，对创业人员进行诚信经营评估，并对合格的创业人员给予奖励。其次，完善信用担保体系。日本则采用了两级信用担保体系，即先由地方信用担保协会对企业承保后，再由政府的"中小企业信用保险公库"对担保协会进行再担保，这极大地增强了中小企业从银行获得资金的能力。再次，定制个性化征信产品。德国最大的企业征信机构——德国通用信用保险保护协会（SCHUFA），专门为中小企业提供包括信息提示、信用报告、B2B评分、潜力分析、SCHUFA HR信息等多种专属征信产品。

六、完善公共服务体系

一是建立专业化的中小企业服务机构。美国小企业管理局设立了由1.3万名经验丰富的退休人员组成的经理服务公司和950个小企业发展中心，通过自愿、签订合同等方式为中小企业服务，提供创业准备、公司成立、行政管理、商业理财等方面咨询。英国成立了"成为企业"（Be the Business）中小企业服务机构，该机构以英国滞后行业和落后地区的具有低业绩表现的中小企业为服务对象，为其提供诊断评估服务，以提高这类中小企业的竞争力。该服务机构从领导力与管理、销售与增长、战略发展、数字化能力、人员水平5个维度对中小企业开展免费评估。中小企业可结合评估结果，在该机构的线上平台进行针对性学习和咨询，补齐发展短板。

二是为特定群体经营的中小企业提供服务支持。美国小企业管理局推出弱势人群小企业管理与技术援助培训项目，旨在改善弱势人群有关小企业的经营状况，帮助他们提升企业管理效率。一方面，该项目从资金管理、财务审计、员工档案保存及市场营销几个方面为小企业提供培训和辅导；另一方面，该项目帮助小企业拓宽经营范围，帮助其发掘新的商机。日本通过政府引导基金、创业担保等方式给予资金支持，对女性、35 岁以下年轻人和 55 岁以上老年人的创业活动提供优惠利率贷款。

三是在特殊时期保障中小企业生产经营。俄乌冲突以来，俄罗斯出台一系列措施加强战时紧急救济，减轻中小企业压力。例如，因国防动员而不能及时履行合同的中小企业将无须缴纳违约金；已被征召入伍或签订兵役合同的个体中小企业主有权推迟支付房地产、土地等联邦资产租金等。

七、推动企业市场开拓

一是支持开拓国内市场。首先，提高中小企业获得政府采购项目机会。美国是较早将政府采购向中小企业倾斜的国家之一，主要通过完善法律法规体系、明确政策导向，优化组织框架体系、强化专业化管理、加强采购指导服务、完善监督投诉机制等方式。美国联邦政府采购中小企业产品和服务的金额稳步上升，有力推动了美国中小企业健康发展[1]。其次，营造公平竞争的发展环境。韩国政府于 2024 年 6 月批准通过了《促进大企业和中小企业互利合作法》的修正案，该法旨在通过放宽经营类别、减少市场壁垒等，实现中小企业的共同发展。

二是支持开拓国际市场。首先，为企业开拓国际市场提供财税支持。美国国家贸易扩展计划（State Trade Expansion Program，STEP）向州和地方政府提供财政支持，以协助增加中小企业出口的数量和价值。STEP把联邦政府的资金授予各州和各地方政府，资助出口相关开支，包括用

---

① 张洁：《美国通过政府采购支持中小企业的做法及启示》，《中国招标》2021 年第 8 期。

于贸易代表团和国外销售差旅、国际市场营销、商业咨询和出口贸易展览等①。其次，加强海外贸易平台建设。为促进中小企业融入全球产业链供应链，日本使用在线商业配对系统"J-Good Tech"，对有相同需求的中小企业开展智能化数据匹配，极大地节省了双方寻找合作伙伴的时间。

八、推动企业绿色发展

一是加强中小企业绿色发展政策引导。为方便中小企业获得绿色发展支持信息，美国于 2024 年 5 月发布了《气候资金指南》。该指南梳理了 24 个由美国拜登政府制定和扩展的涉及促进初创企业、中小微企业低碳转型的融资和资助计划，为中小企业提供了清晰的绿色发展资金支持信息，降低了中小企业获取资金支持的信息成本和时间成本，让中小企业有更多的资源和精力投入到绿色项目的实施中。英国政府从 2019 年开始持续发布绿色金融战略，并在 2024 年成为世界上第一个将生物多样性净收益作为法律要求的国家，这一系列战略举措为中小企业绿色发展提供了有利的金融环境，使其能够获得更多直接或间接的资金支持。

二是强化中小企业绿色信贷。新加坡于 2021 年启动"绿色和可持续挂钩贷款津贴计划"，这是全球首个此类津贴，助力中小企业以更低成本获得绿色融资。英国国民西敏寺银行（NatWest、Group）、巴克莱银行（Barclays Bank）、汇丰银行（HSBC）等多家银行推出绿色贷款，通过减免绿色贷款手续费、提供绿色资产融资、再融资贴现利率及现金补贴等方式支持包括建筑、能源、交通、农业等领域中小企业绿色发展。

三是帮助中小企业应对欧盟的碳边境调整机制。韩国政府实施"2024 年中小企业应对碳边境调整机制基础建设项目"，为生产钢铁等"碳密集"产品的中小企业提供 2000 万韩元以内的咨询及碳排放量验证的费用支持。

---

① 美国小企业管理局官网：资助计划—国家贸易扩展计划（STEP）。

第二节　启示及经验总结

一、优化促进工作体制机制，推动跨部门协同形成合力

一是设立专门的工作机构。借鉴美国主要联邦政府部门都设立了小企业办公室的经验做法，建议除工业和信息化部外，国家发展和改革委员会、财政部等领导小组成员单位内，均应设立中小企业办公室（或加挂牌子），从制度上明确各部门共同推进中小企业工作的职责。

二是加强部门工作合力。参照美国 SBA 每年评估各部门中小企业工作年度绩效的做法，按照《中华人民共和国中小企业促进法》中"国务院负责中小企业促进工作综合管理的部门组织实施促进中小企业发展政策，对中小企业促进工作进行宏观指导、综合协调和监督检查"的相关要求，工业和信息化部作为综合管理部门负责定期考核评估领导小组各成员单位促进中小企业工作，并将情况报国务院，强化指标约束，促进部门间形成工作合力。

三是完善工作协调机制。完善各级促进中小企业发展协调机制，推动各地各级政府（尤其是基层政府）加强队伍建设，提高中小企业促进工作的组织力量。

二、强化优质企业梯度培育，壮大优质中小企业群体

一是健全优质中小企业梯度培育体系。不断完善企业认定标准，严格规范相关认定程序。借鉴德国、日本等国经验，在对专精特新"小巨人"企业认定标准里可增加定性考核方式，如企业未来战略、海外市场拓展策略等维度。对专精特新"小巨人"企业等优质中小企业加强持续跟踪研究，定期组织第三方机构，对其已出台政策覆盖面、匹配度、落地性等进行评估，根据评估结果动态调整支持政策，优化支持方式。

二是推出优质中小企业财税特别政策。对经过认定的优质中小企业出台财税奖补与税收减免政策，建立相应专项资金，加大对优质中小企业资金支持，推动企业创新。

三是加大技术援助和研发支持。针对有发展潜力的优质中小企业提

供技术援助，培养并派遣技术专家指导和帮助中小企业提高技术水平，加大对优质中小企业的技术支持。

四是提升优质中小企业国际竞争力。打造优质中小企业全球品牌，对标国际标准，对优质中小企业推广品牌提供帮助和支持，尤其加快推进优质中小企业开拓海外市场，通过建立各类专项计划，对优质中小企业出海提供有关财税、融资、人才、服务等方面支持。

三、持续提升企业创新能力，集聚内生发展动力

一是实施中小企业创新研发专项计划。借鉴美国、德国等国经验（如美国对外研发预算超过 1 亿美元的联邦政府部门，每年必须将一定比例预算投入到 SBIR 计划中），研究并实施适合我国的中小企业创新研发专项计划，由相关部门联合推进。各部门将创新的工作需求面向中小企业进行招标，每年将固定比例经费用于支持中小企业发展，形成多部门合力推动中小企业创新发展的整体性科研项目模式。

二是加大财税支持力度。进一步出台支持中小企业创新的税收优惠政策，如鼓励研发的税收优惠、新设备投资税收优惠、特定领域（如绿色节能）税收优惠等。

三是创新中小企业产学研深度融合机制。支持按行业组建专门的产学研合作机构，推动龙头企业、高校院所向中小企业开放创新资源，广泛吸纳中小企业参与组建创新联合体，开展高端和前瞻技术研发，提升中小企业创新能力。

四是加快培育中小企业特色产业集群。依托集群运营管理机构、龙头企业、商会、协会及中小企业公共服务平台等，完善专业化配套服务体系，促进产业资源在中小企业间快速流动、高效转换，厚植中小企业成长沃土。

五是加强中小企业知识产权保护。建立综合性知识产权维权援助服务平台，提升知识产权审查效率，便利中小企业知识产权维权援助，降低知识产权维护成本。

四、强化数字赋能，加快中小企业数字化转型

一是加强数字基础设施建设及普及。一方面，要提升网络覆盖与质

量。加大对偏远地区和中小企业聚集区的网络基站建设投入，推进 5G 网络的广泛覆盖，确保中小企业能享受到高速、稳定的网络连接，满足其数据传输、远程办公、线上营销等业务需求。优化网络服务质量，降低网络延迟和丢包率，通过技术升级和网络管理优化，保障中小企业在开展数字化业务时的网络流畅性。另一方面，推动云计算服务发展。鼓励云服务提供商针对中小企业推出低成本、易操作的云计算解决方案。中小企业可按需租用计算资源、存储资源等，不必自行搭建昂贵的数据中心，降低中小企业数字化转型的硬件成本和技术门槛。建立区域性的云计算服务中心，为当地中小企业提供本地化的云服务支持，提高数据存储和处理的安全性与便捷性。

二是降低数字化应用门槛。鼓励软件开发商研发适合中小企业使用的轻量化数字工具，推广一站式数字服务平台，整合多种数字功能，如企业注册、财务管理、营销推广、客户关系管理等，简化中小企业数字化流程。建立中小企业数字化转型技术咨询服务团队，为中小企业提供免费或低成本的技术咨询服务，解答企业在数字化转型过程中遇到的技术难题。开展线上线下相结合的技术培训活动，针对中小企业普遍缺乏的数字技能提供系统的培训课程，提升企业员工的数字素养和应用能力。推动设立数字化转型专项资金，发放"数字化转型代金券"，对中小企业采用信息技术解决方案等进行资金补贴。

三是完善中小企业数据监管和服务体系。借鉴欧洲、美国等地区和国家经验，完善数字技术产业应用标准，健全数据安全监管体系，稳步实施网络数据资源"清单式"管理，提高监管能力和技术水平。加快推进数字政府建设，推进数据跨部门、跨层级、跨地区汇聚融合和深度利用，推进数据资源整合和开放共享，全面推进政府运行方式、业务流程和服务模式数字化，持续优化中小企业数字化转型发展环境。

五、完善融资担保服务体系，缓解企业资金压力

一是加大直接融资支持。借鉴美国经验，进一步完善多层次资本市场体系，完善相关制度体系并鼓励创新试点，大力支持成长性好的优质中小企业在北交所、创业板，以及区域股权交易市场等挂牌。大力推动债券市场创新发展，丰富中小企业债券相关增信产品，扩大债券发行规

模，提高债券市场投资多元性。

二是增加间接融资支持。建立专门面向中小企业的政策性金融机构（如 KFW），作为服务中小企业政策性金融体系的核心。同时，明确国内现有三大政策性银行的职责，将促进中小企业发展纳入业务重点，增加对中小企业融资服务比重，创新融资模式和产品。加强政策性金融机构和商业性金融机构的协作，兼顾公平和效率。

三是完善中小企业融资担保体系。建立多层次的中小企业信用担保制度，发挥担保机构的综合效能。组建具有中国特色的、公共机构性质的，以及能覆盖所有中小企业的担保机构，完善国家、省、市、县四级政策性再担保体系，构建损失补偿机制，推进银担分险机制，改变担保机构承担绝大部分风险的现状。

四是完善数据采集机制，创新数据采集方式，构建覆盖面广的信用信息服务系统。丰富中小企业征信产品种类，创新中小企业征信服务，不断扩大中小企业征信报告的适用范围。统一信用评价模型，规范信用评价标准，完善企业信用标准体系建设。

六、建立高效公共服务体系，提高公共服务质量

一是加强中小企业专业化服务机构培育力度。引导服务机构提供规范化、精细化、个性化服务，不断提高细分领域的专业化服务水平，丰富服务内容。鼓励服务机构深入企业一线，聚焦企业发展难点堵点，以共性和个性服务相结合的服务方式，切实解决中小企业急难愁盼问题。

二是丰富专业服务内容。借鉴美国、英国等国经验，对中小企业在融入先进制造产业链供应链、传承传统技艺、参与国家重大项目等方面存在的困难提供专业化咨询和针对性培训服务。

三是建立服务机构监督评价机制。推动其不断改进和提高服务水平，完善服务标准和评价指标。依据服务绩效，择优给予服务机构奖励、示范认定或政策扶持，促进优质服务机构加快发展，引导更多机构为中小企业服务。

四是完善社会化服务体系。推动政府、社会组织、学术机构与中小企业加强联系，为中小企业提供员工培训、信用评估等服务。完善志愿服务机制，鼓励各类社会组织和行业专家为中小企业提供公益性服务。

七、加大企业市场开拓支持，提升企业国际竞争力

一是强化政府采购支持中小企业政策机制。落实预留采购、优先采购、价格评审优惠，降低中小企业参与政府采购难度，提高中小企业在政府采购中的份额，扩大面向中小企业的采购产品和服务品类，推动中小企业积极参与政府采购项目。

二是为中小企业开拓国际市场提供财税扶持。通过税收优惠、财政补贴等（如 STEP），为中小企业在开拓海外市场中涉及融资、人才培训、新产品开发、品牌培育、知识产权等问题给予援助。

三是大力拓宽中小企业"出海"对外交流平台。办好各类国际交流博览会，促进更多优质资源向中小企业集聚。

四是营造公平竞争的市场环境。强化公平竞争审查刚性约束，保障中小企业在市场准入和退出、获得资源要素、享受优惠政策、接受行政监管等方面获得平等待遇，严厉打击各类不正当竞争行为，加强中小企业合法权益保护。

八、倡导绿色理念，推动中小企业绿色化改造

一是强化绿色发展理念。加强示范引导，研究评选绿色星级企业和节能标杆产品，对生产流程绿色环保、产品品质高的中小企业给予表彰和鼓励，梳理总结中小企业绿色发展经验，及时宣传先进典型，示范带动更多中小企业学习绿色发展模式。加强政策宣贯，帮助中小企业及时掌握绿色发展优惠政策，提高中小企业绿色发展意愿，鼓励中小企业主动公开环保信息，推动中小企业履行好环保责任和义务。

二是完善财税支持政策。从支持环境保护、促进节能减排、鼓励资源综合利用、推动低碳产业发展等方面，进一步加大税费优惠支持，引导和推动更多中小企业参与绿色化改造。进一步优化环保激励、节能技改等方面专项资金的使用方式，提高资金激励绩效。优化中小企业环境信用评价制度，加大低息绿色信贷支持，给予中小企业优先授信、提高额度、降低担保等支持。

三是促进绿色技术应用。大力推动清洁生产。以绿色技术应用带动

绿色发展，引导和鼓励中小企业使用清洁能源，优化生产工艺，提高资源的综合利用效率。

四是提高绿色服务水平。建立绿色发展咨询服务机制，组织专家服务团队为中小企业提供环境治理设施建设、清洁生产管理、环境风险研判等方面的咨询服务。大力培养绿色专业人才，推动中小企业和高校加强人才交流和互动，拓宽中小企业人才培养渠道。

五是加强国际规则参与制定。积极与国际相关机构、组织建立良好的信息交流关系，及时获取国际绿色标准制定的最新动态和进展，就我国在绿色发展方面的立场、目标和诉求发表意见，增强我国绿色发展国际话语权，为我国企业和行业争取有利条件。积极推动建立多边和双边绿色合作机制，通过与国际相关机构、组织定期的交流与合作，增进相互理解，就绿色国际规则制定中的关键问题进行协商，达成合作共识。

政　策　篇

第十章

2023 年促进中小企业发展的政策环境

《中华人民共和国中小企业促进法》修订实施以来，取得了积极成效，中央和地方政府陆续出台了一系列促进中小企业健康发展的政策措施，范围涵盖了服务能力、融资促进、担保服务、创业创新、交易成本等诸多领域。当前，政策效果逐渐显现，中小企业营商环境不断优化，财政支持不断加强，融资环境不断改善，合法权益得到有效保障。本章从服务体系、融资促进、创业创新、营商环境四个方面，归纳整理 2023 年度各部门出台的促进中小企业发展的政策。

第一节　服务体系持续完善

一、服务效能不断提升

2023 年 11 月 10 日，工业和信息化部发布《关于健全中小企业公共服务体系的指导意见》，文件指出，以应用场景为牵引，加大对政务服务资源、市场服务资源整合力度，强化各类服务资源协同联动，在统筹利用既有数据库资源的基础上，构建中小企业服务"四个库"，提升服务效能。建立基础信息数据库，收录与中小企业服务相关的法律政策、服务机构、服务专家、常见问题解答等基本服务信息，做到底数清、内容全、更新及时。建立中小企业数据库，收录中小企业特别是科技型和创新型中小企业、"专精特新"中小企业、专精特新"小巨人"企业相关信息，通过精准画像促进服务资源精准配置。建立优质服务机构库，分领域遴选专业化服务机构，完善入库、出库标准，依据服务能力、服务管理、服务质量、服务满意度等对入库服务机构开展监测评价，实行"有进有出"的动态管理。建立服务产品和案例库，从不同行业、服务内容、企业类型等维度，进行标准化服务产品和专业化服务案例分类管理与应用，引导带动市场化服务机构有序为中小企业提供规范和优质的服务。

2023 年 6 月 25 日，工业和信息化部办公厅印发《关于开展数字化赋能、科技成果赋智、质量标准品牌赋值中小企业全国行活动的通知》，文件指出：要创新服务供给。组织与引导服务机构针对中小企业服务需求，提供有用有效的技术、产品和解决方案。为创新型中小企业、"专精特新"中小企业、专精特新"小巨人"企业提供专属优惠服务，包括免费试用工具、专属产品定制、特定产品价格折扣、一对一服务咨询等。

二、服务平台不断优化

《关于开展数字化赋能、科技成果赋智、质量标准品牌赋值中小企业全国行活动的通知》指出，要搭建对接平台。组织各类服务机构、高校、科研院所、投融资机构与中小企业"结对子"，开展走进数字化服务商、成果对接路演、质量品牌经验交流推广、标准供需对接等活动，搭建服务对接平台，开展高质量对接活动。

《关于健全中小企业公共服务体系的指导意见》指出，要充分运用大数据、云计算、人工智能等技术，建立贯通国家、省、市、县各级中小企业公共服务机构的全国中小企业服务"一张网"，与政务服务平台加强互联互通，为中小企业提供"一站式"服务。统一各级中小企业服务平台域名，统一平台、数据、网络等标准，加强数据归集、清洗、共享、应用、安全全程管理，推动各级服务平台规范化、集约化建设和安全高效运行。广泛汇聚中小企业政策和服务等信息，创新云上服务、掌上服务、自助服务、智能服务等新模式，努力实现企业与服务的精准适配，推动服务模式从单向供给转向双向互动、从线下转向线上线下相融合，提升服务机构协同服务、精准服务、智能服务能力。

三、人才保障不断提升

《关于健全中小企业公共服务体系的指导意见》指出，加强服务队伍建设。推动中小企业公共服务机构完善学习培训制度,加强法律政策、企业管理,以及服务标准规范与技能的培训,提高服务人员政策理论水平和解决企业问题的实际能力,打造学习型组织。推动服务人员交流,鼓励选派优秀服务骨干到园区、集群、企业中锻炼,在实践中不断提升服务意识和服务水平。推动建立服务人员绩效考评和激励机制,提高服务效率,改善服务质量。鼓励公共服务机构联合高等院校、职业院校和各类职业技能培训机构合作共建人才培训基地、实习实践基地,创新人才培养模式,加强中小企业公共服务人才保障。

《关于促进民营经济发展壮大的意见》指出,加强民营经济代表人士队伍建设。优化民营经济代表人士队伍结构,健全选人机制,兼顾不同地区、行业和规模企业,适当向战略性新兴产业、高技术产业、先进制造业、现代服务业、现代农业等领域倾斜。规范政治安排,完善相关综合评价体系,稳妥做好推荐优秀民营经济代表人士作为各级人大代表候选人、政协委员人选工作,发挥中华全国工商业联合会(以下简称全国工商联)在民营经济代表人士有序政治参与中的主渠道作用。支持民营经济代表人士在国际经济活动和经济组织中发挥更大作用。

第二节 融资难题持续缓解

一、融资渠道不断拓展

2023 年 7 月 22 日,工业和信息化部、中国人民银行等五部门印发《关于开展"一链一策一批"中小微企业融资促进行动的通知》,文件指出,调动各类金融机构积极性,鼓励有条件的金融机构为链上中小微企业多样化融资需求匹配多元化金融服务。规范发展供应链金融,鼓励银行业金融机构通过应收账款、票据、订单融资等方式加大对产业链上游中小微企业信贷支持,通过开立银行承兑汇票、国内信用证、预付款融资,为产业链下游中小微企业获取货物、支付货款提供信贷支持,规范开展动产和权利质押融资。继续推进首台(套)重大技术装备、重点新材料首批次应用保险补偿机制试点政策。优化结售汇服务和相关授信管理,为中小微企业提供合适的外汇避险产品。发挥出口信用保险作用,进一步优化承保和理赔条件，扩大中小微企业承保覆盖面和规模。融资租赁公司丰富业务模式，对中小微企业配置固定资产、更新改造生产设备等予以支持。期货公司立足期货及衍生品，强化对企风险管理、库存管理等服务，帮助中小微企业平滑利润波动、稳定生产经营。

2023 年 1 月 11 日，国务院促进中小企业发展工作领导小组办公室印发《助力中小微企业稳增长调结构强能力若干措施》，文件指出，选择部分具备条件的重点产业链、特色产业集群主导产业链，开展"一链一策一批"中小微企业融资促进行动，深化产融对接和信息共享，鼓励银行业金融机构在风险可控前提下，制定专门授信方案，高效服务链上中小微企业，促进产业与金融良性循环。

二、融资质效不断提升

《助力中小微企业稳增长调结构强能力若干措施》指出，用好支小再贷款、普惠小微贷款支持工具、科技创新再贷款等货币政策工具，持续引导金融机构增加对中小微企业信贷投放。推动金融机构增加小微企业首贷、信用贷、无还本续贷和中长期贷款，推广随借随还贷款模式，推动普惠型小微企业贷款增量扩面。

《关于开展"一链一策一批"中小微企业融资促进行动的通知》指出，优化授信服务策略，提升信贷融资质效。银行业金融机构基于对企业信息和融资需求的了解，持续完善对企评价标准，积极拓展金融服务场景，结合具体产业链特点，优化授信方式、提升服务质效，提出针对性融资支持方案，惠及一批具有共性特征的链上中小微企业。鼓励银行业金融机构总行主动优化信贷资源配置，合理调整审批权限，丰富信贷产品，细化考核机制，重点满足链上中小微企业生产运行、数字化转型、技术改造和设备更新、国际市场开拓等方面融资需求，拓展首贷、信用贷、无还本续贷、随借随还贷款和中长期贷款。

三、担保体系不断完善

《关于开展"一链一策一批"中小微企业融资促进行动的通知》指出，发挥政府性融资担保体系作用，引导政府性融资担保机构加强对符合条件的链上小微企业融资增信支持。政府性融资担保机构与银行业金融机构探索"总对总"业务模式，针对重点产业链，开展批量担保业务合作，减少重复尽调，提高担保效率，合理厘定担保费率，为链上小微企业批量化融资增信。国家融资担保基金和省级再担保机构加大为链上小微企业融资担保业务提供再担保的力度，落实银担分险比例要求。支持各地为符合条件的政府性融资担保机构进一步充实资本金，提高政府性融资担保业务覆盖面。

《关于促进民营经济发展壮大的意见》指出，健全银行、保险、担保、券商等多方共同参与的融资风险市场化分担机制。健全中小微企业和个体工商户信用评级和评价体系，加强涉企信用信息归集，推广"信易贷"等服务模式。

第三节　创业创新逐步推进

一、转型升级不断深入

2023 年 6 月 13 日，财政部、工业和信息化部发布了《关于开展中小企业数字化转型城市试点工作的通知》，文件指出，支持试点城市围绕数字化转型加大技术、人才等各类创新要素供给，引导企业进一步加大创新投入，实现从基础数字化应用逐步向生产制造等关键环节延伸，促进企业全要素、全过程的资源整合与业务协同，全面优化中小企业生产方式、业务模式、管理水平，提升核心竞争力，引导广大中小企业走"专精特新"发展道路。

文件同时指出，中央财政对试点城市给予定额奖励。其中，省会城市、计划单列市、兵团的奖补资金总额不超过 1.5 亿元，其他地级市、直辖市所辖区、县奖的补资金总额不超过 1 亿元。每个城市试点期为两年，对于首批试点城市，自实施方案批复之日起至 2024 年 12 月为实施期第一年，2025 年 1—12 月为实施期第二年，奖补资金分期拨付。

二、创业扶持不断加大

2023 年 3 月 29 日，工业和信息化部办公厅印发《关于开展 2023 年"一起益企"中小企业服务行动的通知》，文件指出，要举办"创客中国"中小企业创新创业大赛，开展交流展示、项目孵化、产融对接服务，大力培育创新型中小企业。面向创业者和初创小微企业，提供商业策划、登记注册、商务代理、宣传推广等服务，提高创业便利性和成功率。

《助力中小微企业稳增长调结构强能力若干措施》指出，深入实施"千校万企"协同创新伙伴行动，择优派驻一批博士生为企业提供技术服务，实施"校企双聘"制度，遴选一批专家教授担任专精特新中小企业技术、管理导师，为企业提供"一对一"咨询指导等服务，吸引更多高校毕业生到中小微企业创新创业。

第四节 营商环境持续优化

一、保障机制不断完善

《关于促进民营经济发展壮大的意见》指出，强化竞争政策基础地位，健全公平竞争制度框架和政策实施机制，坚持对各类所有制企业一视同仁、平等对待。强化制止滥用行政权力排除限制竞争的反垄断执法。未经公平竞争不得授予经营者特许经营权，不得限定经营、购买、使用特定经营者提供的商品和服务。定期推出市场干预行为负面清单，及时清理废除含有地方保护、市场分割、指定交易等妨碍统一市场和公平竞争的政策。优化完善产业政策实施方式，建立涉企优惠政策目录清单并及时向社会公开。

《助力中小微企业稳增长调结构强能力若干措施》指出，要强化落实支持中小微企业发展的有关法律制度，依法保护产权和知识产权。严格执行《保障中小企业款项支付条例》，落实机关、事业单位、大型企业逾期未支付中小微企业账款信息披露制度，强化监管，加强投诉处理。

二、交易成本不断降低

《关于促进民营经济发展壮大的意见》指出，各地区各部门不得以备案、注册、年检、认定、认证、指定、要求设立分公司等形式设定或变相设定准入障碍。清理规范行政审批、许可、备案等政务服务事项的前置条件和审批标准，不得将政务服务事项转为中介服务事项，没有法律法规依据不得在政务服务前要求企业自行检测、检验、认证、鉴定、公证或提供证明等。稳步开展市场准入效能评估，建立市场准入壁垒投诉和处理回应机制，完善典型案例归集和通报制度。

文件同时指出，要持续完善政府定价的涉企收费清单制度，进行常态化公示，接受企业和社会监督。畅通涉企违规收费投诉举报渠道，建立规范的问题线索部门共享和转办机制，综合采取市场监管、行业监管、信用监管等手段实施联合惩戒，公开曝光违规收费典型案例。

第五节　2023 年各部门促进中小企业发展政策汇总

2023 年各部门促进中小企业发展政策汇总如表 10-1 所示。

在财税支持方面，2023 年 8 月 20 日，财政部印发《关于加强财税支持政策落实　促进中小企业高质量发展的通知》，从落实落细减税降费政策、强化财政金融政策协同、发挥财政资金引导作用、落实政府采购等扶持政策、健全工作机制和管理制度 5 方面，为推动中小企业高质量发展提供有力保障。

在融资促进方面，2023 年 7 月 22 日，工业和信息化部、中国人民银行等五部门联合印发《关于开展"一链一策一批"中小微企业融资促进行动的通知》，围绕制造业重点产业链，建立"政府-企业-金融机构"对接协作机制，"一链一策"提供有针对性的多元化金融支持举措，优质高效服务一批链上中小微企业，持续提升中小微企业融资便利度和可得性，加大金融支持中小微企业"专精特新"发展力度。

在创新支持方面，2023 年 6 月 12 日，财政部、工业和信息化部联合印发《关于开展中小企业数字化转型城市试点工作的通知》，通过中央财政拟安排 100 亿元以上资金，分三批、支持 15 个重点行业开展中小企业数字化转型城市试点工作，体系化、规模化推进中小企业数字化转型。

在创业就业方面，2023 年 9 月 14 日，人力资源社会保障部、工业和信息化部联合发布《关于实施专精特新中小企业就业创业扬帆计划的通知》，着力强政策、优服务、重激励、促发展，挖掘"专精特新"中小企业发展潜力，激发劳动者创新创业活力，拓宽市场化就业渠道，促进"专精特新"中小企业健康发展，为推动实现中国式现代化提供有力支撑。

在服务体系方面，2023 年 11 月 10 日，工业和信息化部印发《关于健全中小企业公共服务体系的指导意见》，以中小企业需求为导向，从夯实基层基础、建强线上平台、汇聚服务资源等 7 个方面优化服务机制、完善服务体系，推动中小企业公共服务体系建设迈上新台阶，在服务中小企业高质量发展中发挥更大作用。

在提升能力方面，2023 年 1 月 11 日，国务院促进中小企业发展工作领导小组办公室印发《助力中小微企业稳增长调结构强能力若干措施》，从强化政策落实、加大金融支持力度、有效扩大市场需求、强化合法权益保护、加大"专精特新"中小企业培育力度、促进大中小企业融通创新等 15 个方面推动中小企业高质量发展，进一步推动稳增长稳预期，着力促进中小微企业调结构强能力。

在营商环境方面，2023 年 7 月 14 日，中共中央、国务院印发《关于促进民营经济发展壮大的意见》，加快营造市场化、法治化、国际化一流营商环境，优化民营经济发展环境。随后，国家发展和改革委员会、工业和信息化部、财政部等八部门联合印发《关于实施促进民营经济发展近期若干举措的通知》，激发民营经济发展活力，提振民营经济发展信心。最高人民检察院、最高人民法院、国家市场监督管理总局等部门陆续出台相关政策文件，促进民营中小企业高质量发展。

表 10-1　2023 年各部门促进中小企业发展政策汇总

序号	发布时间	文件名称	文号	发布单位
1	2023 年 11 月 10 日	《关于健全中小企业公共服务体系的指导意见》	工信部企业〔2023〕213 号	工业和信息化部
2	2023 年 10 月 13 日	《最高人民检察院关于全面履行检察职能推动民营经济发展壮大的意见》	—	最高人民检察院

续表

序 号	发布时间	文件名称	文 号	发 布 单 位
3	2023 年 9 月 25 日	《最高人民法院关于优化法治环境 促进民营经济发展壮大的指导意见》	法发〔2023〕15 号	最高人民法院
4	2023 年 9 月 15 日	《市场监管部门促进民营经济发展的若干举措》	国市监信发〔2023〕77 号	国家市场监督管理总局
5	2023 年 9 月 14 日	《关于实施专精特新中小企业就业创业扬帆计划的通知》	人社部发〔2023〕47 号	人力资源社会保障部、工业和信息化部
6	2023 年 8 月 20 日	《关于加强财税支持政策落实促进中小企业高质量发展的通知》	财预〔2023〕76 号	财政部
7	2023 年 8 月 5 日	《关于完善政府诚信履约机制 优化民营经济发展环境的通知》	发改财金〔2023〕1103 号	国家发展和改革委员会
8	2023 年 7 月 28 日	《关于实施促进民营经济发展近期若干举措的通知》	发改体改〔2023〕1054 号	国家发展和改革委员会、工业和信息化部、财政部、科技部、中国人民银行、税务总局、国家市场监督管理总局、国家金融监督管理总局
9	2023 年 7 月 22 日	《关于开展"一链一策一批"中小微企业融资促进行动的通知》	工信部联企业函〔2023〕196 号	工业和信息化部、中国人民银行、国家金融监督管理总局、中国证券监督管理委员会、财政部
10	2023 年 7 月 19 日	《关于促进民营经济发展壮大的意见》	—	中共中央、国务院

续表

序号	发布时间	文件名称	文 号	发布单位
11	2023 年 6 月 12 日	《关于开展中小企业数字化转型城市试点工作的通知》	财建〔2023〕117 号	财政部、工业和信息化部
12	2023 年 5 月 22 日	《质量标准品牌赋值中小企业专项行动（2023—2025 年）》	工信部联科〔2023〕63 号	工业和信息化部、国家发展和改革委员会、教育部、人力资源和社会保障部、国家市场监督管理总局、国家金融监督管理总局、中国证券监督管理委员会、国家知识产权局、中华全国工商业联合会
13	2023 年 5 月 16 日	《关于实施中小企业计量伙伴计划的通知》	—	市场监管总局办公厅、工业和信息化部办公厅
14	2023 年 1 月 11 日	《助力中小微企业稳增长调结构强能力若干措施》	工信部企业函〔2023〕4 号	国务院促进中小企业发展工作领导小组办公室

数据来源：赛迪智库中小企业研究所整理，2024 年 6 月。

第十一章

2023 年我国中小企业重点政策解析

第一节 《助力中小微企业稳增长调结构强能力若干措施》

一、出台背景

党中央、国务院高度重视中小企业发展工作，不断出台各项政策措施，引导中小企业走高质量发展之路。为深入贯彻党的二十大精神，落实中央经济工作会议决策部署，帮助中小微企业应对当前面临的挑战，进一步稳增长稳预期，着力推进中小微企业调结构强能力，2023 年 1 月 11 日，国务院促进中小企业发展工作领导小组办公室印发了《助力中小微企业稳增长调结构强能力若干措施》（以下简称《若干措施》）。

二、重点内容

《若干措施》指出从进一步推动稳增长稳预期、着力促进中小微企业调结构强能力两方面，着力降低企业生产成本，激发企业内生动力，缓解我国中小企业经营压力，重点内容整理表如表 11-1 所示。

表 11-1　重点内容整理表

针对的方面	重 点 内 容
进一步推动稳增长稳预期	强化政策落实和支持力度。深入落实减税降费、稳岗返还等政策，切实推动已出台政策措施落地见效。结合实际优化调整 2022 年底到期的阶段性政策。加强中小微企业运行监测，及时掌握中小微企业面临的困难问题，进一步研究提出有针对性的政策措施
	加大对中小微企业的金融支持力度。用好支小再贷款、普惠小微贷款支持工具、科技创新再贷款等货币政策工具，持续引导金融机构增加对中小微企业信贷投放。推动金融机构增加小微企业首贷、信用贷、无还本续贷和中长期贷款，推广随借随还贷款模式，推动普惠型小微企业贷款增量扩面
	促进产业链上中小微企业融资。选择部分具备条件的重点产业链、特色产业集群主导产业链，开展"一链一策一批"中小微企业融资促进行动，深化产融对接和信息共享，鼓励银行业金融机构在风险可控前提下，制定专门授信方案，高效服务链上中小微企业，促进产业与金融良性循环
	有效扩大市场需求。支持中小企业设备更新和技术改造，参与国家科技创新项目建设，承担国家重大科技战略任务。将政府采购工程面向中小企业的预留份额阶段性提高至 40%以上政策延续到 2023 年底。落实扩大汽车、绿色智能家电消费以及绿色建材、新能源汽车下乡等促消费政策措施。持续开展消费品"三品"（新品、名品、精品）全国行系列活动，举办第三届中国国际消费品博览会，开展国际消费季、消费促进月等活动。鼓励大型企业和平台机构发布面向中小微企业的采购清单，开展跨境撮合活动，为中小微企业开拓更多市场，创造更多商机
	做好大宗原材料保供稳价。推动建立原材料重点产业链上下游长协机制，实现产业链上下游衔接联动，保障链上中小微企业原材料需求。强化大宗原材料"红黄蓝"供需季度预警，密切监测市场供需和价格变化，灵活运用国家储备开展市场调节。强化大宗商品期现货市场监管，打击囤积居奇、哄抬价格等违法违规行为，坚决遏制过度投机炒作

续表

针对的方面	重点内容
进一步推动稳增长稳预期	加大公共服务供给和舆论宣传引导。健全国家、省、市、县四级中小企业服务体系，发挥社会化公共服务机构作用。深入推进"一起益企"中小企业服务行动和中小企业服务月活动，为中小微企业提供更加优质、精准的政策宣传解读、咨询、培训和技术等服务。充分发挥"中小企助查 App"等数字化平台作用，提供个性化政策匹配服务，提高惠企政策的知晓率、惠及率和满意率。加强先进典型宣传，讲好中小企业发展故事，深入开展中小企业发展环境第三方评估，形成有利于中小微企业健康发展的良好氛围
	强化合法权益保护。强化落实支持中小微企业发展的有关法律制度，依法保护产权和知识产权。严格执行《保障中小企业款项支付条例》，落实机关、事业单位、大型企业逾期未支付中小微企业账款信息披露制度，强化监管，加强投诉处理。深入开展涉企违规收费整治，建立协同治理和联合惩戒机制，坚决查处乱收费、乱罚款、乱摊派
着力促进中小微企业调结构强能力	加大"专精特新"中小企业培育力度。健全优质中小企业梯度培育体系，建立优质中小企业梯度培育平台，完善企业画像，加强动态管理。整合各类服务资源，完善服务专员工作机制，支持创新专属服务产品，开展个性化、订单式服务，"一企一策"精准培育，着力提升培育质效。中央财政通过中小企业发展专项资金继续支持"专精特新"中小企业高质量发展和小微企业融资担保业务降费奖补。到 2023 年底，累计培育创新型中小企业 15 万家以上、省级"专精特新"中小企业 8 万家以上、专精特新"小巨人"企业 1 万家以上
	促进大中小企业融通创新。深入实施大中小企业融通创新"携手行动"，围绕重点产业链举办"百场万企"大中小企业融通创新对接活动，引导大企业向中小企业开放创新资源和应用场景。分行业分地区开展大中小企业供需对接活动，着力提升产业链供应链韧性和安全水平。推动中小微商贸企业创特色、创品质、创品牌，促进商贸企业以大带小、协同发展
	促进科技成果转化和中小企业数字化转型。实施科技成果赋智中小企业专项行动，搭建创新成果转化平台，解决中小企业技术创新需求，建立完善中小企业科技成果评价机制，促进科技成果转化，提升中小微企业核心竞争力。深入实施数字化赋能中小企业专项行动，中央财政继续支持数字化转型试点工作，带动广大中小企业"看样学样"加快数字化转型步伐。推动工业互联网平台进园区、进集群、进企业

针对的方面	重点内容
着力促进中小微企业调结构强能力	提升中小企业质量标准品牌水平。实施质量标准品牌赋值中小企业专项行动，开展可靠性"筑基"和"倍增"工程，持续推进"计量服务中小企业行""小微企业质量管理体系认证提升行动"等活动，提高中小企业质量工程技术能力和质量管理能力。支持中小企业牵头或参与国内外标准编制，推广运用先进标准，提升中小企业标准化能力。为中小企业提供品牌创建与培育、咨询评估、品牌保护等服务，实施"千企百城"商标品牌价值提升行动，提高中小企业品牌建设能力
	加强知识产权运用和保护。组织开展知识产权创新管理相关国际标准实施试点，推广企业知识产权合规管理相关国家标准，发布中小企业知识产权运用工作指引，指导中小企业加强知识产权管理。深入推进专利开放许可试点工作，做好许可使用费估算指引、许可后产业化配套服务。加大中小企业知识产权保护力度，完善知识产权纠纷多元化解决机制，加强知识产权纠纷行政裁决、调解和仲裁工作，开展维权援助公益服务
	加大人才兴企支持力度。深入实施中小企业经营管理领军人才培训，优化中小企业职称评审工作，支持符合条件的专精特新"小巨人"企业备案设立博士后科研工作站。深入实施"千校万企"协同创新伙伴行动，择优派驻一批博士生为企业提供技术服务，实施"校企双聘"制度，遴选一批专家教授担任"专精特新"中小企业技术、管理导师，为企业提供"一对一"咨询指导等服务，吸引更多高校毕业生到中小微企业创新创业
	加大对优质中小企业直接融资支持。支持"专精特新"中小企业上市融资，北京证券交易所实行"专人对接、即报即审"机制，加快专精特新中小企业上市进程。发挥国家中小企业发展基金、国家科技成果转化引导基金的政策引导作用，带动更多社会资本投早投小投创新
	促进中小企业特色产业集群高质量发展。加强政策引导和资源统筹，构建中小企业特色产业集群梯度培育体系，壮大集群主导产业，促进集群内中小微企业"专精特新"发展。组织服务机构、行业专家进集群开展咨询诊断服务活动，打通产业链上下游生产资源与优质服务资源渠道，提升集群服务能力。2023年培育100家左右国家级中小企业特色产业集群

三、政策解读

《若干措施》指出，一方面要强化政策落实和支持力度，加大对中小微企业的金融支持力度，促进产业链上中小微企业融资，有效扩大市场需求，做好大宗原材料保供稳价，加大公共服务供给和舆论宣传引导，强化合法权益保护；另一方面要加大"专精特新"中小企业培育力度，促进大中小企业融通创新，促进科技成果转化和中小企业数字化转型，提升中小企业质量标准品牌水平，加强知识产权运用和保护，加大人才兴企支持力度，加大对优质中小企业直接融资支持，促进中小企业特色产业集群高质量发展等，进一步缓解我国中小企业面临的成本压力，不断增强微观主体的创新活力，促进中小微企业高质量发展。

第二节 《关于促进民营经济发展壮大的意见》

一、出台背景

民营经济作为我国社会主义市场经济的重要组成部分，在发展经济、推动创新、改善民生等方面发挥着十分重要的作用。在我国，民营企业与中小企业互为主体，民营企业按照所有制性质划分，中小企业按照规模划分，但二者高度重叠。党中央、国务院高度重视中小企业和民营经济发展工作，近年来从中央到地方出台了系列文件，从财税扶持、金融支持、创业创新、优化环境等方面形成系统性的政策措施，取得了明显成效。为进一步推动民营经济持续健康发展，2023 年 7 月 14 日，中共中央、国务院印发《关于促进民营经济发展壮大的意见》（以下简称《意见》）。

二、重点内容

《意见》主要从持续优化民营经济发展环境、加大对民营经济政策支持力度、强化民营经济发展法治保障、着力推动民营经济实现高质量发展、促进民营经济人士健康成长、持续营造关心促进民营经济发展壮大社会氛围等几个方面提出具体措施，重点内容整理表如表 11-2 所示。

表 11-2　重点内容整理表

针对的方面	重 点 内 容
持续优化民营经济发展环境	持续破除市场准入壁垒。各地区各部门不得以备案、注册、年检、认定、认证、指定、要求设立分公司等形式设定或变相设定准入障碍。清理规范行政审批、许可、备案等政务服务事项的前置条件和审批标准，不得将政务服务事项转为中介服务事项，没有法律法规依据不得在政务服务前要求企业自行检测、检验、认证、鉴定、公证或提供证明等。稳步开展市场准入效能评估，建立市场准入壁垒投诉和处理回应机制，完善典型案例归集和通报制度
	全面落实公平竞争政策制度。强化竞争政策基础地位，健全公平竞争制度框架和政策实施机制，坚持对各类所有制企业一视同仁、平等对待。强化制止滥用行政权力排除限制竞争的反垄断执法。未经公平竞争不得授予经营者特许经营权，不得限定经营、购买、使用特定经营者提供的商品和服务。定期推出市场干预行为负面清单，及时清理废除含有地方保护、市场分割、指定交易等妨碍统一市场和公平竞争的政策。优化完善产业政策实施方式，建立涉企优惠政策目录清单并及时向社会公开
	完善社会信用激励约束机制。完善信用信息记录和共享体系，全面推广信用承诺制度，将承诺和履约信息纳入信用记录。发挥信用激励机制作用，提升信用良好企业获得感。完善信用约束机制，依法依规按照失信惩戒措施清单对责任主体实施惩戒。健全失信行为纠正后的信用修复机制，研究出台相关管理办法。完善政府诚信履约机制，建立健全政务失信记录和惩戒制度，将机关、事业单位的违约毁约、拖欠账款、拒不履行司法裁判等失信信息纳入全国信用信息共享平台
	完善市场化重整机制。鼓励民营企业盘活存量资产回收资金。坚持精准识别、分类施策，对陷入财务困境但仍具有发展前景和挽救价值的企业，按照市场化、法治化原则，积极适用破产重整、破产和解程序。推动修订企业破产法并完善配套制度。优化个体工商户转企业相关政策，降低转换成本

续表

针对的方面	重 点 内 容
加大对民营经济政策支持力度	完善融资支持政策制度。健全银行、保险、担保、券商等多方共同参与的融资风险市场化分担机制。健全中小微企业和个体工商户信用评级和评价体系，加强涉企信用信息归集，推广"信易贷"等服务模式。支持符合条件的民营中小微企业在债券市场融资，鼓励符合条件的民营企业发行科技创新公司债券，推动民营企业债券融资专项支持计划扩大覆盖面、提升增信力度。支持符合条件的民营企业上市融资和再融资
	完善拖欠账款常态化预防和清理机制。严格执行《保障中小企业款项支付条例》，健全防范化解拖欠中小企业账款长效机制，依法依规加大对责任人的问责处罚力度。机关、事业单位和大型企业不得以内部人员变更，履行内部付款流程，或在合同未作约定情况下以等待竣工验收批复、决算审计等为由，拒绝或延迟支付中小企业和个体工商户款项。建立拖欠账款定期披露、劝告指导、主动执法制度。强化商业汇票信息披露，完善票据市场信用约束机制。完善拖欠账款投诉处理和信用监督机制，加强对恶意拖欠账款案例的曝光。完善拖欠账款清理与审计、督查、巡视等制度的常态化对接机制
	强化人才和用工需求保障。畅通人才向民营企业流动渠道，健全人事管理、档案管理、社会保障等接续的政策机制。完善民营企业职称评审办法，畅通民营企业职称评审渠道，完善以市场评价为导向的职称评审标准。搭建民营企业、个体工商户用工和劳动者求职信息对接平台。大力推进校企合作、产教融合。推进民营经济产业工人队伍建设，优化职业发展环境。加强灵活就业和新就业形态劳动者权益保障，发挥平台企业在扩大就业方面的作用
	完善支持政策直达快享机制。充分发挥财政资金直达机制作用，推动涉企资金直达快享。加大涉企补贴资金公开力度，接受社会监督。针对民营中小微企业和个体工商户建立支持政策"免申即享"机制，推广告知承诺制，有关部门能够通过公共数据平台提取的材料，不再要求重复提供
	强化政策沟通和预期引导。依法依规履行涉企政策调整程序，根据实际设置合理过渡期。加强直接面向民营企业和个体工商户的政策发布和解读引导。支持各级政府部门邀请优秀企业家开展咨询，在涉企政策、规划、标准的制定和评估等方面充分发挥企业家作用

续表

针对的方面	重 点 内 容
强化民营经济发展法治保障	依法保护民营企业产权和企业家权益。防止和纠正利用行政或刑事手段干预经济纠纷，以及执法司法中的地方保护主义。进一步规范涉产权强制性措施，避免超权限、超范围、超数额、超时限查封扣押冻结财产。对不宜查封扣押冻结的经营性涉案财物，在保证侦查活动正常进行的同时，可以允许有关当事人继续合理使用，并采取必要的保值保管措施，最大限度减少侦查办案对正常办公和合法生产经营的影响。完善涉企案件申诉、再审等机制，健全冤错案件有效防范和常态化纠正机制
	构建民营企业源头防范和治理腐败的体制机制。出台司法解释，依法加大对民营企业工作人员职务侵占、挪用资金、受贿等腐败行为的惩处力度。健全涉案财物追缴处置机制。深化涉案企业合规改革，推动民营企业合规守法经营。强化民营企业腐败源头治理，引导民营企业建立严格的审计监督体系和财会制度。充分发挥民营企业党组织作用，推动企业加强法治教育，营造诚信廉洁的企业文化氛围。建立多元主体参与的民营企业腐败治理机制。推动建设法治民营企业、清廉民营企业
	持续完善知识产权保护体系。加大对民营中小微企业原始创新保护力度。严格落实知识产权侵权惩罚性赔偿、行为保全等制度。建立知识产权侵权和行政非诉执行快速处理机制，健全知识产权法院跨区域管辖制度。研究完善商业改进、文化创意等创新成果的知识产权保护办法，严厉打击侵犯商业秘密、仿冒混淆等不正当竞争行为和恶意抢注商标等违法行为。加大对侵犯知识产权违法犯罪行为的刑事打击力度。完善海外知识产权纠纷应对指导机制
	完善监管执法体系。加强监管标准化规范化建设，依法公开监管标准和规则，增强监管制度和政策的稳定性、可预期性。提高监管公平性、规范性、简约性，杜绝选择性执法和让企业"自证清白"式监管。鼓励跨行政区域按规定联合发布统一监管政策法规及标准规范，开展联动执法。按照教育与处罚相结合原则，推行告知、提醒、劝导等执法方式，对初次违法且危害后果轻微并及时改正的依法不予行政处罚
	健全涉企收费长效监管机制。持续完善政府定价的涉企收费清单制度，进行常态化公示，接受企业和社会监督。畅通涉企违规收费投诉举报渠道，建立规范的问题线索部门共享和转办机制，综合采取市场监管、行业监管、信用监管等手段实施联合惩戒，公开曝光违规收费典型案例

续表

针对的方面	重 点 内 容
着力推动民营经济实现高质量发展	引导完善治理结构和管理制度。支持引导民营企业完善法人治理结构、规范股东行为、强化内部监督，实现治理规范、有效制衡、合规经营，鼓励有条件的民营企业建立完善中国特色现代企业制度。依法推动实现企业法人财产与出资人个人或家族财产分离，明晰企业产权结构。研究构建风险评估体系和提示机制，对严重影响企业运营并可能引发社会稳定风险的情形提前预警。支持民营企业加强风险防范管理，引导建立覆盖企业战略、规划、投融资、市场运营等各领域的全面风险管理体系，提升质量管理意识和能力
	支持提升科技创新能力。鼓励民营企业根据国家战略需要和行业发展趋势，持续加大研发投入，开展关键核心技术攻关，按规定积极承担国家重大科技项目。培育一批关键行业民营科技领军企业、专精特新中小企业和创新能力强的中小企业特色产业集群。加大政府采购创新产品力度，发挥首台（套）保险补偿机制作用，支持民营企业创新产品迭代应用。推动不同所有制企业、大中小企业融通创新，开展共性技术联合攻关。完善高等学校、科研院所管理制度和成果转化机制，调动其支持民营中小微企业创新发展积极性，支持民营企业与科研机构合作建立技术研发中心、产业研究院、中试熟化基地、工程研究中心、制造业创新中心等创新平台。支持民营企业加强基础性前沿性研究和成果转化
	加快推动数字化转型和技术改造。鼓励民营企业开展数字化共性技术研发，参与数据中心、工业互联网等新型基础设施投资建设和应用创新。支持中小企业数字化转型，推动低成本、模块化智能制造设备和系统的推广应用。引导民营企业积极推进标准化建设，提升产品质量水平。支持民营企业加大生产工艺、设备、技术的绿色低碳改造力度，加快发展柔性制造，提升应急扩产转产能力，提升产业链韧性
	鼓励提高国际竞争力。支持民营企业立足自身实际，积极向核心零部件和高端制成品设计研发等方向延伸；加强品牌建设，提升"中国制造"美誉度。鼓励民营企业拓展海外业务，积极参与共建"一带一路"，有序参与境外项目，在走出去中遵守当地法律法规、履行社会责任。更好指导支持民营企业防范应对贸易保护主义、单边主义、"长臂管辖"等外部挑战。强化部门协同配合，针对民营经济人士海外人身和财产安全，建立防范化解风险协作机制

续表

针对的方面	重 点 内 容
着力推动民营经济实现高质量发展	支持参与国家重大战略。鼓励民营企业自主自愿通过扩大吸纳就业、完善工资分配制度等，提升员工享受企业发展成果的水平。支持民营企业到中西部和东北地区投资发展劳动密集型制造业、装备制造业和生态产业，促进革命老区、民族地区加快发展，投入边疆地区建设推进兴边富民。支持民营企业参与推进碳达峰碳中和，提供减碳技术和服务，加大可再生能源发电和储能等领域投资力度，参与碳排放权、用能权交易。支持民营企业参与乡村振兴，推动新型农业经营主体和社会化服务组织发展现代种养业，高质量发展现代农产品加工业，因地制宜发展现代农业服务业，壮大休闲农业、乡村旅游业等特色产业，积极投身"万企兴万村"行动。支持民营企业参与全面加强基础设施建设，引导民营资本参与新型城镇化、交通水利等重大工程和补短板领域建设
	依法规范和引导民营资本健康发展。健全规范和引导民营资本健康发展的法律制度，为资本设立"红绿灯"，完善资本行为制度规则，集中推出一批"绿灯"投资案例。全面提升资本治理效能，提高资本监管能力和监管体系现代化水平。引导平台经济向开放、创新、赋能方向发展，补齐发展短板弱项，支持平台企业在创造就业、拓展消费、国际竞争中大显身手，推动平台经济规范健康持续发展。鼓励民营企业集中精力做强做优主业，提升核心竞争力
促进民营经济人士健康成长	健全民营经济人士思想政治建设机制。积极稳妥做好在民营经济代表人士先进分子中发展党员工作。深入开展理想信念教育和社会主义核心价值观教育。教育引导民营经济人士中的党员坚定理想信念，发挥先锋模范作用，坚决执行党的理论和路线方针政策。积极探索创新民营经济领域党建工作方式
	培育和弘扬企业家精神。引导民营企业家增强爱国情怀、勇于创新、诚信守法、承担社会责任、拓展国际视野，敢闯敢干，不断激发创新活力和创造潜能。发挥优秀企业家示范带动作用，按规定加大评选表彰力度，在民营经济中大力培育企业家精神，及时总结推广富有中国特色、顺应时代潮流的企业家成长经验

续表

针对的方面	重 点 内 容
促进民营经济人士健康成长	加强民营经济代表人士队伍建设。优化民营经济代表人士队伍结构，健全选人机制，兼顾不同地区、行业和规模企业，适当向战略性新兴产业、高技术产业、先进制造业、现代服务业、现代农业等领域倾斜。规范政治安排，完善相关综合评价体系，稳妥做好推荐优秀民营经济人士作为各级人大代表候选人、政协委员人选工作，发挥工商联在民营经济人士有序政治参与中的主渠道作用。支持民营经济代表人士在国际经济活动和经济组织中发挥更大作用
	完善民营经济人士教育培训体系。完善民营经济人士专题培训和学习研讨机制，进一步加大教育培训力度。完善民营中小微企业培训制度，构建多领域多层次、线上线下相结合的培训体系。加强对民营经济人士的梯次培养，建立健全年轻一代民营经济人士传帮带辅导制度，推动事业新老交接和有序传承
	全面构建亲清政商关系。把构建亲清政商关系落到实处，党政干部和民营企业家要双向建立亲清统一的新型政商关系。各级领导干部要坦荡真诚同民营企业家接触交往，主动作为、靠前服务，依法依规为民营企业和民营企业家解难题、办实事，守住交往底线，防范廉政风险，做到亲而有度、清而有为。民营企业家要积极主动与各级党委和政府及部门沟通交流，讲真话、说实情、建诤言，洁身自好走正道，遵纪守法办企业，光明正大搞经营
持续营造关心促进民营经济发展壮大社会氛围	引导全社会客观正确全面认识民营经济和民营经济人士。加强理论研究和宣传，坚持实事求是、客观公正，把握好正确舆论导向，引导社会正确认识民营经济的重大贡献和重要作用，正确看待民营经济人士通过合法合规经营获得的财富。坚决抵制、及时批驳澄清质疑社会主义基本经济制度、否定和弱化民营经济的错误言论与做法，及时回应关切、打消顾虑
	培育尊重民营经济创新创业的舆论环境。加强对优秀企业家先进事迹、加快建设世界一流企业的宣传报道，凝聚崇尚创新创业正能量，增强企业家的荣誉感和社会价值感。营造鼓励创新、宽容失败的舆论环境和时代氛围，对民营经济人士合法经营中出现的失误失败给予理解、宽容、帮助。建立部门协作机制，依法严厉打击以负面舆情为要挟进行勒索等行为，健全相关举报机制，降低企业维权成本

续表

针对的方面	重 点 内 容
持续营造关心促进民营经济发展壮大社会氛围	支持民营企业更好履行社会责任。教育引导民营企业自觉担负促进共同富裕的社会责任，在企业内部积极构建和谐劳动关系，推动构建全体员工利益共同体，让企业发展成果更公平惠及全体员工。鼓励引导民营经济人士做发展的实干家和新时代的奉献者，在更高层次上实现个人价值，向全社会展现遵纪守法、遵守社会公德的良好形象，做到富而有责、富而有义、富而有爱。探索建立民营企业社会责任评价体系和激励机制，引导民营企业踊跃投身光彩事业和公益慈善事业，参与应急救灾，支持国防建设

三、政策解读

党中央、国务院高度重视民营经济发展工作，提出民营经济是推进中国式现代化的生力军，是高质量发展的重要基础，是推动我国全面建成社会主义现代化强国、实现第二个百年奋斗目标的重要力量。《意见》从以下几方面全面优化民营经济发展环境，为民营经济高质量发展提供了重要支撑。

一是构建高水平社会主义市场经济体制，持续优化稳定公平透明可预期的发展环境，充分激发民营经济生机活力。

二是精准制定实施各类支持政策，完善政策执行方式，加强政策协调性，及时回应关切和利益诉求，切实解决实际困难。

三是健全对各类所有制经济平等保护的法治环境，为民营经济发展营造良好稳定的预期。

四是引导民营企业践行新发展理念，深刻把握存在的不足和面临的挑战，转变发展方式、调整产业结构、转换增长动力，坚守主业、做强实业，自觉走高质量发展之路。

五是全面贯彻信任、团结、服务、引导、教育的方针，用务实举措稳定人心、鼓舞人心、凝聚人心，引导民营经济人士弘扬企业家精神。

六是引导和支持民营经济履行社会责任，展现良好形象，更好与舆论互动，营造正确认识、充分尊重、积极关心民营经济的良好社会氛围。

第三节　《关于健全中小企业公共服务体系的指导意见》

一、出台背景

中小企业公共服务主要是指以促进中小企业健康发展为目标，由政府引导和支持，公益性服务组织和市场化服务机构共同参与，向中小企业提供的普遍性、基础性、专业化服务。建立健全中小企业公共服务体系，是贯彻党中央、国务院促进中小企业发展决策部署，落实《中华人民共和国中小企业促进法》的重要举措，对帮助中小企业纾困解难、实现高质量发展具有重要意义。为进一步健全中小企业公共服务体系，2023 年 11 月 10 日，工业和信息化部印发《关于健全中小企业公共服务体系的指导意见》（以下简称《指导意见》）。

二、重点内容

《指导意见》主要包括发展现状和总体要求、主要任务和保障措施三部分，重点内容整理如表 11-3 所示。

表 11-3　重点内容整理

针对的方面	重点内容
发展现状和总体要求	发展现状。近年来，各级人民政府落实《中华人民共和国中小企业促进法》有关规定，根据实际需要陆续建立了本级中小企业公共服务机构，覆盖全国的中小企业公共服务体系基本形成，创新服务模式不断涌现，服务活动丰富多样，在推动中小企业健康发展方面发挥了重要作用。但同时，中小企业公共服务体系仍存在基层基础比较薄弱、体制机制不够健全、服务资源整合不足、服务能力有待提升等突出问题，公共服务水平与中小企业需求和期盼还存在较大差距。当前，新一轮科技革命和产业变革带来的机遇和挑战并存，中小企业"专精特新"发展愿望更加迫切，对中小企业公共服务体系建设提出了新的更高要求。要主动顺应中小企业发展需求和产业技术变革趋势，坚持有为政府与有效市场更好结合、整体推进与重点突破更好结合、能力提升与机制创新更好结合，进一步加大工作力度，推动中小企业公共服务体系建设迈上新台阶，在服务中小企业高质量发展中发挥更大作用
	指导思想。以习近平新时代中国特色社会主义思想为指导，全面贯彻党的二十大精神，完整、准确、全面贯彻新发展理念，加快构建新发展格局，落实以人民为中心的发展思想，以中小企业普遍性、基础性公共服务需求为导向，健全中小企业公共服务体系，夯实基层基础，完善服务机制，汇聚服务资源，创新服务方式，增强服务能力，加强服务协同，推动中小企业公共服务增量扩面、提质增效，提升中小企业公共服务普惠化、便利化、精准化水平，以高质量服务助力中小企业高质量发展

续表

针对的方面	重点内容
发展现状和总体要求	主要目标。到2025年，各级中小企业公共服务力量得到加强，国家、省级中小企业公共服务机构服务能力与质效明显提升、示范效应明显增强，市、县级中小企业公共服务体系覆盖面稳步扩大、服务能力稳步提升。服务资源有效整合，横向连通、纵向贯通、便利共享、泛在可及的"一站式"服务平台基本建成，政策直享、服务直达、诉求直办的服务企业模式逐步形成。到2035年，与中小企业高质量发展相适应的中小企业公共服务体系更加完备，布局进一步优化，服务平台智能化水平显著提升，服务功能不断完善，服务资源高效利用，服务能力大幅提高，服务质量有力保障，服务供给满足需求，中小企业获得感和满意度不断提升，形成"机构优、平台强、资源多、服务好、满意度高"的中小企业公共服务体系
主要任务	夯实基层基础。落实《中华人民共和国中小企业促进法》要求，推动各地根据实际需要建立和完善中小企业公共服务机构，为中小企业提供公共服务。推动服务力量与服务资源下沉，鼓励在中小企业集聚的园区、产业集群等设置公共服务站点，延伸服务半径，提升服务便利性。加强对基层公共服务机构专业力量配备、经费投入、服务场所、信息化建设等基础条件保障，使其具备能满足本地中小企业公共服务需求的基本能力
	突出服务重点。在法律政策宣贯落实方面，做好惠企政策汇集解析、宣传解读、精准匹配，打通政策落地"最后一公里"，实现应知尽知、应享尽享；体系化、定期化开展送法进园区、进商会、进企业工作，持续提升企业知法懂法守法用法能力。在优质企业梯度培育方面，加强创业创新支持和咨询培训服务，培育和服务科技型和创新型中小企业、"专精特新"中小企业、专精特新"小巨人"企业。在链式融通创新方面，开展大中小企业融通对接活动，帮助中小企业融入大企业供应链，推动上下游资源共享、协同攻关，提升产业链韧性和安全水平。在融资融智促进方面，组织产融对接，帮助中小企业拓宽融资渠道，降低融资成本。组织产学研对接，加强人才引进和培养，推动专利转化，鼓励联合创新。在质量标准品牌提升方面，引导企业建立先进质量管理体系和标准体系，增强品牌管理能力，实现质量标准品牌价值提升。在国际交流合作方面，组织开展展览展销、商务交流、商事法律等服务，助力中小企业"走出去""引进来"。在合法权益保护方面，配合开展防范和化解拖欠中小企业账款工作，组织开展法律法规、劳动争议协商调解、合规管理等咨询培训服务，帮助中小企业防范风险、依法维权。组织中小企业参与中小企业主管部门举办的各类服务活动，并因地制宜打造中小企业公共服务区域特色品牌

续表

针对的方面	重点内容
主要任务	创新服务方式。充分运用大数据、云计算、人工智能等技术，建立贯通国家、省、市、县各级中小企业公共服务机构的全国中小企业服务"一张网"，与政务服务平台加强互联互通，为中小企业提供"一站式"服务。统一各级中小企业服务平台域名，统一平台、数据、网络等标准，加强数据归集、清洗、共享、应用、安全全程管理，推动各级服务平台规范化、集约化建设和安全高效运行。广泛汇聚中小企业政策和服务等信息，创新云上服务、掌上服务、自助服务、智能服务等新模式，努力实现企业与服务的精准适配，推动服务模式从单向供给转向双向互动、从线下转向线上线下融合，提升协同服务、精准服务、智能服务能力
	汇聚服务资源。以应用场景为牵引，加大对政务服务资源、市场服务资源整合力度，强化各类服务资源协同联动，在统筹利用既有数据库资源的基础上，构建中小企业服务"四个库"，提升服务效能。建立基础信息数据库，收录与中小企业服务相关的法律政策、服务机构、服务专家、常见问题解答等基本服务信息，做到底数清、内容全、更新及时。建立中小企业数据库，收录中小企业特别是科技型和创新型中小企业、"专精特新"中小企业、专精特新"小巨人"企业相关信息，通过精准画像促进服务资源精准配置。建立优质服务机构库，分领域遴选专业化服务机构，完善入库、出库标准，依据服务能力、服务管理、服务质量、服务满意度等对入库服务机构开展监测评价，实行"有进有出"的动态管理。建立服务产品和案例库，按照不同行业、服务内容、企业类型等维度，进行标准化服务产品和专业化服务案例分类管理与应用，引导带动市场化服务机构有序为中小企业提供规范、优质服务
	增强服务能力。推动中小企业公共服务机构加强全员、全程、全面质量管理，推行服务承诺和服务公约制度，建立服务项目跟踪管理制度、客户回访制度、服务满意度评价制度和服务工作归档制度。推动建立信息公开制度，在"一张网"服务平台上发布服务指南，实现服务项目、服务内容、服务流程、服务标准、服务监督、联系方式"六公开"。鼓励公共服务机构采用国内外服务质量管理先进标准和方法，实施行业服务规范，支持提供专业服务的公共服务机构取得相应服务的专业资质证书或认证，通过相关认证提升服务能力和水平。支持公共服务机构积极参与中小企业服务有关团体标准、地方标准的制定/修订，提高服务标准化、规范化水平

续表

针对的方面	重点内容
主要任务	提升公共服务影响力。通过新闻报道、公益广告、信息推送、公众号和短视频等方式，向中小企业广泛推介公共服务机构和服务"一张网"相关信息，扩大信息知晓率。引导公共服务机构增强服务品牌意识，打造易识别、易记忆、易传播的特色服务品牌，增强服务信用，提升服务形象，形成较强的知名度和影响力。支持有条件地方的中小企业公共服务机构牵头组建区域性的中小企业服务联盟，与高校、科研院所、协会商会、市场化服务机构等加强联系合作，进一步提升服务水平和社会影响力
	加强服务队伍建设。推动中小企业公共服务机构完善学习培训制度，加强法律政策、企业管理以及服务标准规范与技能的培训，提高服务人员政策理论水平和解决企业问题的实际能力，打造学习型组织。推动服务人员交流，鼓励选派优秀服务骨干到园区、集群、企业锻炼，在实践中不断提升服务意识和服务水平。推动建立服务人员绩效考评和激励机制，提高服务效率，改善服务质量。鼓励公共服务机构联合高等院校、职业院校和各类职业技能培训机构合作共建人才培训基地、实习实践基地，创新人才培养模式，加强中小企业公共服务人才保障
保障措施	加强组织领导。各级中小企业主管部门要把加强中小企业公共服务体系建设作为促进中小企业高质量发展的重要基础性措施，加强统筹协调、业务指导和监督检查，纳入中小企业发展规划和年度工作要点，系统谋划，整体推进，明确阶段性目标和年度任务，完善中小企业公共服务体系可持续发展模式
	加强政策支持。落实《中华人民共和国中小企业促进法》关于中小企业发展专项资金通过资助、购买服务、奖励等方式支持中小企业公共服务体系建设的有关要求，加大对中小企业公共服务机构支持力度，提升服务能力，扩大服务范围，降低服务成本
	加强评估问效。工业和信息化部对各地中小企业公共服务体系建设和服务情况进行评估指导，并将其作为中小企业发展环境评估的重要内容。省级中小企业主管部门统筹推进全省中小企业公共服务体系建设，对公共服务情况进行考核评价，并纳入本地区中小企业发展环境评估

续表

针对的方面	重点内容
保障措施	加强宣传交流。通过现场会、培训班、研讨会、信息简报、案例集锦等多种形式，及时总结推广各地中小企业公共服务体系建设的有效做法和典型经验，选树优秀服务工作者和服务机构，不断提升中小企业公共服务体系服务能力和社会影响力，在全社会营造关心、支持、服务中小企业的良好氛围

三、政策解读

　　中小企业在我国是促进就业、改善民生和推动创新的重要力量，是推动国民经济发展的主力军，给国家贡献了 50%以上的税收、60%以上的国内生产总值、70%以上的科技创新成果，解决了国家 80%以上的城镇劳动就业，在促进改革开放、稳定经济增长、调整经济结构、防范化解风险中发挥着十分重要的作用。《指导意见》的出台，聚焦公共服务体系建设，打造更加适宜中小企业发展的生态环境，让中小企业真正有获得感，有利于进一步激发企业家的创新活力，充分发挥中小企业在国民经济和社会发展中的重要作用。

热 点 篇

第十二章

ESG 的兴起对中小企业的影响研究

2024 年 1 月，中共中央、国务院印发《关于全面推进美丽中国建设的意见》，明确提出探索开展"环境（Environment）、社会（Social）和公司治理（Governance）"评价（以下简称 ESG 评价）。ESG 评价作为企业的"第二张财报"，反映企业的可持续发展理念，其价值日益受到业界推崇并在全球快速推广。当前，ESG 评价已经成为国际经贸新规则和新共识，在大型企业中已经得到了较为广泛的认同与实践，中小企业为应对供应链核心企业在 ESG 披露方面的潜在强制要求，开展相关信息披露将成为未来的"必答题"，我国亟须加强顶层设计，引导中小企业积极应对。

第一节　ESG 相关概念

一、ESG 概念

目前，大部分第三方企业评价主要依据是财务指标，但由于财务指标具有滞后性，虽然可以客观体现企业过去的经营绩效，但无法反映企业的长期可持续发展能力，只用财务指标对企业进行评价存在明显短板。例如，收入 1000 万元的企业（非污染行业）和收入 2000 万元的企业（污染行业）不能直接、简单地比较，因为环保要求可能让污染企业随时面临关停风险，这意味着企业明显不具备长期可持续发展能力。对此，除考虑传统财务层面的业绩表现外，急需一套能够反映企业长期生存能力的"第二张财报"，以全面评估企业的价值。

2004 年，联合国全球契约组织提出 ESG 概念，目前该概念得到国际社会广泛认可。ESG 已逐步成为衡量企业可持续高质量发展的重要参照系。其中"环境"强调企业践行环境责任，在生产及运营过程中对环境采取保护措施，具体包括碳排放、环境政策、废物污染及管理、能源使用及管理、自然资源消耗及管理、生物多样性、合规性等；"社会"强调企业的生产及运营过程遵循合规要求，考虑社会长远利益以及商业伦理，重视与社会及各利益相关方的内在联系和互相影响，具体包括性别平衡、人权政策、社团、健康安全、管理培训、劳动规范、产品责任、合规性等；"公司治理"强调企业所有者在企业经营管理过程中，完善科学合理的企业管理制度体系，以实现企业的经济收益和社会效益最大化，具体包括公司治理、贪污受贿处理、反不正当竞争、风险管理、税收透明、公平的劳动实践、道德行为准则、董事会独立性及多样性等。

二、ESG 与企业社会责任的联系与区别

ESG 与企业社会责任（Corporate Social Responsibility，CSR）的概念极为相似，二者的主要联系与区别如下。

从相似点来看，一是二者均强调超越非传统财务或利润目标，都要求企业更加全面地考量经营活动和投资活动中对人、社会、环境的多重影响，并对这些影响开展管理，采取有效措施减少或消除潜在风险，正确权衡收益和风险的关系。二是二者均关注环境、社会等具体细分领域内容且有诸多重合，都包含组织治理、人权、劳工、环境、消费者、社区参与等内容，近年来还加入了应对气候变化、低碳发展和供应链管理等。

从不同点来看，一是从时间上看，企业社会责任提出得更早，1953 年由美国学者 Bowen 在《商人的社会责任》一书中首先提出。二是在侧重方向上，企业社会责任概念更偏"定性"，多用来描述发展理念或价值导向，而 ESG 更重"定量"，多用来具体衡量取得的实效。三是对企业的作用及意义上，企业社会责任传播属性更强，更注重口碑建立及品牌推广，而 ESG 多与金融、投融资等相联系。

总的来看，企业社会责任与 ESG 概念共性多、差异少，边界区分

相对模糊，在企业发布的信息披露报告中二者概念有时会互相混用，有时又相互融合、互为补充。

第二节 全球 ESG 发展动态

一、全球 ESG 标准和规范"三足鼎立"格局逐步形成

目前，全球主要有三套 ESG 准则，即国际可持续准则理事会（ISSB）发布的国际准则、欧盟发布的区域准则和美国发布的国别准则。

（一）国际：ESG 国际准则正式发布，标志全球 ESG 标准基线形成

2023 年 6 月，国际可持续准则理事会（ISSB）发布《国际财务报告可持续披露准则第 1 号：可持续发展相关财务信息披露一般要求》（IFRS S1）和《国际财务报告可持续披露准则第 2 号：气候相关披露》（IFRS S2），标志着全球 ESG 标准基线形成。随着其应用范围的扩大，将对我国企业发展产生重要影响。例如，香港交易所拟自 2025 年起应用 ISSB 相关准则，这意味着港股上市企业对标 ISSB 披露要求已迫在眉睫。

（二）欧盟：立法先行，从企业自身和价值链视角规范 ESG 信息披露

欧洲理事会于 2022 年 11 月通过的《企业可持续发展报告指令》（CSRD）是欧盟 ESG 信息披露的核心法规，主要内容如下。

1. 适用企业范围显著扩大

除欧盟监管范围内的公司，还包括在欧盟上市的公司、营业收入达到一定规模并在欧洲设立子公司或分支机构的非欧盟公司，制定从"鼓励自愿披露"到"半强制披露"再到"强制披露"的披露原则。同时针对中小型上市公司的能力和特点，设置三年过渡期。

2. 拓宽强制性披露信息至供应链

气候变化、环境污染、资源利用等生态方面，员工权利和公司治理方面的定性定量信息的强制性披露将延伸至供应链中，供应链上相关企

业的信息被纳入披露范围。温室气体排放量的披露不仅应考虑企业本身的气体排放，还应考虑其经营活动所带来的上游（材料采购）和下游（产品消费）的气体排放。

（三）美国：美国交易所逐步提高 ESG 披露要求

2019 年 5 月，纳斯达克证券交易所发布《ESG 报告指南 2.0》，明确要求提高中小企业在 ESG 信息披露方面的参与度。2022 年 3 月，美国证券交易委员会提交了《上市公司气候数据披露标准草案》，对于中小型上市公司，要求其在 2025 财年的财务报告中强制披露气候数据。2024 年 3 月，美国证券交易委员会通过了《面向投资者的气候相关信息披露的提升和标准化》，要求美国上市或即将上市的企业披露涵盖重大气候风险、应对及适应气候风险的活动等信息。

（四）三者比较

总的来看，国际、欧盟、美国的三套准则在技术要求和政治考虑方面各有侧重。国际可持续准则理事会（ISSB）将其准则定位为全球基线，允许不同国家和地区在 ISSB 相关准则的基础上添加额外的披露要求。欧盟侧重加强监管，打击"漂绿（Green Washing）"行为，推动 ESG 的有序发展。美国的 ESG 理念正在成为共和党和民主党较量的工具，市场政治化和两极化愈演愈烈，致使 ESG 责任投资资产规模持续波动。

二、全球主要经济体推动 ESG 的主要目标

（一）将经济转型方向与绿色低碳相联系，推动高碳经济向低碳经济转型

欧美发达经济体是全球产品的主要消费需求方，具有较强的示范引导能力。ESG 中涉及"碳排放""碳壁垒"等环境因子，通过与碳关税等政策措施捆绑，可推动减碳力度，促进企业向低碳经济转型。

（二）将气候变化政策与贸易捆绑，建立新型技术性贸易壁垒

目前，欧美发达经济体逐步将碳关税等有关政策作为气候治理手

段，在政策执行中以对外加征碳关税实现贸易控制和制裁，对全球经贸形势产生深远影响。以欧盟碳边境调节机制（BAM）为例，欧盟要求我国钢铁产品加快深度脱碳，由于中国和欧盟市场碳价差异巨大，政策执行将极大提高我国对欧盟出口产品成本，损害发展中国家的经济权益。

（三）将低碳规则由国内向国际扩展，掌握全球贸易规则与话语权

欧美发达经济体率先完成工业化，较早步入后工业化时代，已处于低能耗、低排碳的发展阶段。西方国家掌握 ESG 话语权，将进一步巩固其成为全球低碳产业的主导者、规则制定者和定价权控制者，以谋求自身利益最大化。

综上，ESG 评价正成为全球气候治理和"碳中和"的主要博弈领域，ESG 评价成为各国争夺新一轮标准制定与国际规则话语权的重要抓手。我国有集中力量办大事的新型举国体制优势，有门类齐全、配套完备的产业体系，把 ESG 作为一种可长期遵循的价值理念和自我"体检"工具，是企业与国际接轨的重要标志和发展要求，也是我国参与国际经济大循环，实现高质量发展的"必修课"。

三、ESG 投资是国外资本关注的主要领域

2006 年，联合国环境规划署金融倡议组织（UNEP FI）和联合国全球契约组织（UNGC）成立了联合国责任投资原则组织（UNPRI），提出"责任投资原则"，推动各大投资机构在决策过程中纳入 ESG 因素。ESG 投资在欧美市场高速发展十余年，逐渐成为主流投资方向。一是 ESG 投资发展前景广阔。根据彭博新闻社（Bloomberg News）的预测，到 2025 年全球 ESG 资产规模有望超过 53 万亿美元，占预计全球总资产规模（140.5 万亿美元）的 1/3 以上。二是认同 ESG 理念的机构数量创历史新高。截至 2023 年底，全球签约联合国责任投资原则组织（UNPRI）的机构达 5370 家，较 2022 年增加 463 家。三是 ESG 投资规模高速增长。根据美国知名投资研究机构晨星（Morningstar）统计，截至 2023 年 6 月 30 日，全球共发行 7426 只可持续基金，募集资金 2.834 万亿美元，实现自 2022 年三季度以来的连续增长。

第三节　ESG 的兴起对我国中小企业发展的影响

我国坚持以习近平生态文明思想为指导，发展人与自然和谐共生的新型现代化，创造了举世瞩目的生态奇迹和绿色发展奇迹，美丽中国建设迈出重大步伐。中国倡导的"生态文明"理念已写入第一届联合国环境大会决议，成为全球共识，与联合国全球契约组织提出的 ESG 理念高度契合。2024 年 1 月，中共中央、国务院印发《关于全面推进美丽中国建设的意见》，探索开展 ESG 评价。随着各部门配套政策的逐渐完善，对企业的 ESG 评价将成为所有企业未来发展的"必答题"。当前，践行 ESG 理念，不局限于大型企业和上市公司，中小企业作为中国经济的"毛细血管"，ESG 也正成为重构中小企业价值成长的新逻辑、新风口、新路径。

一、我国中小企业 ESG 发展现状

（一）ESG 信息披露要求日趋严格

1. 各部门持续出台政策法规

我国 ESG 信息披露起步较晚，但发展迅速，势头强劲。特别是 2020 年以来，各部门持续出台政策法规，指导 ESG 信息披露。国务院国资委、生态环境部、中国人民银行、中国证监会等均出台了 ESG 相关政策文件，其中在企业治理及环境部分已有强制性信息披露的相关要求。例如，2021 年，生态环境部印发了《企业环境信息依法披露管理办法》，对企业建立健全环境信息依法披露管理制度进行指导；2022 年，国务院国资委专门成立"社会责任局"，明确提出要"抓好中央企业社会责任体系构建工作，指导推动企业积极践行 ESG 理念"；2024 年，中国人民银行、工业和信息化部等七部门发布《关于进一步强化金融支持绿色低碳发展的指导意见》，支持信用评级机构将 ESG 纳入信用评级方法与模型。

2. 证券交易所在实践层面发挥了关键作用

2024 年 4 月，上交所、深交所、北交所三大证券交易所发布了《上市公司可持续发展报告指引》（以下简称《指引》），并于 2024 年 5 月 1

日起生效，引导和规范上市公司发布 ESG 报告。《指引》对我国上市公司在 ESG 信息披露方面作出了明确的规范，这意味着 A 股首个统一、标准、实用的 ESG 披露标准正式落地。

3. 首个团体标准已发布，加速我国中小企业 ESG 标准化进程

面对愈发趋紧的 ESG 监管披露政策，我国中小企业 ESG 信息披露面临更高要求。2024 年 2 月，中国中小企业协会发布我国首个《中小企业 ESG 信息披露指南》（T/CASMES 285—2024）团体标准，加速我国中小企业 ESG 标准化进程。当前，我国 ESG 信息披露体系逐渐完善，已从以政府引导、国企初探为特点的"1.0 时代"（2006—2010 年），进入到国企为主、民企跟进的"2.0 时代"（2011 年至今）。截至 2024 年 4 月底，我国 A 股上市企业中已有 1938 家企业披露了 2023 年 ESG 主题报告、企业社会责任报告，其中央企的披露率最高，达到 80%，地方国企的披露率为 54%，以中小企业为主的民企的披露率为 25%。

（二）ESG 投资高速增长支撑我国经济高质量发展

1. ESG 投资是新质生产力的组成部分

绿色发展是我国经济转型升级的底色，新质生产力的重要内涵之一就是绿色生产力。ESG 投资作为绿色金融的重要组成部分，发挥着重要的牵引作用。截至 2023 年 9 月，北交所 218 家上市公司累计融资 437.68 亿元，其中约八成募集资金投向低碳环保、数字经济、新能源新材料等绿色创新领域。中国社会科学院发布的《中国 ESG 投资发展报告（2023）》显示，在省级层面，全国各地区企业 ESG 表现对 GDP 的贡献均为正，说明企业 ESG 表现对地区经济发展有正向促进作用。其中，在长江中游地区和西北地区，这种促进作用尤其明显。以 2013—2021 年中国 A 股 1229 家上市公司为样本，ESG 表现对 GDP 的平均贡献率为 0.018%，是促进经济高质量发展的重要影响因素之一。

2. ESG 投资是金融服务实体经济发展的重要支撑

当前，我国经济正处于高质量发展的转型关键期，ESG 与高质量发展内在要求高度契合，日益受到市场关注和重视。ESG 投资以其独特的社会责任属性与投资原则，逐渐成为投资主流，成为推动经济高质量发展的有效抓手。中国人民银行数据显示，截至 2023 年底，我国绿色贷

款余额为 30.08 万亿元，同比增长 36.5%，高于各项贷款增速 26.4 个百分点。Wind 数据库显示，2023 年我国共发行 802 只绿色债券，发行规模为 11180.5 亿元，发行规模已连续两年超万亿元。

3. 我国 ESG 投资的产业示范引领作用有待提升

ESG 投资作为衔接微观企业绿色治理行为和宏观绿色低碳高质量发展的重要工具，能够推动降碳、减污、扩绿、增长等宏观转型要求在微观层面落地。然而，我国 ESG 信息披露不规范、不透明，使投资者难以全面了解企业的 ESG 表现，ESG 在示范引领产业绿色转型和促进"双碳"目标实现上的作用也有待提升。当前，新一代信息技术的蓬勃发展和绿色低碳技术的广泛应用为实现"双碳"目标创造条件，并带来经济、社会双效益。在这一过程中，我国可再生能源、资源循环、交通运输等产业，以及相关装备制造、大数据平台、绿色终端产品都将迎来重大发展机遇。未来，新兴绿色低碳产业将成为提升我国中长期经济增长的关键动力之一。

二、ESG 赋能中小企业发展的三大逻辑

（一）供应链逻辑

供应链管理是 ESG 评价中的关键议题，国内外知名大型企业除落实自身 ESG 要求之外，还规定供应商在环境保护、职业健康与安全等方面具有良好的 ESG 表现。苹果公司 2022 年年报显示，已在 52 个国家开展了 1177 次供应商评估，如果供应商难以达到 ESG 相关标准，则可能中止合作；奥瑞金公司作为啤酒等饮品的易拉罐包装生产企业，在铝制品的回收方面投入数千万元，目的就是满足百威等核心企业关于易拉罐包装品的回收率要达到一定百分比的相关要求。因此，鼓励和引导中小企业进行 ESG 信息披露，倒逼其进行绿色低碳转型，使其能够有效融入大企业的供应链体系中，提升其产品竞争力。

（二）金融的逻辑

注重 ESG 评价的中小企业能及时主动向资本市场和投资者传递公司的真实信息，一方面能够展示公司治理的合规性，获得投资者的信任，

同时能够提高企业融资能力，贴有"绿色标签"的企业可获得低息信贷支持。2022 年 6 月，中国银行保险监督管理委员会（以下简称银保监会）印发的《银行业保险业绿色金融指引》提出，银行保险机构应有效识别、检测、防控业务中的 ESG 风险。江苏银行等金融机构已积极为中小企业融资打开绿色通道，创设"ESG 表现挂钩贷款"机制。

（三）品牌的逻辑

消费者逐渐将"可持续"与"绿色环保"作为品牌综合评价的一部分，甚至愿意为此支付溢价。据贝恩咨询发布的《亚太区可持续消费趋势洞察》报告显示，在 1.6 万名受访者中，有 90% 的受访者愿意为产品的可持续性支付溢价。例如，诸多口碑、实力兼具的新锐美妆品牌将 ESG 作为战略重点，主打产品"天然成分"的卖点，形成了品牌效应和提升了客户忠诚度。

三、我国中小企业 ESG 发展面临的形势

（一）高准入门槛

当前，国际经贸规则和国际贸易日益强调和细化供应链 ESG 合规，特别是欧盟 CSRD 的生效，"链主"企业的 ESG 要求成为我国供应商参与全球贸易的先决条件。以苹果公司为代表的消费电子行业的碳减排管理最为典型，除落实自身 ESG 要求外，还规定供应商应具有良好的 ESG 表现，ESG 将成为强制性的市场准入门槛。我国中小企业作为供应链中的一环，须完成调研问卷、审核验厂、上传材料等自证 ESG 表现的环节才可获得订单，这既维护企业的良好声誉与品牌形象，确保自身在供应链中的优势，又有利于获取商业订单与开拓国际市场。2020 年有 8% 的潜在供应商由于无法或不愿达到苹果公司提出的责任标准而未能进入"果链"。

（二）金融表现不佳

目前，ESG 评级结果已成为全球主要投资机构的决策依据，境外上市中小企业面临严重的 ESG 评级压力。国际指标评价体系多由发达国

家制定，由于各国经济发展阶段、经营理念和文化的差异，相关指标设置和权重分配没有充分考虑我国的发展阶段和产业转型需求，不适合我国国情，导致我国中小企业 ESG 评级结果普遍偏低，限制了中小企业的市值和融资能力，有的企业甚至被 ESG 基金减持，这对中小企业的资本市场表现造成不利影响。

（三）运营成本增加

ESG 规则国际化及供应链尽责立法趋势日益明显，ESG 规则国际化或将成为"一带一路"共建国家施加的隐性投资壁垒。我国中小企业供应商将被要求履行更多 ESG 规则义务，承担额外的社会责任。同时，出于对经济风险和机构声誉的考虑，主流国际金融机构已将 ESG 作为其发放贷款的重要考量因素，在面对电力、化工、矿产、基础设施等特定行业的境外投资项目的贷款审批时会更加审慎，这就直接增加了企业的融资成本。

（四）数据泄露风险

目前，供应链审核机构、ESG 评级机构中绝大多数为国际机构，供应商审查或 ESG 评级均为周期性地，通过多达上千个 ESG 评级数据点的调研问卷、现场审查、抽调企业管理文件和具体记录等方式，国际机构可获取我国中小企业全面、真实的数据，其中涉及的商业机密性和行业敏感性数据，将对我国产业安全带来一定风险。

（五）高舆论压力

国际 ESG 体系中的"人权"指标比重普遍较高，并且评判"人权"的标准多为西方媒体标准，而我国实行的社会保障、推进乡村振兴、促进共同富裕等方面的理念和举措无法得到很好体现。一旦 ESG 评价因政治原因被操控，可能给中小企业带来不良的舆论风险。

四、我国中小企业 ESG 发展存在的主要问题

（一）缺少顶层设计、评价标准未统一

当前，我国中小企业 ESG 信息披露缺少统一的框架和指引性文件。

ESG 工作涉及财政部、国资委、中国人民银行、中国证监会、工业和信息化部等多个部门，由于统筹协调机制不完善，导致国家标准仍未出台。此外，各机构对 ESG 评级指标的定义、口径尚未统一，定量指标覆盖率低，造成对同一对象评估差异较大，可比性较差。

（二）多数中小企业对 ESG 认知不足，信息披露率较低

从信息披露方看，中小企业受资金、人才、理念等因素影响，信息披露率较低。在自愿披露的制度下，绝大多数中小企业管理者对 ESG 认知不足，受短期利益驱使，不愿支付更多的成本进行 ESG 信息披露，具体经营中也无法支撑企业 ESG 治理的需求。中国上市公司协会等统计，境内市场市值低于 50 亿元的中小企业的 ESG 信息披露率仅为 12%，市值高于 500 亿元的上市公司的 ESG 的披露率达到了 79%。

（三）存在"漂绿"等虚假 ESG 行为，难以进行客观评价

从信息接收方看，当前，我国成熟的 ESG 投资者数量仍较少，获取和评判信息的能力有待提升。特别是未上市的中小企业，其利益相关者和成熟投资者的数量较少，在进行投资决策时可用作参考的数据有限，评价逻辑、数据来源、计分方式的不同将影响评价结果。甚至在不同评价场景下，同一企业可能获得不同水平的 ESG 等级（分数），这些"差异"都不利于投资机构进行客观地辨别和筛选。例如，为美化企业的可持续发展能力，部分企业和机构只在战略中虚假体现 ESG，实际行动中却无具体有效的 ESG 举措。这样的"漂绿"行为，影响了 ESG 的客观公正性，对投资者评价企业 ESG 水平造成干扰。

第四节　对策建议

当前，ESG 理念日益成为国际共识。企业是可持续发展的中坚力量，其中中小企业作为我国经济"毛细血管"，面对全球气候变暖、资源枯竭等日益突出的问题，践行 ESG 理念，有助于推动实体经济可持续发展。为此，我国亟须加强顶层制度设计，加快构建具有中国特色的中小企业 ESG 评价体系，加强 ESG 政策宣贯培训，促进大中小企业绿色协同发展，提升标准与规则的国际话语权。

一、加强顶层设计，加快推动中小企业 ESG 政策建设

一是加强顶层设计。落实《关于全面推进美丽中国建设的意见》文件要求，建议将 ESG 纳入《"十五五"促进中小企业发展规划》《促进专精特新中小企业高质量发展》等政策中。强化多部门协同机制，研究制定中小企业绿色能源使用、碳中和、劳工保护等多方面 ESG 政策标准及实施要求，为中小企业实现可持续发展创造重要抓手。二是完善相关的配套政策。在中小企业产业集群、相关园区评定中强化 ESG 相关指标，引导 ESG 资金、技术、人才等要素加速流向中小企业，逐渐形成集 ESG 信息披露、ESG 评价和 ESG 投资等核心要素于一体的中小企业 ESG 生态体系，并给予财政、金融优惠或政府采购支持。例如，对于 ESG 表现较好的企业给予低息贷款、优先纳入政府采购范围等政策支持。

二、建立完善中小企业 ESG 评价体系，开展优质企业的试点评估

一是研究制定我国中小企业 ESG 评价指标。主动对接国际标准，建立本土化、系统性的中小企业 ESG 指标体系。例如，在社会因素中引入普惠金融、乡村振兴等因子，在治理因素中加入逾期未支付中小企业款项等因子。探索建立细分领域的专业性评价标准，实现国内 ESG 评价体系的弯道超车。二是健全信息披露管理机制。根据中小企业所属地区、行业及自身发展阶段的不同，ESG 披露策略实施"稳中求进"，从自愿披露到半强制性披露，再到强制性披露，设置 3～5 年缓冲期。三是开展优质企业的试点评估。优先在"专精特新"中小企业、专精特新"小巨人"企业开展试点评估，不断调整和完善指标设置，把原则性的指导转化为具备可操作性的工具方法，加以推广应用，同时对企业 ESG 表现进行量化比较。

三、加强 ESG 专题培训，强化示范引领作用

一是加强 ESG 专题培训。以"线上+线下"专家授课、集中培训、

交流研讨等多种方式为中小企业开展 ESG 政策的宣贯，提高中小企业对 ESG 的认知程度，普及 ESG 理念和价值，把握正确的舆论导向。引导咨询机构、行业协会等为中小企业提供常态化的培训，帮扶其建立完善 ESG 信息披露和管理体系。指导优质中小企业强化海外 ESG 风险防控，避免因负面事件影响企业声誉甚至导致诉讼和处罚。二是强化示范引导。及时总结中小企业 ESG 发展经验，编制优秀的案例集，为行业企业提供 ESG 知识和实践经验。对 ESG 示范作用突出的中小企业给予表彰，引领带动更多中小企业学习 ESG 发展模式。

四、分类分业施策，推进大中小企业绿色协同发展

中小企业是国民经济的主力军，是实现"双碳"目标的主体，践行 ESG 理念，需要大中小企业协同发力。一是发挥大型企业的示范引领作用。引导钢铁、建材、有色、化工等重点行业的龙头企业创新应用低碳技术，优化工艺流程，调整能源结构，提升碳排放管理水平。二是引导中小企业强化 ESG 理念。基于国际共识框架，结合我国中小企业发展特征，鼓励优质中小企业加强 ESG 信息披露，定期发布 ESG 报告等。建立完善的 ESG 管理体系，引领更多中小企业实现可持续发展。三是鼓励"链主"企业打造绿色供应链。借鉴欧盟的经验，建立健全供应商管理机制，以供应链为牵引，以绿色采购为抓手，带动上下游中小企业加快绿色转型，推动大中小企业绿色协同发展。

第十三章

人工智能赋能中小企业的路径和影响研究

第一节　人工智能对中小企业数字化转型的重要性

在数字化、智能化的时代，人工智能（AI）正逐渐渗透我们生活的各方面，尤其是在商业领域，它为企业发展带来前所未有的机遇。经济合作与发展组织《2024 年中小企业数字化：应对冲击和转型》调查显示，国际上中小企业对人工智能持积极开放态度，近 1/5 的受访企业已在较短时间内应用了人工智能；大多数受访企业认为应用人工智能的机遇大于风险；部分企业开始着手将人工智能用于核心业务的升级改造。中小企业积极拥抱人工智能技术，不仅可以提升盈利能力，改善客户体验，增强企业韧性，还能显著提高生产效率，具体如下。

一是人工智能在提升中小企业盈利能力方面发挥着重要作用。在广告文案创作方面，人工智能可以基于大数据和深度学习技术，分析消费者的喜好和行为模式，为中小企业提供精准的广告创意和投放策略，从而吸引更多潜在客户。此外，人工智能还可以在媒体传播、个性化推荐和产品设计等方面提供帮助，帮助中小企业实现精准营销，拓展客户群体，创新业务模式，挖掘新的收入增长点。

二是人工智能有助于改善客户体验。利用人工智能技术，中小企业可以实现 24 小时全天候的客户服务，快速响应客户需求，处理常见问题。这不仅可以降低客服人力成本，还能避免因人为因素导致的错误和延误。同时，人工智能还可以根据客户需求生成个性化回复，提高服务质量和客户满意度。这种智能化的客户服务方式,有助于增强客户黏性,为企业赢得更多忠实客户。

三是人工智能能够增强中小企业经营韧性。在经营决策过程中,人工智能可以通过市场监测和数据分析,为企业提供及时、准确的市场信息和趋势预判。这有助于中小企业迅速调整业务模式,有效应对各种外在冲击,如供应链中断、通货膨胀和信贷收紧等。此外,人工智能还可以帮助中小企业优化资源配置,提高经营效率和抗风险能力,进而增强企业的市场竞争力。

四是人工智能在提高中小企业生产效率方面具有显著优势。通过引入自动化设备和智能系统,人工智能可以大幅提升企业的自动化水平,实现精益运营。这不仅可以减少人工干预,降低生产成本,还能提高生产灵活性和市场应变能力。同时,人工智能还可以根据市场预测精准调节库存,避免库存积压或缺货现象的发生,从而减少因库存问题造成的损失。

综上所述,人工智能在中小企业发展中具有广泛的应用前景。通过提升盈利能力、改善客户体验、增强企业韧性和提高生产效率等方面的努力,中小企业可以更好地应对市场挑战,实现可持续发展。中小企业应积极拥抱人工智能技术,开展数字化转型,不断探索和创新,赢得更多的发展机遇和竞争优势。

第二节 人工智能赋能中小企业的典型场景

一、产品研发与设计

(一)人工智能在产品研发中的应用

人工智能助力提高中小企业产品研发的效率。在传统的研发过程中,往往需要大量的人力和时间来进行产品的设计、测试和优化。而借助人工智能技术,如机器学习、深度学习等,中小企业可以在大量的数据中自动学习并找到最佳的方案,从而极大地缩短研发周期,降低研发成本。

（二）人工智能在产品性能优化中的应用

人工智能助力提高中小企业的产品性能和用户体验。通过对大量用户数据的分析，人工智能可以精准地把握用户的需求和偏好，帮助中小企业设计出更符合用户需求的产品。同时，人工智能还可以模拟各种使用场景，预测产品的性能和寿命，从而优化产品设计，提高产品的性能和改善用户体验。

（三）人工智能在产品设计中的应用

人工智能实现个性化定制。在人工智能大模型的帮助下，针对不同的客户需求，中小企业可以快速设计、生产出个性化产品，提高客户满意度和忠诚度。通过大数据分析和机器学习算法，中小企业可以快速获取有关市场趋势、客户需求和竞争对手的信息，从而有针对性地进行产品设计和创新。

（四）人工智能在创新产品中的应用

人工智能助力中小企业创新。通过对海量的创新资源进行深度挖掘和分析，人工智能可以帮助企业发现新的创新点和机会，推动企业持续创新，保持竞争优势。通过辅助中小企业进行仿真实验和性能预测，缩短研发周期，降低研发成本。

二、生产制造

（一）人工智能在智能监控与故障诊断中的应用

利用人工智能对生产过程中的设备状态进行实时监控，能及时发现设备的异常情况，通过故障诊断算法进行分析和预测，有助于中小企业提前采取措施，避免设备故障导致的生产停滞，提高生产线的稳定性和可用性。同时，智能监控还可以为中小企业提供有关设备运行状况的数据支持，为设备维护和更新提供决策依据。

（二）人工智能在自动化生产线与机器人操作中的应用

人工智能在自动化生产线和机器人操作的应用已经取得了显著的

成果。通过引入智能机器人，小微企业可以实现生产过程的自动化，减少人工参与，降低生产成本。此外，机器人还可以帮助企业应对劳动力短缺问题，提高生产效率。在人工智能的支持下，机器人可以实现更加复杂和精细的操作，这进一步拓宽了其在生产制造领域的应用。

（三）人工智能在生产计划与调度优化中的应用

人工智能在生产计划和调度方面的应用为中小企业提供更加科学合理的生产方案。通过对历史数据的分析和挖掘，人工智能可以预测未来的生产需求，并据此制订合理的生产计划。同时，人工智能还可以根据生产线的实时状态，对生产调度进行优化，实现资源的最优配置。这有助于提高生产效率，降低生产成本，为中小企业创造更大的利润空间。

（四）人工智能在质量管理与追溯中的应用

人工智能在质量管理方面的应用可以实现实时监控和分析产品质量。通过采集和分析生产过程数据，企业可以及时发现产品质量问题，并采取相应的改进措施。此外，人工智能还可以实现对产品生产过程的全流程追溯，确保产品质量的可控性。这有助于提高企业的市场竞争力，提升企业的品牌形象。

（五）人工智能在定制化生产中的应用

人工智能帮助中小企业实现产品和工艺的不断改进。通过对大量数据的分析和挖掘，中小企业可以发现新的研发方向和市场需求，从而提高产品的附加值和市场竞争力。此外，人工智能还可以支持中小企业实现定制化生产，满足消费者多样化的需求，提高市场份额。

三、市场营销

（一）人工智能在市场调研中的应用

人工智能有效辅助中小企业市场调研，提高调研效率和准确性。通过使用自然语言处理（NLP）技术对社交媒体上的用户评论进行分析，中小企业可以快速获取用户的反馈和意见。此外，人工智能还可以通过数据挖掘和预测分析来预测市场趋势,帮助中小企业制定更为科学的市场营销方案。

(二) 人工智能在精准营销中的应用

人工智能助力中小企业实现精准营销,提高营销效果。通过机器学习算法,中小企业可以根据客户的购买历史、浏览行为等数据,预测客户需求和购买意向,推荐个性化产品。同时,人工智能还可以通过对客户数据的分析,为中小企业制定更为精准的营销活动,提高活动的参与率和转化率。

(三) 人工智能在社交媒体营销中的应用

人工智能帮助中小企业更好地利用社交媒体进行营销。通过使用自然语言处理技术,企业可以实时监测社交媒体上的舆论和热点话题,并根据这些信息调整营销策略。此外,人工智能还可以通过分析社交媒体数据,帮助企业识别潜在客户和合作伙伴,拓展企业的社交网络。

(四) 人工智能在客户服务中的应用

人工智能帮助中小企业提高客户服务质量,提升客户满意度。通过使用人工智能客服,中小企业可以提供 24 小时在线咨询服务,解决客户基本问题。此外,人工智能还可以通过对客户数据的分析,预测客户的需求和问题,提前为客户提供解决方案,提高客户满意度。

(五) 人工智能在供应链管理中的应用

人工智能帮助中小企业优化供应链。通过大数据分析,中小企业可以对供应链进行实时监控,确保供应链的稳定运行。人工智能还可以辅助中小企业进行供应商评估和风险管理,降低采购成本和供应链风险。

四、品牌创设

(一) 人工智能在品牌定位与策划中的应用

人工智能通过大数据分析和挖掘,能够帮助中小企业找准品牌定位,满足目标消费者的需求。人工智能通过分析消费者对竞品的评价、行业趋势，以及消费者喜好等多方面数据，为企业制定符合市场需求的品牌战略。此外，人工智能还可以为企业提供创新的品牌策划方案，提升企业的品牌形象和知名度。

（二）人工智能在品牌推广与营销中的应用

中小企业通过人工智能可以实现精准、高效的广告投放，提升品牌曝光度和知名度。人工智能能够分析用户行为、兴趣和消费习惯等数据，为中小企业制定个性化的广告策略。此外，人工智能还可以实现社交媒体营销的自动化，帮助中小企业与客户或终端消费者建立更紧密的联系，同时降低营销成本，提高品牌推广效果。

（三）人工智能在品牌管理与优化中的应用

人工智能可以帮助中小企业实现品牌管理的智能化，提升品牌运营效率。通过实时监测消费者对品牌的评价和反馈，为中小企业提供有针对性的改进建议。通过分析销售数据，为中小企业制定合理的库存管理和产品优化策略提供支持。通过人工智能的应用，中小企业可以更好地维护品牌形象，提升消费者满意度。

第三节　中小企业应用人工智能面临的问题和挑战

中小企业在利用人工智能技术的道路上面临多重瓶颈，主要涉及资金投入、技术能力、隐私安全，以及政府的支持引导，这不仅限制了中小企业的发展，也影响了整个经济体系的活力与创新。具体内容如下。

一是资金投入方面。人工智能技术的研发试错、技能培养以及软硬件的运维都需要大量的资金投入。对于规模较小、资金有限的中小企业而言，这无疑是一个巨大的挑战。他们往往无法承担如此高昂的成本，导致在人工智能技术的应用上显得力不从心。未来，必须考虑成本低、便捷易用的 AI 解决方案。

二是技术能力方面。相较于大型企业，中小企业往往缺乏专业的技术团队和丰富的经验积累，难以在短时间内组建起一支具备人工智能技术的队伍。此外，由于培训资源有限，中小企业在技能培养方面也存在较大困难，进一步制约了他们在人工智能领域的发展。

三是隐私安全方面。由于数字安全实践不足，中小企业往往容易成为网络攻击的目标。同时，由于缺乏数字安全评估和培训，中小企业在应对数据隐私及安全风险方面显得力不从心，这不仅可能导致企业遭受重大损失，还可能影响企业的声誉和客户关系。

四是政府的支持引导方面。调查显示，尽管政府已经出台了一系列支持中小企业发展的政策，但是在数字工具应用方面的支持仍显不足。一方面，政府所提供的支持可能无法满足企业的特定需求；另一方面，申请流程烦琐、审批时间长等问题也导致企业的参与度低。

为了破解这些瓶颈，需要政府、企业和社会各界的共同努力。政府需加大支持力度，提供更具针对性的政策扶持和资金支持；企业应积极提升自身技术能力和数字安全意识，加强人才培养和团队建设；社会各界应加强合作与交流，共同推动中小企业在人工智能领域的创新发展。

第四节　国外促进人工智能赋能中小企业的政策实践

作为人工智能领域中的先行者和领导者，欧美等发达国家早已对人工智能产业政策进行了深入研究，并采取多样的政策措施。

美国信息技术产业理事会（ITI）发布的《人工智能政策原则》提出了 14 个方面的政策主张，并认为政府部门、研发人员、使用人员及行业协会应共同参与讨论。政府部门须加强管理，如配备专业技术人员，提前考虑人工智能影响并做好应对措施，保持理性发展方向，以及法律法规约束管理。

英国帝国理工学院终身教授郭毅可提出，当前人工智能领域竞争激烈，英国须加大资金、人才、政策法规等方面的布局和投入，以培育成人工智能产业世界中心。南安普顿大学教授戴姆·文迪·霍尔（Dame Wendy Hall）和英国技术公司首席执行官杰罗姆·佩森提（Jérôme Pesenti）共同完成的《英国发展人工智能产业》一文指出，英国政府应提升数据可获性、改善人才培养技能、加强技术创新研究及支持技术应用。

德国研究与创新专家委员会（EFI）在德国科技政策评估中指出，

德国应加强对人工智能数据的使用及安全监管，明确发展政策并为企业提供发展空间，还提出通过具体行动和目标推进，落实到相关专家身上。德国数字化委员会成员博斯（Boss）认为，人工智能企业应增强前沿应用意识，融入商业模式，而非被动地等待政府推动。

一、欧盟推出一系列举措，支持初创企业和中小企业开发人工智能

2024 年初，欧盟委员会推出一系列举措，旨在支持欧洲初创企业和中小企业开发符合欧盟价值观及规则的可信人工智能（Trustworthy AI）。

一是为人工智能初创企业及更广泛的创新社区提供算力设施。购买、升级和运营专门用于人工智能的超算设施，便利对算力设施的访问和使用；提供与超算设施配套的编程工具和环境、一系列支持人工智能开发和应用的服务等，通过一站式服务，支持人工智能初创企业和研究机构开发算法、测试评估和验证人工智能大模型。

二是通过欧洲地平线项目和数字欧洲计划提供财政支持。上述项目预计到 2027 年提供约 40 亿欧元的额外投资；通过教育、知识培训、技能培养和重塑活动加强欧盟人工智能人才库建设和储备；加速开发和部署欧洲共同数据空间，供人工智能社区使用。

二、新加坡发布生成式人工智能沙盒，支持中小企业业务创新和数字化转型

2024 年 2 月，新加坡国际企业发展局（IE Singapore）和资讯通信媒体发展局（IMDA）联合推出生成式人工智能（GenAI）沙盒，旨在扶持中小企业开展人工智能解决方案实践，推动新加坡人工智能生态建设，该项目将使零售、餐饮、教育和酒店等行业约 300 家中小企业从中受益。

一是围绕主要需求场景，集合多方力量提供优质解决方案。新加坡国际企业发展局和资讯通信媒体发展局与高校、行业技术专家联合策划，针对市场营销和销售、用户参与度提升两大类需求，通过 GenAI 沙盒提供 13 套企业级人工智能解决方案（见表 13-1）。

表 13-1　GenAI 沙盒提供的人工智能解决方案

序　号	方　案　详　情
1	ICloud CRM 人工智能聊天机器人支持与网站、Facebook Messenger、Google Business、WhatsApp、短信、电子邮件等集成，汇聚、识别、跟踪潜在客户，实现销售转化，实时监控销售数据
2	Hypotenuse AI 人工智能内容创作平台，可创建高质量的博客文章、产品描述、社交媒体标题、广告文案等 20 多类内容，为 SEO 团队和电子商务品牌提供了内置工作流程
3	AI Piping 利用人工智能和专有机器学习算法，生成并发送邮件，通过自动化的高转化率电子邮件提高 B2B 销售效率
4	Addlly AI 帮助中小企业创建营销内容，提供一键博客作家、SEO 联合试点作家、社交媒体帖子生成器、AI 图像生成器和广告文案作家等功能
5	Gimmefy 是一个基于订阅的人工智能营销平台，可用于创意构建、内容创作和视觉设计等方面
6	So Monitor 利用人工智能技术进行竞争对手分析。用户可以毫不费力地深入了解友商动向，智能生成研究报告
7	My AI Front Desk 为企业提供全天候数字客服，通过 WhatsApp 进行问答、发送提醒和管理预约，提高客户互动性、运营效率，加深客户参与度
8	PBrain 聊天机器人为客户提供及时、个性化答案
9	OLLAAI 是一款无代码人工智能代理，可与客户互动，简化营销活动，通过对话提示或一键操作实现日常流程自动化
10	Utter Unicorn 聊天机器人，可与企业系统集成，通过 Facebook、WhatsApp 等主流社交媒体进行聊天对话
11	Verz Design 聊天机器人，由自然语言处理驱动，增强客户参与度，提高销售额和优化支持服务
12	Voltade 人工智能聊天机器人，可回答复杂的查询、收集数据、转换线索和跟踪订单
13	Websentials Omnibot 聊天机器人，通过自然语言对话增强客户互动，除了回答查询，还能促进端到端销售，提供个性化体验，结合语音聊天，开展动态营销活动

数据来源：新加坡国际企业发展局，赛迪智库中小企业研究所整理，2024 年 6 月。

二是针对广大中小企业群体，搭建平台促进供需对接。按照规定，凡在新加坡注册、纳税和运营，外资股份不超过 70%，年销售额不超过 1 亿新加坡元或集团员工不超过 200 人的企业均可提出申请。申请企业可通过沙盒网站浏览人工智能技术方案信息，联系供应商进一步交流。使用结束后，参与企业须完成调查问卷，反馈意见或建议。新加坡国际企业发展局将基于企业调查结果，对解决方案的适用性进行评估，继而研究进一步扩大人工智能应用的可行性。

三是提供配套资金，支持前期试用及后续优秀方案应用落地。在沙盒计划期间，符合申请条件的企业将获得媒体发展局提供的资金支持，可以选定一款解决方案开展为期三个月的试用，以便更好地了解、体验该方案的功能和优势。在沙盒期结束后，通过调查问卷反馈有意向继续使用该解决方案的企业，将有资格申请为期 9 个月的额外资金支持。

三、美国成立人工智能资源中心，为中小企业应用人工智能提供配套服务

2024 年 3 月，美国小企业发展中心（SBDC）创建人工智能资源中心（AIRC），旨在帮助中小企业利用人工智能解决方案改善业务运营、增强客户体验和产品开发。

人工智能资源中心自主研发人工智能工具，提高业务顾问工作效率，增强与客户的交流互动，为中小企业提供实用和可操作的指导，助力企业深入理解人工智能工具，并有效地将这些工具融入业务流程中。此外，为有意向在业务中使用人工智能的中小企业提供保密性高、个性化、一对一且完全免费的咨询服务。搭建沟通与学习平台，强化培训及知识共享。举办由行业专家主导的高端研讨会，通过开展有关技术工具的实操培训，提升中小企业对人工智能工具的认知水平和应用能力。定期组织经验交流与分享会，为那些积极采用人工智能技术的企业打造一个分享实践经验、促进合作创新的优质平台。

四、英国政府更新人工智能技能提升基金试点计划

5 月 24 日，英国政府更新了科学、创新和技术部（DSIT）的人工

智能技能提升基金试点计划。这项计划总预算为 740 万英镑，用于补贴专业商业服务领域中小企业的人工智能技能培训费用。符合条件的企业可申请高达 50% 的培训费用补贴，用于支持员工在人工智能方面的发展。目标是提高企业对人工智能培训的投资，解决员工人工智能技能差距，并衡量其对生产力的影响。符合条件的企业需要在英国注册且已运营至少 1 年；雇员不超过 249 人。根据企业规模，10 人以下的微型企业最高可获 2500 英镑的补贴；50 人以下的小型企业最高可获 5000 英镑的补贴；250 人以下的中型企业最高可获 10000 英镑的补贴。

第五节　启示与建议

我国人工智能产业快速发展，众多企业投入大量资源进行技术研发，产品及服务快速迭代。目前，人工智能商业化应用主要集中在电商、传媒、娱乐和游戏等行业，主打场景包括文本、图像和音视频的自动化处理和智能生成、智能问答、代码生成等。

国内中小企业发展承受巨大压力，面临资金短缺、技术能力不足、市场需求疲软、成本上涨等重重困境。人工智能可以在营销策略制定，吸引拓展客户，降低运营成本，优化经营决策等方面发挥巨大作用，帮助中小企业应对困难的同时，持续推动数字化转型，助力企业高质量发展。

一是整合多方力量，搭建可信应用试验平台。政府引导、组织产学研力量，面向中小企业典型需求场景开发人工智能解决方案。搭建低门槛、安全可信的人工智能解决方案试用平台，促进供需对接，对平台上开展的试验项目给予资金支持。定期评估技术方案成效，制定并完善技术推广路线图。

二是发放 AI 消费券，为中小企业优秀人工智能技术方案提供孵化资金。对于已完成技术试验论证、可工程化落地的技术方案，定向发放 AI 消费券。中小企业可将这些消费券用于云平台、GPU 服务器租赁，大模型接口调用，人工智能产品和服务采购，以及解决方案定制开发等相关消费场景，用于降低人工智能应用给企业带来的成本压力。

三是推出税收优惠，激励中小企业使用人工智能。鼓励中小企业利用人工智能对现有业务流程、商业模式进行技术创新和升级改造。对于采用新技术、新工艺、新设备并达到一定标准的企业，实行相应程度的税收减免或税收抵扣。

四是加强技能培训，提升中小企业数字意识及技能素养。调动行业部门、协会、园区等多方资源，组织开展人工智能、网络安全等方面的专业技能培训。发挥龙头企业的作用，为中小企业的人工智能应用提供必要的技术支持和援助。

展望篇

第十四章

主要研究机构观点综述

第一节 综述型

一、联合国

联合国（United Nations，UN）是一个由主权国家组成的政府间国际组织，致力于促进各国在经济发展、社会进步及实现持久的世界和平方面的合作。联合国经济和社会事务部在《2024 年世界经济形势与展望》等系列报告中与中小企业发展有关的代表性观点如下。

一是 2023 年全球中小微企业数量占比为 95%，创造了 50%以上的税收、60%以上的 GDP 与 70%左右的科技创新，提供了 80%以上的就业岗位，占据 90%以上的市场主体份额，是产业链、供应链的重要组成部分。

二是支持中小微企业、支持各国制定中小微企业恢复能力的政策和战略，是克服新冠疫情对社会经济影响的关键。

三是加大更多公共投资促进新技术的应用，支持中小企业的生产率增长，增加弱势群体的互联网接入和使用，缩小数字鸿沟。在宏观方面，俄乌冲突、高通胀、气候危机等冲击着全球经济。在此背景下，预计全球产出增长将低于预期，从 2023 年的 3%降至 2024 年的 1.9%，这是近几十年来最低的增长率，全球经济放缓波及发达国家和发展中国家。为了减轻高通胀的影响，预计 2024 年，美国和欧洲等发达国家和地区继续对家庭和小企业提供电价补贴；同时，中国 2024 年的经济增长率从之前预测的 4.7% 上调至 4.8%，预计 2024 年经济增长将适度改善。

二、亚太经合组织

亚太经济合作组织（Asia-Pacific Economic Cooperation，APEC）简称"亚太经合组织"，它是亚太地区最高级别的政府间经济合作机构，也是亚太地区重要的经济合作论坛。2024 年以来，APEC 召开了 3 次与中小企业相关的重要会议。

一是 2024 年 1 月 16 日举办的"2023 年中小企业数字化转型研究成果发布会"，会议由中国工业合作协会和亚太经合组织中小企业信息化促进中心（以下简称 APEC 中小中心）主办，中国工业合作协会工业和信息化分会承办，会议于北京成功举办。会上 APEC 中小中心介绍了其将于 2024 年继续举办 APEC 中小企业数字化转型论坛、APEC 中小企业数字经济发展大会，分享了做实做优中小企业数字化转型相关研究报告，以及计划每个季度召开中小企业数字化转型专题研讨会、开展中小企业数字化转型"城市行"活动、联合数字平台共同做好借助数字化手段助力中小企业走出去工作等。

二是 2024 年 2 月 26 日举办的 APEC 出口创业研讨会，举办地位于秘鲁利马，重点在于释放中小微企业参与对外贸易并从中获益的全部潜力。该研讨会由秘鲁海关总署（SUNAT）组织，旨在通过增加中小微企业在国际贸易中的经济赋权，并确保在追求进步和繁荣的过程中不让任何人掉队，从而更好地装备 APEC 地区的海关管理部门。"中小微企业的国际化需要采用多管齐下的方法，但海关机构发挥着关键作用，因为我们是这些产品进入和离开经济的门户"，APEC 海关程序小组委员会主席表示："我们需要让亚太经合组织的企业家和小企业更容易获得全球化提供的所有机会和好处。"APEC 地区的海关当局一直在开发相关机制和工具，以简化和便利电子商务和低价值货物贸易。本次研讨会深入探讨了这些计划，这些计划使出口便利化工具更接近中小微企业或由具有未开发经济潜力的个人经营的企业。

三是 2024 年 2 月 28 日，APEC 中小中心、中国工业合作协会联合发布了国内首个小微服务业数字化量化分析报告——《小微服务业的数字转型路径》。该报告指出，在互联网平台信任机制的加持下，中小服

务业正在加速拉动消费新潜力，助力多个服务业细分领域撬动百亿元级新市场。该报告课题组调研了支付宝开放平台和平台上十余家 SaaS（软件即服务）服务商，以及数十家分布于家政、美业、健身、宠物等近十个细分领域的中小服务业商家。

三、世界银行

世界银行（World Bank）是世界银行集团的简称、国际复兴开发银行的通称，也是联合国的一个专门机构。世界银行国际金融公司（International Finance Corporation，IFC）发布的《2024 中小微企业可持续金融参考指南》指出，中小微企业的数量占所有企业总数的 90%，创造的就业岗位超过了总就业岗位的 50%，同时对 GDP 具有重要贡献。因此，中小微企业的可持续转型对全球经济的转型与发展至关重要。首先，中小型企业创造的就业机会，对于减少贫困和扩大繁荣至关重要。同时，中小微企业在所有企业的全球温室气体（GHG）排放总量中占有相当大的比例。其次，在全球以包容和公平的方式应对气候变化，向更可持续的经济转型的过程中，中小微企业的转型和绿色发展也至关重要。尽管中小微企业意义重大，但和大型企业的大额资本支出的项目融资需求相比，其融资需求往往是小额的运营支出，在新兴市场中中小微企业仍然难以获得金融支持。这不仅限制了中小微企业实施气候解决方案的能力，还限制了中小微企业的业务增长及其整体的可持续发展。金融机构在弥补中小微企业融资缺口和促进绿色及公平转型方面发挥着重要作用。可持续融资可以用来填补中小微企业的资金缺口，同时为金融机构自身带来利益。越来越多的投资者肩负起中小微企业可持续发展的使命，如机构投资者、开发性金融机构和影响力投资基金等。通过为中小微企业提供可持续融资，专门支持合格的绿色社会责任项目，中小微企业可以获得替代性资金来源，并扩大和丰富其投资者基础。这也是近年来可持续金融业务发展迅速和壮大的重要原因。

尽管如此，当前市场仍缺乏适用于中小微企业的特定可持续金融指导。因此，IFC 的绿色债券技术援助计划（GB-TAP）制定了《中小微企业可持续金融参考指南》（以下简称《指南》），帮助金融机构将可持续金融原则应用到中小微企业的业务中。这是首个为新兴市场金融机构制定的实施中小微企业可持续融资的指南。《指南》开发了适用于资本支出和特定运营支出的募集资金用途列表，提供了一套能够更广泛地支持中小微企业运营支出融资需求的方法。《指南》还概述了项目识别和评估的步骤，为中小微企业的融资管理流程提供参考，并对潜在影响力报告指标提供指导。

四、经济合作与发展组织

经济合作与发展组织（Organization for Economic Co-operation and Development，OECD）简称"经合组织"，它是由 38 个市场经济国家组成的政府间国际经济组织，旨在共同应对全球化带来的经济、社会和政府治理等方面的挑战，并把握全球化带来的机遇。2024 年 3 月，OECD 发布《2024 中小企业与企业家融资记分牌》（以下简称《记分牌》）。《记分牌》显示，受世界范围内通胀压力攀升、货币政策紧缩和严峻气候挑战等因素影响，全球中小企业的融资呈现新增贷款规模下降、信贷生态活力下降和可持续内生动力提升等"两降一升"的三大特征。例如，OECD 在 2023 年的调查显示，超过 60%的金融机构在制定战略和业务计划时会考虑气候影响。2024 年，全球主要经济体中小企业融资政策呈现四大新趋势：一是信用担保更有针对性，贷款担保计划更侧重于支持商业潜在价值较大的中小企业和受能源成本上涨影响的中小企业；二是直接贷款持续作为中小企业融资主要工具，政府直接贷款持续作为中小企业金融扶持工具的主力；三是修订企业破产法或延长贷款还款期限支持中小企业治理或重组债务；四是为数字金融和绿色金融提供更加多元化的解决方案。

第二节　专题型

一、人工智能

Thryv Holdings, Inc.公司为中小企业提供印刷和数字营销解决方案以及 SaaS 端到端客户体验工具，是美国同类最大的公司之一。根据 Thryv 发布的《2024 年中小型企业人工智能报告：趋势、挑战和机遇》

及其对中小企业型企业（SMBs）使用人工智能（AI）的情况调查表明：目前,39%的中小企业正在使用人工智能,预计到 2025 年底将增至 51%。多数当前 AI 用户估计,使用 AI 后每月可节省 500～2000 美元,节省时间达 20 小时。中小企业使用或计划使用 AI 的领域包括内容营销、卸载重复任务、社交媒体、客户关系等。在员工数量方面,员工越多的企业使用 AI 的比例越高;在年龄方面,年轻受访者更倾向于使用 AI。多数中小企业认为 AI 的广泛应用将对企业产生有利的影响,并且在选择新增资源时,36%的企业更倾向于购买 AI 软件。对于采用 AI 软件可能带来的影响,中小企业认为 AI 可以卸载重复任务、帮助解决资源限制、给企业带来像大企业一样的运营优势,但也可能使客户感觉企业对其更冷漠、产生意想不到的后果,以及减少对员工的依赖。在不采用 AI 的原因方面,主要包括不信任 AI、认为 AI 太新、不知道从哪里开始、不需要 AI 等。此外,一些企业担心不采用 AI 会使其竞争力下降,但也希望先观察 AI 对其他小企业的影响。总之,AI 在中小企业中的应用逐渐增加,但其普及仍面临一些挑战,企业需要根据自身情况权衡利弊,合理应用 AI 以提升竞争力和效率。

二、国际贸易

2024 年 4 月世界贸易组织（World Trade Organization，WTO）发布了《全球贸易展望和统计》报告。报告指出,由于高能源价格和通货膨胀挥之不去的影响,以及区域冲突、地缘政治紧张局势和经济政策的不确定性对预测构成了巨大的下行风险。2023 年,全球出口总额为 23.8 万亿美元,下降 4.6%,继 2021 年（增长 26.4%）、2022 年（增长 11.6%）连续两年增长后再次下降。具体到中国的情况,2023 年中国进出口总额为 5.94 万亿美元,下降 5%,领先第 2 名美国（5.19 万亿美元,下降 4.5%）0.75 万亿美元,连续 7 年保持全球货物贸易第一大国地位;中国出口总额下降 4.6%,出口国际市场份额为 14.2%,与 2022 年持平,较 2021 年峰值（14.9%）有所回落,但较疫情前（2019 年）提高 1.1 个百分点;中国进口国际市场份额为 10.6%,与 2022 年基本持平。根据 WTO 发布的《2024 年全球贸易监测快报》,2024 年全球商品贸易量增长 2.6%,数字经济引领潮流,绿色贸易促进可持续发展,然而全球贸易依然面临贸易保护主义挑战，为此国际合作至关重要。区域经济一体化加深贸易联系，数字经济推动跨境电商繁荣，中小企业借势跨境电商走向全球，中小企业在全球贸易中的地位和作用日益凸显。随着全球贸易门槛的降低和贸易方式的多样化，越来越多的中小企业开始参与到全球贸易中来。例如，一家来自中国的中小企业的电子产品通过跨境电商平台成功打入国际市场，实现了从"中国制造"到"中国品牌""中国市场"到"国际市场"的跨越，这也充分展示了中小企业在国际贸易中的巨大潜力和创新能力。

三、数字转型

爱尔兰埃森哲（Accenture）公司在《技术展望 2024》报告中提出，2024 年的技术愿景基于两个现实：一是技术正在推动一场重塑浪潮，对各行各业产生广泛影响；二是新兴技术越来越贴近人性，为人们提供超凡能力。同时，报告提出如下四大趋势。

一是 AI 重塑我们与知识的关系。人们正转向生成式 AI 聊天机器人获取答案和建议。这将变革数字企业的基础，改变人们与数据互动的方式。生成式 AI 的能力带来了巨大变化，它可以综合信息、记住对话，并成为企业知识的顾问。生成式 AI 正在成为数字业务运作的新方式。

二是 AI 代理生态系统。AI 正从辅助角色中突破出来，与更多领域互动。代理生态系统崛起，推动企业重新思考智能和自动化策略。AI 代理不仅提供建议，还能代表人类行动。但目前仍面临困难和不准确的问题。我们需要重新构想技术和人才的未来，确保 AI 代理按照我们的价值观和目标行动。2024 年已经进入整合 AI 代理的时刻。

三是创造新现实中的价值。空间计算将改变技术创新和生活方式。通过融合数字与物理现实，应用程序让人们沉浸于具有物理空间感的数字世界。元宇宙是知名的空间计算应用，但其炒作超过了现有的技术成熟度。目前，部分龙头企业已在行动，利用先进技术，如 AIGC 构建空间环境。这些技术在工业应用中已经得到验证，如数字孪生、虚拟现实培训和协作设计。这一新的计算媒介发展不一定很快，但能带来巨大回报。

四是电子化的身体：全新的人机界面。创新者们正在构建能够更深入理解人类的技术和系统，创造全新的"人机界面"。神经技术和身体动作追踪等创新正在改变人机交互的规则和限制。然而,现阶段需要解决信任和隐私问题。这是理解人类作为人的一种新方法,同样将带来巨大的机遇和责任。

四、技术趋势

美国德勤企业管理咨询有限公司(Deloitte Consulting LLP,以下简称德勤咨询)是世界著名的咨询公司之一,技术变化趋势一直是其长期追踪的重点研究领域。2010 年以来,德勤咨询每年都发布当年的技术趋势预测报告。德勤咨询在《2024 年技术趋势》等报告中指出,交互、信息、计算等 3 个开拓性力量,技术业务、核心现代化、网络与信任等 3 个支持性力量是构建德勤技术趋势的基础框架,为此,中小企业可以利用这一基础框架推进发展转型。

一是空间——新地方的接口:空间计算和工业隐喻。中小企业正在使用工业元宇宙为数字孪生、空间模拟、增强工作指令和协作数字空间等提供动力,使工厂和企业生产更安全、更高效。自主化机器、先进的网络,甚至更简单的设备都可以带来突破性的空间网络应用,如远程手术或整个工厂车间由一个连接良好的空间网络监督。

二是信息——"灯神"出瓶:生成式 AI 催化增长。生成式 AI 的基本操作与早期的机器学习工具有很多共同之处,但由于计算能力的增强、训练数据,以及代码的优化,生成式 AI 可以在许多方面模仿人类的认知能力。在中小企业的生产环境中,生成式 AI 可以带来巨大的生产力和生产效率提升机会。

三是计算——智取而非力胜:超越暴力式计算。训练 AI 模型、执行复杂模拟、构建真实环境的数字孪生都需要不同类型的计算能力。

如今,创新的企业正在寻找新的方法来充分利用现有的基础设施,并通过增加先进的硬件来加快算力资源建设的进程。未来,部分领先实践者将会完全突破传统的二进制计算,获得支持性力量。

一是技术业务——从 DevOps 到 DevEx:提升技术员工体验。中小企业不再抢着招聘数量有限的工程师人才,而是通过创建新的 IT 团队架构和职能,更好地利用已有的人才资源。中小企业对人才价值、文化契合度和个人能力进行优先级排序,相信人才团队能够发挥他们的好奇心和全面性，在现有的技能基础上发展成为一支专家队伍，从而改善人才体验、提升业务成果。

二是捍卫现实——合成媒体时代的真相。每一个新的内容生成工具都会遇到安全风险，但是创新的企业正在通过各种策略和技术来识别和应对有害内容并使其员工更加意识到风险。

三是核心锻炼——从技术债务到技术健康。企业在对曾经的尖端技术进行了多年的投资之后，正在努力寻求一系列迫切需要现代化的核心技术，包括大型机、网络和数据中心。未来，企业可能会在整个技术堆栈中形成高度定制化和集成的健康计划，包括对自我修复技术的投资，以减少未来的现代化需求。

第十五章

2024 年中小企业发展政策环境展望

第一节　推进税费减免，降低企业负担

2023 年，中央各部门相继出台系列减税降费措施，在降低中小企业税费成本负担上取得了较好的成效。中央有关部委出台的减税降费政策有《财政部　税务总局关于增值税小规模纳税人减免增值税政策的公告》《财政部　税务总局关于支持小微企业融资有关税收政策的公告》等多项政策，扎扎实实地把该减的税费减到位，进一步增强政策精准性，突出对中小微企业、个体工商户以及特困行业的支持，为微观主体发展增动力、添活力。国家税务总局数据显示，2023 年，全国新增减税降费及退税缓费 22289.9 亿元，其中约四分之三涉及民营经济纳税人，从企业规模来看，中小微企业受益最明显，新增减税降费及退税缓费 14264.2 亿元，占比为 64%；从行业来看，制造业及与之相关的批发零售业占比最高，新增减税降费及退税缓费 9495.3 亿元，占比为 42.6%；从经济类型来看，民营经济纳税人受益明显，新增减税降费及退税缓费 16864.6 亿元，占比为 75.7%；从政策来看，小规模经济纳税人减免增值税政策新增减税降费 6509.8 亿元，小微企业减征所得税政策新增减税 1788.8 亿元，支持科技创新的先进制造业、工业母机、集成电路企业增值税加计抵减政策新增减税 1208.5 亿元，提高个税专项附加扣除标准政策新增减税 391.8 亿元。2023 年税收数据显示，新办涉税经营主体，即首次到税务部门办理税种认定、发票领用、申报纳税等涉税事项的经营主体达 1687.6 万家，同比增长 28.3%，其中以新产业、新业态、

新商业模式为核心内容的新办涉税经营主体为 449.4 万家，占全部新办户的 26.6%；在新办涉税经营主体中开展跨省贸易的经营主体有 460.8 万家，较 2022 年增长 32%。

2024 年，进一步减税降费仍是促进中小企业发展的主线之一。全国税务系统将持续深化税收征管改革，稳步推进全面数字化的电子发票推广应用，扩围上线全国统一的新电子税务局，深化拓展税收大数据应用，提升数字化智能化治理效能。全国税务系统将精准高效落实结构性减税降费政策，进一步深化"政策找人"，加力推进政策直达快享。围绕"高效办成一件事"，聚焦办税缴费中高频事项和纳税人缴费人反映突出的问题，持续开展"便民办税春风行动"。预计在中央系列税费优惠政策的大力支持下，2024 年减税降费系列优惠政策红利将不断释放，中小企业税费成本负担有望持续降低。

第二节　加大金融支持，优化融资环境

2023 年，各部门持续优化中小企业融资环境，加大支持力度，中小企业"融资难、融资贵"问题有所缓解。中国银行业监督管理委员会对民营企业的金融支持力度持续加强，持续落实"两个毫不动摇"工作要求，明确要求各银行机构平等对待各类所有制主体，从建立尽职免责细则、内部考核管理、产品服务创新等多个方面，推动银行对民营企业"敢贷、愿贷、能贷"，对部分临时存在困难的民营企业，通过设立债委会、开展债转股探索等形式，帮助优质民营企业渡过难关。2023 年 1 月，国务院促进中小企业发展工作领导小组办公室印发《助力中小微企业稳增长调结构强能力若干措施》，文件要求帮助中小微企业应对当前面临的困难：加大对中小微企业的金融支持、帮助中小微企业融资，着力促进中小微企业调结构强能力，进一步推动稳增长稳预期。2023 年 3 月，财政部和国家税务总局发布《关于小微企业和个体工商户所得税优惠政策的公告》，以降低中小企业的运营成本，为小微企业的健康发展提供有力支撑。"小微企业质量管理体系认证提升行动"成效持续显现，据小微企业质量管理体系认证提升行动推进会介绍，2023 年，全国各地累计出台激励政策 1108 项，为小微企业提供"认证贷"等金融信贷

共 320 亿元，落实财政补贴 3.7 亿元；457 家认证机构为 3 万余家小微企业实施精准帮扶，减免认证费用 3960 万元，为约 35 万家企业免费培训员工 132.8 万人。据统计，2023 年参与提升行动的小微企业年度营收平均提升 10.2%，年产品销售额提升 10.9%，年利润率提升 8.3%，质量成本控制率下降 6.0%，为小微企业稳增长、促就业、保安全作出了重要贡献。中国人民银行数据显示，2023 年底，获得贷款支持的科技型中小企业为 21.2 万家，获贷率为 46.8%，比上年底提高 2.1 个百分点。中国人民银行发布的金融机构贷款投向统计报告显示，2023 年贷款支持科创企业力度较大。2023 年，科技型中小企业本外币贷款余额为 2.45 万亿元，同比增长 21.9%，增速提高了 11.8 个百分点。相关数据显示，2023 年全年获得贷款支持的高新技术企业为 21.75 万家，获贷率为 54.2%，比 2022 年底提高 0.8 个百分点；2023 年高新技术企业本外币贷款余额为 13.64 万亿元，同比增长 15.3%，比同期各项贷款增速提高 5.2 个百分点，信贷结构持续优化。截至 2023 年底，普惠小微贷款余额同比增长 23.5%，"专精特新"中小企业、科技型中小企业贷款增速分别为 18.6% 和 21.9%。制造业中长期贷款余额同比增长 31.9%，其中高技术制造业中长期贷款增速达到 34%。

2024 年，提高中小企业金融获得性依然是中小企业扶持政策的重点。在质量认证服务中小微企业方面，引导中小企业建立和优化质量认证体系；在质量认证服务强链方面发力见效，推动先进质量理念和质量管理模式向全产业链延伸；在质量认证服务区域发展方面发力见效，围绕地方经济社会发展和产业提升需求，将提升行动与区域特色产业集群、区域品牌培育协同开展；在推进质量认证创新方面发力见效，分类分级分层实施精准帮扶，创新适合小微企业特点的质量认证服务模式。在总量方面，综合运用多种货币政策工具支持中小微企业，保持流动性合理充裕，使社会融资规模、货币供应量同经济增长和价格水平预期目标相匹配。在节奏上把握好新增信贷的均衡投放，增强中小微企业信贷增长的稳定性。在结构方面，将不断优化信贷结构，加大对民营企业、中小微企业的金融支持力度，提升金融服务实体经济质效。

总的来看，随着优化中小企业融资环境政策落实，我国中小企业"融资难、融资贵"问题有望进一步得到缓解。

第三节　加强国际交流，拓宽合作领域

2023 年，中小企业开拓国际市场、加强国际交流与合作取得积极进展。工业和信息化部先后建立或参与了二十国集团（G20）、APEC、金砖国家、东盟与中日韩、中国-中东欧国家，以及美国、韩国、日本、欧盟、德国、法国、意大利、阿联酋、瑞典等国家和地区在中小微企业领域的 17 个双边和多边合作机制，对接国家约 50 个，覆盖亚、欧、美、非等大洲，为推进中小企业对外交流合作奠定了良好基础。

一是工业和信息化部在美国西雅图召开的第 29 次 APEC 中小企业部长会议上提出的进一步促进中小微企业专精特新发展、维护供应链互联互通、推动大中小企业融通创新等中国倡议得到了 APEC 各经济体的一致认同。

二是中国国际中小企业博览会已成功举办 18 届，先后邀请 19 个国家和国际组织作为主宾方，累计设置标准展位超 9 万个，中外参展企业超 5.4 万家，进场客商和观众超 390 万人次，达成合同及意向金额近 1 万亿元。

三是工业和信息化部在全国共批复设立了 15 个中外中小企业合作区，集聚全球技术、人才、资金等创新要素资源，提升中小企业国际竞争力。国际合作服务取得新拓展。工业和信息化部联合金融机构开展中小企业"跨境撮合"服务，在全球以线上线下方式举办"跨境撮合"对接会，帮助中外中小企业拓展市场。

根据中国企业联合会、中国企业家协会发布的"2023 中国企业 500 强"榜单，2023 年中国制造业企业 500 强的海外营业收入总额达到 7.2 万亿元。从出海企业规模来看，近年来中小企业出海所占比例逐年上升，中小企业出海意愿也不断增强。中国中小企业发展促进中心一项调查数据显示，有 62% 的专精特新"小巨人"企业已经开展国际化业务，另有 18% 的专精特新"小巨人"企业计划出海。"共建'一带一路'和构建双循环新发展格局等国家战略的引领和实施带来了广阔的海外市场，中小企业则成为拓展国际市场和海外业务的生力军。"中国中小企业协会副秘书长表示，出海是一项重要战略选择，对于中小企业而言，应具备

国际化思维，充分了解国内外经济形势、竞争态势。

2024 年，国家将提升对外开放水平，支持中小微企业发展，务实推进双/多边中小微企业合作机制，努力为中小微企业国际化发展营造良好的环境。2024 年 3 月 18 日，中国中小企业国际合作协会、中国中小企业发展促进中心与德国联邦中小企业联合会（BVMW）在北京举行交流座谈会，围绕数字经济、绿色能源、生物技术、投资贸易等重点行业的企业间信息共享、培训互访、商务促进、咨询服务等企业国际化发展服务方面的合作进行了深入交流。2024 年 7 月 4 日，"2024 全球数字经济大会中小企业创新发展论坛"在北京开幕，论坛以创智创"新"·未来汇"质"为主题，邀请中小企业领域知名专家、学者，以及独角兽、专精特新"小巨人"等企业代表齐聚一堂，通过政策宣讲、合作签约、交流分享等为中小企业高质量发展赋能。2024 年下半年，我国继续发挥中小微企业领域双多边合作机制的引领作用，多措并举助力中小企业"走出去"，全力打造一批中外中小企业合作区。搭建对接交流平台，帮助中小企业开拓国际市场、加强国际交流合作。

第四节　完善公共服务，优化发展环境

2023 年，加强中小企业公共服务体系建设取得积极进展。2023 年，工业和信息化部印发《关于健全中小企业公共服务体系的指导意见》（以下简称《指导意见》）。《指导意见》提出 2025 年和 2035 年的建设目标，到 2025 年，各级中小企业公共服务力量得到加强，国家、省级中小企业公共服务机构服务能力与质效明显提升、示范效应明显增强，市、县级中小企业公共服务体系覆盖面稳步扩大、服务能力稳步提升；到 2035 年，与中小企业高质量发展相适应的中小企业公共服务体系更加完备，形成"机构优、平台强、资源多、服务好、满意度高"的中小企业公共服务体系。过去一年，通过专家解读、调研交流等活动，中央部委和地方政府广泛宣贯《中华人民共和国中小企业促进法》，营造全社会知法懂法用法的良好氛围，开展大企业"发榜"中小企业"揭榜"工作，推动大中小企业协同技术攻关；开展中小企业网上"百日招聘"、"优企入校、招才引智"、经营管理领军人才培训，服务企业引才育才；

工业和信息化部、财政部联动开展中小企业数字化转型城市试点，体系化、规模化推进中小企业数字化转型。2024 年 11 月，工业和信息化部召开了部分省（自治区、直辖市）的中小企业公共服务体系工作座谈会，会议解读了《指导意见》，指出要以落实《指导意见》为契机，全面推动中小企业公共服务体系建设，不断夯实基层基础，扩大公共服务覆盖面；突出服务重点，满足企业公共服务需求；创新服务方式，用信息化手段提升服务水平；汇聚服务资源，建设企业和服务数据库；加强服务质量，增强服务能力；创建服务品牌，提升服务影响力；持续提升人员素质，加强服务队伍建设。

2024 年，中央及地方进一步推动中小企业公共服务体系不断完善，相关政策措施将更加丰富。6 月 27 日是"联合国中小微企业日"，工业和信息化部组织开展了 2024 年度"一起益企"中小企业服务行动，持续推动在全国范围建立健全中小企业公共服务体系，动员各地方政府和相关单位组织服务资源进产业园区、科技园区、进产业集群、进中小微企业，为中小微企业送政策、送管理、送技术，切实帮助中小微企业降本、增效、提质，助力中小企业高质量发展、"专精特新"发展。根据工业和信息化部的数据，截至 2024 年 6 月，我国已在国家、省、市、县等四级建立了中小企业公共服务机构 1780 余家，其中地市级以上的行政区域机构覆盖率已经达到 84%。这些机构是中小企业公共服务体系的核心力量，是政企沟通的桥梁纽带，是汇聚各类资源的赋能平台，是"服务中小企业之家"，在提供公益性服务、组织带动社会资源提供专业化服务方面发挥重要作用。积极建设全国中小企业服务"一张网"，运用人工智能、大数据、云计算等现代技术，以应用场景为牵引，汇聚整合政务、市场等各类服务资源，实现技术、政策、服务"一张网"汇集，为中小微企业提供"一站式"服务。目前，中国中小企业服务网已上线试运行，其中上海市服务企业联席会议的 36 个成员单位共同打造了"上海市企业服务云"，为当地的中小微企业提供一站式政策服务、一门式诉求服务、一网式专业服务，累计完成近 130 万个服务订单，处理超过 9 万项诉求。

未来，中央各部委和各地方政府将持续推动落实《指导意见》，加快建设完善全国中小企业服务"一张网"，推动四级服务体系不断提升服务意识和服务能力，开展好"一起益企"中小企业服务行动，以高水平服务促进中小企业高质量发展。中央各部委和各地方政府将进一步健全中小企业公共服务体系，为中小微企业提供更多、更直接的优质服务，推动中小企业转型发展、高质量发展。

第五节　推动创新创业，增强发展活力

2023 年，中央及地方出台了大量政策措施激发中小企业创新创业活力、培育专精特新"小巨人"企业。2023 年 1 月，国务院促进中小企业发展工作领导小组办公室印发《助力中小微企业稳增长调结构强能力若干措施》，加大对中小微企业的金融支持力度、促进产业链上中小微企业融资，帮助中小微企业应对当前面临的困难，进一步推动稳增长稳预期，着力促进中小微企业调结构强能力，健全优质中小企业梯度培育体系，建立优质中小企业梯度培育平台，完善企业画像，加强动态管理。工业和信息化部组织开展 2023 年未来产业创新任务揭榜挂帅工作，主要面向未来制造、未来信息 2 个前沿领域，聚焦元宇宙、人形机器人、脑机接口、通用人工智能 4 个重点方向，系统布局 52 项具体任务，推动我国未来产业创新发展。2023 年 8 月，工业和信息化部、财政部主办第八届"创客中国"中小企业创新创业大赛。人力资源社会保障部、工业和信息化部共同部署实施"专精特新"中小企业就业创业扬帆计划。2023 年 9 月人力资源社会保障部、工业和信息化部印发《关于实施专精特新中小企业就业创业扬帆计划的通知》，进一步支持专精特新中小企业健康发展，创造更多高质量就业岗位，吸纳更多重点群体就业。2023 年 10 月，国务院办公厅印发《专利转化运用专项行动方案（2023—2025年）》（以下简称《专项行动》），"以专利产业化促进中小企业成长"被列为重点任务，对促进中小企业的专利转化运用提出了明确要求。工业和信息化部将强化政策惠企、服务助企、环境活企、创新强企，深入实施优质企业梯度培育工程，力争全国"专精特新"中小企业超过 8 万家，计划培育 100 个左右中小企业特色产业集群，全力推动中小企业高质量发展。

2024 年，中央及地方继续大力推进创新创业政策和"专精特新"

政策的贯彻落实，激发中小企业的创业创新活力。为落实《专项行动》的部署，2024 年 2 月，国家知识产权局、工业和信息化部等五部门联合印发《专利产业化促进中小企业成长计划实施方案》；同年 4 月，中国人民银行宣布设立科技创新和技术改造再贷款，额度为 5000 亿元，利率为 1.75%，旨在激励引导金融机构加大对科技型中小企业、重点领域技术改造和设备更新项目的金融支持力度，突出科创属性，集聚创新要素。在资金要素方面，不断完善广渠道、多层次、全覆盖、可持续的科技金融服务体系。在提供创新要素、硬件设施、办公场地等基础上，地方政府积极完善覆盖多主体、全环节的创新创业生态链，为创业者提供更多机会；2024 年 7 月，第九届"创客中国"医药健康中小企业创新创业大赛在四川省广安市岳池县启动；8 月，第九届"创客中国"中小企业创新创业大赛组委会在甘肃省兰州市举办初赛。随着中央各部委及各地方政府鼓励创新创业和培育专精特新"小巨人"企业相关政策措施的不断优化和完善，更多符合中小企业需求的系统解决方案的提出，未来创业创新市场活力将不断增强，中小企业数字转型能力、网络化和智能化水平将不断提升，中小微企业创业创新能力不断增强，专精特新"小巨人"企业数量将持续增多。

后　记

　　《2023—2024 年中国中小企业发展蓝皮书》是由中国电子信息产业发展研究院编撰完成的。本书通过客观描述中小企业发展情况，深入分析中小企业发展环境，系统梳理中小企业面临的突出问题，科学展望中小企业发展前景，为读者提供 2023—2024 年中小企业发展的全景式描述，并通过对中小企业突出问题的专题分析，为读者提供中小企业发展相关重点领域的深度刻画。

　　本书由张小燕担任主编，龙飞担任副主编。全书共十五章，龙飞负责书稿的整体设计和内容把控，彭超负责编写第一章、第二章，罗茜负责编写第三章，房旭平负责编写第四章，陈宇铎、邓世鑫负责编写第五章，王也负责编写第六章，侯惠瀛负责编写第七章，王世崇、李恺负责编写第八章，陈辰、廖明冲负责编写第九章，张朝负责编写第十章、第十一章，刘文婷负责编写第十二章，李毅负责编写第十三章，黄喜负责编写第十四章、第十五章，陈宇铎负责编写前言、后记等其他内容。

　　在本书的编撰过程中，工业和信息化部中小企业局给予了精心指导和大力协助，在此对各位领导和专家的帮助表示诚挚的谢意。

　　通过本书的研究，希望为中小企业相关政府主管部门制定决策提供参考，为相关研究人员及中小企业管理者提供专题资料参考。

中国电子信息产业发展研究院

赛迪智库

面向政府·服务决策

奋力建设国家高端智库

思想型智库　国家级平台　全科型团队
创新型机制　国际化品牌

《赛迪专报》《赛迪要报》《赛迪深度研究》《美国产业动态》《赛迪前瞻》

《赛迪译丛》《国际智库热点追踪周报》《工信舆情周报》《国际智库报告》

《新型工业化研究》《工业经济研究》《产业政策与法规研究》《工业和信息化研究》

《先进制造业研究》《科技与标准研究》《工信知识产权研究》《全球双碳动态分析》

《中小企业研究》《安全产业研究》《材料工业研究》《消费品工业研究》《电子信息研究》

《集成电路研究》《信息化与软件产业研究》《网络安全研究》《未来产业研究》

思想，还是思想，才使我们与众不同
研究，还是研究，才使我们见微知著

新型工业化研究所（工业和信息化部新型工业化研究中心）

政策法规研究所（工业和信息化法律服务中心）

规划研究所

产业政策研究所（先进制造业研究中心）

科技与标准研究所

知识产权研究所

工业经济研究所（工业和信息化经济运行研究中心）

中小企业研究所

节能与环保研究所（工业和信息化碳达峰碳中和研究中心）

安全产业研究所

材料工业研究所

消费品工业研究所

军民融合研究所

电子信息研究所

集成电路研究所

信息化与软件产业研究所

网络安全研究所

无线电管理研究所（未来产业研究中心）

世界工业研究所（国际合作研究中心）

通讯地址：北京市海淀区万寿路27号院8号楼1201　邮政编码：100846

联系人：王　乐　　　　联系电话：010-68200552　13701083941

传　　真：010-68209616　　　电子邮件：wangle@ccidgroup.com